21世纪高等院校创新课程规划教材

供应链管理

（第2版）

周艳春 主　编
魏明亮　印　玺 副主编

中国财经出版传媒集团
经济科学出版社
Economic Science Press

图书在版编目（CIP）数据

供应链管理／周艳春主编．—2版．—北京：经济科学出版社，2020.5

21世纪高等院校创新课程规划教材
ISBN 978-7-5218-1290-9

Ⅰ.①供… Ⅱ.①周… Ⅲ.①供应链管理-高等学校-教材 Ⅳ.①F252.1

中国版本图书馆CIP数据核字（2020）第014038号

责任编辑：周胜婷
责任校对：郑淑艳
责任印制：邱　天

供应链管理
（第2版）

周艳春　主　编
魏明亮　印　玺　副主编

经济科学出版社出版、发行　新华书店经销
社址：北京市海淀区阜成路甲28号　邮编：100142
总编部电话：010-88191217　发行部电话：010-88191522
网址：www.esp.com.cn
电子邮箱：esp@esp.com.cn
天猫网店：经济科学出版社旗舰店
网址：http://jjkxcbs.tmall.com
北京密兴印刷有限公司印装
787×1092　16开　16.25印张　380000字
2020年8月第2版　2020年8月第1次印刷
ISBN 978-7-5218-1290-9　定价：52.00元
（图书出现印装问题，本社负责调换。电话：010-88191510）
（版权所有　侵权必究　打击盗版　举报热线：010-88191661
QQ：2242791300　营销中心电话：010-88191537
电子邮箱：dbts@esp.com.cn）

前 言

供应链管理是美国管理学会于20世纪80年代后期提出的一种新型的生产组织管理模式。随着各种自动化和信息技术在制造企业中的不断应用,制造生产率已被提高到了相当高的程度,制造加工过程本身的技术手段对提高整个产品竞争力的潜力开始变小。为了进一步挖掘降低产品成本和满足客户需要的潜力,人们开始将目光从管理企业内部生产过程转向产品全生命周期中的供应环节和整个供应链系统。正是在这样的背景之下,一种建立在高度灵活、快速应变的横向一体化运作基础上又力求取得纵向一体化低成本、高效率运作效果的新的生产经营管理模式——供应链管理应运而生了。这种生产组织模式的核心思想可以理解为:在保持一种稳定而有活力的供需关系的同时,各个企业实现优势互补、互利合作,充分利用现代各种先进的管理科学技术实现企业集成,联手面对竞争并合理利用资源(人力资源和自然资源),实现物流优化和成本优化,尽可能获得更多的利润。可以说,面对产业的激烈竞争以及市场需求的快速变迁,供应链管理已俨然成为企业竞争的重要优势。

《供应链管理》(第2版)在体系设计基本保持第1版结构的基础上进行内容调整,充实或删减部分章节,并尽量压缩和精简原教材的文字表述。分拆与精简原书第二章"供应链计划"、第四章"供应链协调"、第七章"供应链管理环境下的生产管理"、第八章"供应链管理环境下的库存控制",充实第五章"供应链控制"(新增第三节"供应链成本控制")、第七章"供应链管理环境下的生产管理"(新增第三节"供应链新的生产理念:大规模定制")、第十章"供应链管理发展的新趋势"(新增第四节"供应链金融")。另外,沿袭了原版重视基本理论、基本方法的实际应用的风格,对每章的开篇引例及课后思考案例进行了90%以上内容的更新,做到与时俱进,内容新颖。

本教材与国内外已出版的同类书相比,具有以下特点:(1)仍保留第1版在体系结构上的创新,开创性地从管理的基本职能及具体的供应链业务运作两条主线出发,探讨供应链的管理问题:一条是从供应链的计划、组织、协调、控制等管理的基本职能出发,研究整个供应链系统的管理问题;另一条是从供应链业务运作的视角,探讨供应链各个环节的专业管理,如采购管理、生产管理、物流管理、库存管理等,力求使供应链管理的理论体系更加完整。(2)注重实践,强调应用。物流管理学科是实践性与应用性很强的学科,只有通过对大量典型的、成熟的案例分析、研讨、模拟训练,才能拓展学生的视野,积累学生的经验,培养学生独立分析问题、解决问题、动手操作的能力。为此,本书更加突出了案例教学的作用,仍在每一章开始设置课前引例及每一章结束设置课后思考案例,并更新了绝大部分案例材料，力求与时俱进、内容新颖。(3) 文字上力求精练，并相对淡化复杂的数学优化模型，符合小学期改革课时压缩并增加实践课时的需要及财经类院校商科应用的特色。

本书由西安财经大学物流工程硕士生导师周艳春教授组织编写，物流管理系教师魏明亮参与了本书第五、七、九章的修订工作，印玺参与了第六、八、十章的修订工作，由周艳春教授负责第一、二、三、四章的修订及全书框架结构的策划和全书文稿的修改统稿。

本书在编写过程中参考、汲取了国内外现有的供应链管理著作的研究成果，在此谨向所参考、吸收、采用的有关专著、教材、网站文章的作者表示衷心的感谢。另外，本书的出版得到了西安财经大学2018年校级规划教材出版资助，在此，一并表示感谢！

由于编者水平有限，对供应链管理的认识和研究尚存在不够深入和细致的地方，因此，书中不妥之处在所难免，敬请专家和广大读者批评指正！

周艳春
2019 年 9 月

目 录

第一篇 基础概念篇

第一章 供应链管理导论 ·· 3
第一节 理解供应链 ·· 4
第二节 供应链管理的产生与发展 ·· 9
第三节 供应链管理的基本原理 ·· 11
本章小结 ·· 17
自我测试 ·· 18

第二篇 职能管理篇

第二章 供应链计划 ·· 23
第一节 竞争战略与供应链战略 ·· 24
第二节 供应链需求预测 ·· 31
第三节 供应链的综合计划 ·· 36
本章小结 ·· 40
自我测试 ·· 40

第三章 供应链组织 ·· 43
第一节 供应链环境下的组织结构和业务流程 ··· 44
第二节 供应链的设计与优化 ·· 49
第三节 供应链合作关系管理 ·· 61
本章小结 ·· 70
自我测试 ·· 70

第四章 供应链协调 ·· 74
第一节 供应链失调与牛鞭效应 ·· 74

  第二节 实现协调的管理杠杆 79
  第三节 供应链激励问题 83
  第四节 供应链契约的设计 87
  本章小结 91
  自我测试 92

 第五章 供应链控制 94
  第一节 供应链绩效评价 94
  第二节 供应链风险控制 106
  第三节 供应链成本控制 115
  本章小结 118
  自我测试 118

第三篇 业务运作篇

 第六章 供应链管理环境下的采购管理 123
  第一节 采购与采购管理 124
  第二节 传统的采购模式与供应链下的采购模式 125
  第三节 采购策略 136
  第四节 供应商管理 139
  本章小结 142
  自我测试 143

 第七章 供应链管理环境下的生产管理 145
  第一节 供应链管理环境下生产管理概述 146
  第二节 供应链经典的生产计划 149
  第三节 供应链新的生产理念：大规模定制 158
  本章小结 164
  自我测试 164

 第八章 供应链管理环境下的库存控制 167
  第一节 库存管理的基本原理和方法 168
  第二节 供应链管理环境下的库存问题 175
  第三节 供应链环境下的库存管理策略 178
  本章小结 191
  自我测试 192

第九章 供应链管理环境下的物流管理 ·············· 194
第一节 物流管理的基本概念 ·············· 195
第二节 企业物流 ·············· 200
第三节 供应链环境下的配送管理 ·············· 209
第四节 第三方物流与第四方物流 ·············· 213
本章小结 ·············· 219
自我测试 ·············· 220

第四篇 发展篇

第十章 供应链管理发展的新趋势 ·············· 225
第一节 绿色供应链 ·············· 225
第二节 全球供应链 ·············· 232
第三节 服务供应链 ·············· 238
第四节 供应链金融 ·············· 241
本章小结 ·············· 246
自我测试 ·············· 247

参考文献 ·············· 251

第一篇
基础概念篇

第一章　供应链管理导论

[引例]　M公司向供应链管理要效益

M公司的主打产品,也是吸引消费者走进M公司的,无疑是它的汉堡包,但M公司靠汉堡包赚钱吗?M公司的汉堡包卖12元人民币,这其中其实利润非常少,甚至不赚钱。因为这么大的汉堡,要用最好的牛肉、最好的面包,面包里的气泡在4毫米时口感最佳,这样的面包只能用最好的油,而且制作好后十分钟内不卖掉,就只能扔掉。这么高的成本,加上房租、人员费用、推广费用,M公司的汉堡包并不赚钱,但汉堡包恰恰是吸引众多消费者去M公司的一个主要原因。

那M公司靠什么赚钱?很多经理人都可以想到,M公司可以集中采购,当M公司把全球几万家门店所用的牛肉、面粉、土豆集中采购时,利润就出来了。但是M公司的供应链高明之处还远远不止如此,如果M公司只想到集中采购,那就无法成为在全球拥有上万家门店的快餐连锁企业了。

M公司不仅通过集中采购获取稳定的利润,同时还积极参与到供应链的改造之中,通过改造供应链来降低供应链的成本,在所降低的供应链成本中与合作者分享,但最大的受益者肯定还是M公司。举一个例子,假设过去每千克土豆卖10元钱,亩产只有3000千克,那么M公司怎么做呢?M公司为农场提供土豆种植改良技术,免费的。当农场拿到免费的土豆种植改良技术后,亩产从3000千克涨到1万千克。过去单价10元、亩产3000千克,每亩收入3万元;现在亩产达到1万千克以后,可以让农民把价格降到每千克4元,这样每亩总收入达到了4万元,比过去的3万元增长了1万元,这样一来,农场企业很开心。但最大的受益者是谁?毫无疑问是M公司。因为它从10元的单价变成4元的单价,单位成本大幅度降低。

因此,M公司从供应链中获取利润,并不是单纯依靠集中采购,而是积极深入地参与到供应链改造之中,通过改造供应链,使得整个价值链的整体收益大幅度增加,同时自己获利。

(资料来源:http://www.sinotf.com/GB/136/SupplyChain/2018-09-23/3NMDAwMDMyNDA3NQ.html,有删改)

第一节 理解供应链

一、供应链的概念

供应链（supply chain，SC）的概念自 20 世纪 80 年代末提出以来，经历了一个发展过程。早期的观点认为，供应链是制造企业的一个内部过程，是指将采购的原材料和收到的零部件，通过生产的转换和销售等过程传递到企业用户的一个过程。这一概念局限于企业的内部操作，注重企业的自身利益目标。随着企业经营的进一步发展，供应链的概念范围扩大到了与其他企业的联系，扩大到供应链的外部环境，偏向于定义它为一个通过链中不同企业的制造、组装、分销、零售等过程将原材料转换成产品到最终用户的转换过程，它是更大范围、更为系统的概念。近年来随着全球制造（global manufacturing）的出现，供应链在制造业管理中得到普遍应用，成为一种新的管理模式。以下列举几种国内外较具代表性的定义。

美国供应链管理专业协会（CSCMP）认为，供应链涵盖了从供应商到用户的用户，自生产至制成品交货的各种工作努力。这些工作努力可以用计划、寻找资源、制造、交货和退回 5 种基本流程来表述。

史迪文斯（Stevens）认为，通过增值过程和分销渠道控制，从供应商的供应商到用户的用户的流程就是供应链，它开始于供应原点，结束于消费的终点。

哈里森（Harrision）认为，供应链是执行采购原材料，将它们转换为中间产品和成品，并将成品销售到用户的功能网链。

克里斯多夫（Christopher）认为，供应链是指涉及将产品或服务提供给最终消费者的过程和活动的上游及下游企业组织所构成的网络。

国家标准《物流术语》给出的供应链的定义是：生产与流通过程中所涉及将产品或服务提供给最终用户的上游与下游企业所形成的网链结构。

马士华等认为，供应链是围绕核心企业，通过对信息流、物流、资金流的控制，从采购原材料开始，制成中间产品以及最终产品，最后由销售网络把产品送到消费者手中的，将供应商、制造商、分销商、零售商直到最终用户连成一个整体的功能网链结构。

尽管各种定义不尽相同，表述也不尽一致，但我们还是能够从中理解供应链的基本内容和共性：

（1）供应链上存在不同行为主体，如消费者、零售商、批发商、制造商及原材料供应商。

（2）供应链是企业之间以及企业内各职能部门之间的互动与合作。

（3）供应链具有特定的功能，如为顾客提供某类商品或服务。

（4）供应链具有特定的结构特征，如有起始点和终结点，呈现出网状结构等。

（5）供应链的业务过程和操作，可以从工作流程、实物流程、信息流程和资金流程四个方面进行分析。

二、供应链的基本结构

供应链的结构,即构成供应链的基本要素。链条上的各节点(要素)之间是一种相互依存的关系。生产企业如果没有原材料,甚至毛坯料都要自己去做粗加工,那么生产周期就太长了,所以还要依赖于供应商。同样生产出来的产品即使质量再好,如果销售网络没有打开也不行。所以,货物从供应商到制造商,再到销售商,这三者之间的相互依存关系就形成了一条供应链。美国亨利·福特曾梦想将福特建成一个自给自足的企业,为了运输汽车,还投资铁路、船运等,但他后来发现,他不可能在汽车行业这一垂直供应链的每一个环节都投入足够的资金,也没有精力将每个业务都干得出色,他需要专注于自己干得最好的业务(核心业务),需要其他企业的帮助。后来福特公司在马来西亚生产零部件后,送至日本组装发动机,然后再将发动机送至美国的总装厂组装成整车,最后汽车返回日本销售。这就是供应链的一个典型的起源。因此,供应链是一个包含供应商、制造商、运输商、分销商、零售商以及客户等多个主体的系统(见图1-1)。

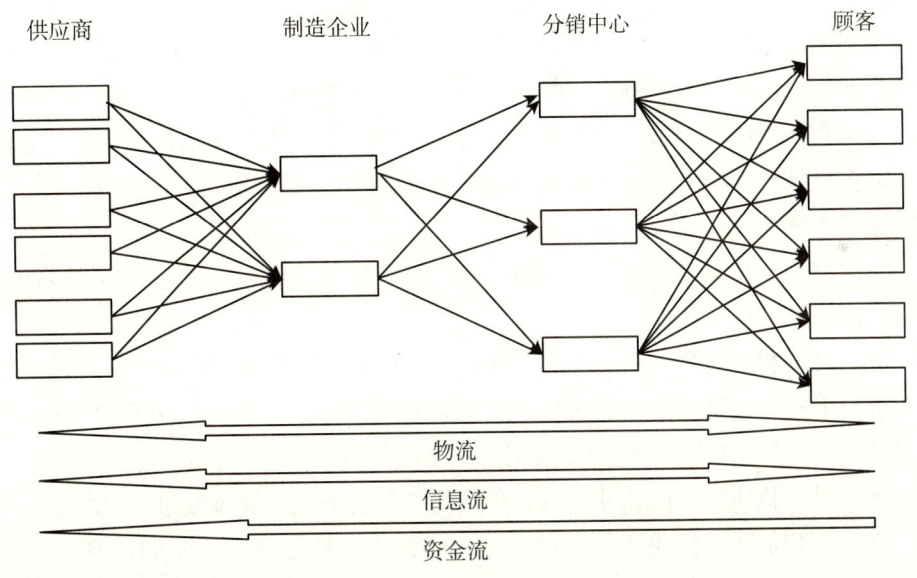

图1-1 供应链的基本结构

(1)供应商。供应商指给生产厂家提供原材料或零部件的企业。

(2)厂家。厂家即产品制造企业,是产品生产的最重要环节,负责产品生产、开发和售后服务等。

(3)分销企业。分销企业是为实现将产品送到经营地理范围的每一角落而设置的产品流通代理企业。

(4)零售企业。零售企业是将产品销售给消费者的企业。

（5）物流企业。物流企业即上述企业之外专门提供物流服务的企业。其中批发、零售、物流业也可以统称为流通业。

供应链上各企业之间的关系与生物学中的食物链类似。如在"草—兔子—狼—狮子"这样一个简单的食物链中，每一种生物之间都是相互依存的，破坏食物链中的任何一种生物，都会导致这条食物链失去平衡，最终破坏人类赖以生存的生态环境。同样道理，在供应链"企业A—企业B—企业C"中，企业A是企业B的原材料供应商，企业C是企业B的产品销售商。如果企业B忽视了供应链中各要素的相互依存关系，过分注重自身的内部发展，生产产品的能力不断提高，而此时企业A不能及时向他提供生产所需的原材料，或者企业C的销售能力跟不上企业B产品生产能力的发展，那么我们可以得出这样的结论：企业B生产力的发展不适应这条供应链的整体效率。

三、供应链的特征

一条典型的供应链通常具有如下特征：

（1）开放性。供应链管理环境下的企业生产计划与控制，是一个跨越了组织的界限，建立在信息共享、技术合作基础上的开放性的信息系统。

（2）复杂性。供应链节点企业涉及的跨度（层次）不同，供应链往往由多个不同类型甚至多国企业构成，所以供应链结构模式比一般单个企业的结构模式更为复杂。

（3）动态性。市场经济发展环境决定了供应链环境下的生产计划信息具有动态的特性。生产计划的信息随着市场需求的更新而变化，模糊的提前期和模糊的需求量，要求生产计划具有柔性和敏捷性。

（4）交叉性。供应链节点企业可以既是这个供应链的成员，又是另一个供应链的成员，众多的供应链形成了交叉结构。

（5）集成性。供应链集成的企业，是扩展的企业模型。来自供应商、生产商、分销商、顾客和竞争对手的信息集成是企业正确决策的信息源，通过EDI（电子数据交换）等信息通信和交流工具，集成和协调来源广泛的信息，使供应链上的活动同步进行。

（6）群体性。供应链上的企业呈现合作伙伴、利益兼顾、群体参与协商决策的过程。

（7）面向用户需求。供应链的形成、存在、重构，都是基于一定的市场需求而发生，并且在供应链的运作过程中，用户的需求变动是供应链中信息流、产品/服务流、资金流运作的驱动源。

四、供应链的类型

根据不同的划分标准，我们可以将供应链划分为以下几种类型：

（1）根据供应链存在的稳定性划分，可以将供应链分为稳定的供应链和动态的供应链。基于相对稳定、单一的市场需求而组成的供应链稳定性较强，而基于相对频繁变化、复杂的需求而组成的供应链动态性较高。在实际管理运作中，需要根据不断变化的需求，相应地改变供应链的组成。

（2）根据供应链容量与用户需求的关系，可以将供应链划分为平衡的供应链和倾斜的供应链。一个供应链具有一定的、相对稳定的设备容量和生产能力（所有节点企业能力的综合，包括供应商、制造商、运输商、分销商、零售商等），但用户需求处于不断变化的过程中。当供应链的容量能满足用户需求时，供应链处于平衡状态；而当市场变化加剧，造成供应链成本增加、库存增加、浪费增加等现象时，企业不是在最优状态下运作，供应链则处于倾斜状态。

（3）根据供应链的功能模式（物理功能和市场中介功能），可以把供应链划分为有效性供应链和反应性供应链。有效性供应链主要体现供应链的物理功能，即以最低的成本将原材料转化成零部件、半成品、产品，以及在供应链中的运输等，此类产品需求一般是可以预测的，在整个供应链各环节中总是力争存货最小化，并通过高效率物流过程形成物资、商品的高周转率，从而在不增加成本的前提下尽可能缩短导入期。选择供应商时着重考虑服务、成本、质量和时间因素。

反应性供应链主要体现供应链的市场中介功能，即把产品分配到满足用户需求的市场，对未预知的需求做出快速反应等。此类产品需求一般是不可预见的，需要做到因商品脱销、降价销售和存货过时所造成的损失最小化，因而生产系统需要准备足够的缓冲生产能力，存货需准备有效的零部件和成品的缓冲存货，同时，需要以多种方式投资以缩短市场导入期。在选择供应商时主要考虑速度、灵活性和质量。

表1-1从基本目标、库存策略、提前期等6个维度对有效性供应链及反应性供应链进行了比较。

表1-1　　　　　　　　　有效性供应链与反应性供应链的比较

项目	物理有效性供应链	市场反应性供应链
基本目标	以最低的成本供应可预测的需求	尽可能快地对不可预测的需求做出反应，使缺货、降价、库存最小化
制造的核心	保持高的平均利用率	配置多余的缓冲库存
库存策略	创造高收益而使整个供应链的库存最小化	安排好零部件和成品的缓冲库存
提前期	尽可能缩短的提前期	大量投资以缩短提前期
供应商的标准	成本、质量	速度、质量、柔性
产品设计策略	绩效最大化、成本最小化	采用模块化设计，尽可能差异化

（4）按供应链的反应对象，可以将供应链划分为拉动型供应链和推动型供应链。拉动型供应链是由客户实际需求驱动的，以企业获得订单为前提，企业的生产和分销与实际的客户需求而不是企业预测的客户需求相协调。这种供应链起始于企业收到客户的订单，企业不需要持有太多库存，只要对订单做出反应即可（见图1-2）。该模式以客户需求为导

向进行生产、采购原料、组织货源、外包业务等。这种供应链模式需要整个供应链能够更快地跟踪客户和市场的需求，供应链上的成员间有更强的信息共享、协同、响应和适应能力。拉动型供应链虽然整体绩效较好，但对整个供应链的集成和协同运作以及技术和基础设施要求比较高。另外，当提前期不大可能随着需求信息而缩短时，拉动型供应链系统将难实现，而且，也比较难以利用生产和运输的规模优势。

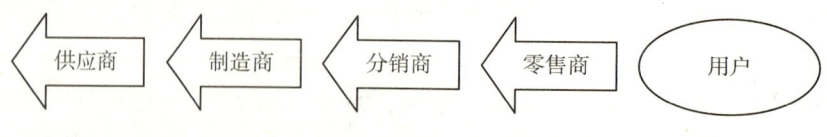

图1-2　拉动型供应链

推动型供应链是以企业自身产品为导向的供应链，也称为"产品导向"或"库存导向"。这种供应链方式的制造商对整个供应链起主导作用，以制造商对市场的预测为依据（见图1-3）。由于制造商在供应链上远离客户，对客户的需求远不如零售商和分销商了解的清楚，因此不能十分准确地把握市场，响应速度慢，牛鞭效应明显，下游较小的需求变化，反映到上游时将逐级放大，因此该种供应链具有较高的库存量。

图1-3　推动型供应链

（5）按制造企业供应链的发展过程，可以将供应链分为内部供应链和外部供应链。最初的供应链概念局限于企业的内部操作，注重企业内部各部门的协调，通过团队精神和运行机制，以争取更满意的企业利益目标。因此，内部供应链是指企业内部产品生产和流通过程中所涉及的采购部门、生产部门、仓储部门、销售部门等组成的供需网络。

外部供应链是新的供应链概念，它注重与外部资源、与其他企业的联系，注重供应链的外部环境，它偏向于供应链中不同企业的制造、组装、分销、零售等过程，即将原材料转换成产品到最终用户的转换过程，它是更大范围、更为系统的概念。因此，外部供应链是指涵盖企业的与企业相关的产品生产和流通过程中所涉及的供应商、生产商、储运商、零售商以及最终消费者组成的供需网络。

（6）按供应链的主导主体控制能力，可以将供应链划分为盟主型供应链和非盟主型供应链。所谓盟主型供应链，即某一成员在供应链中占有主导地位，对其他成员具有很强的辐射能力和吸引能力，通常称该企业为核心企业或主导企业。盟主型供应链相对于非盟主型供应链，是比较典型的一种供应链类型。从供应链的主导主体分析，又可以将供应链划分为制造企业主导供应链、商业企业主导供应链和第三方物流企业主导供应链等形式。

第二节　供应链管理的产生与发展

在全球经济一体化形势下，供应链管理作为一种新型的管理理念和模式已被越来越多的企业所认识、接受和采用，世界上许多著名的企业，如惠普、戴尔等都在供应链管理上开展了卓有成效的实践，取得了显著的业绩。通过实施供应链管理，供应链上的企业可以在新产品的开发、服务水平、库存及物流成本、提高效益和效率，加强企业间的联盟与合作等方面获得满意的效果。

一、供应链管理产生的客观背景

20世纪90年代以来，随着全球化、IT技术的不断进步及世界经济整合过程的加快，越来越多的企业认识到发展自身的核心竞争力、外包以及提升创新和协调能力等重要性，从而导致供应链管理范式的诞生。具体而言，供应链管理的兴起主要受以下三种因素的驱动：顾客导向、市场全球化和信息社会的建立。这些趋势使原有的管理思想和运作模式已不能完全满足高质量、低成本、快速响应客户需求的要求，导致企业竞争战略的转变，进而对企业的价值链管理提出了新的要求。而要做到快速响应客户需求，仅靠一个企业所拥有的资源是不够的。在这种情况下，企业自然会将眼光投向企业以外，借助其他企业的资源达到快速响应市场需求的目的（见图1-4）。

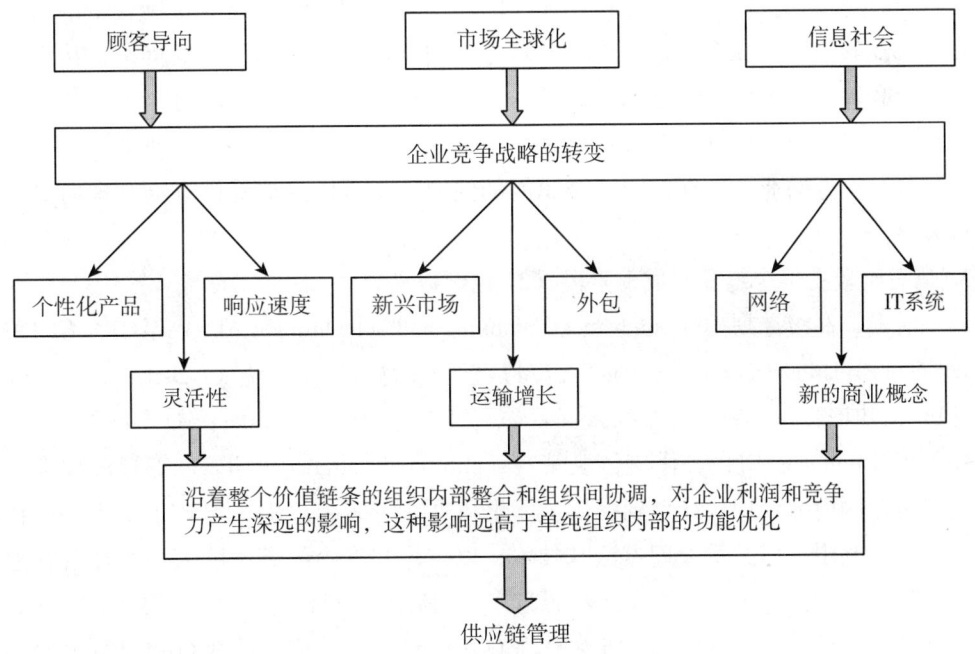

图1-4　供应链管理的产生

首先，企业为保持自身的竞争力，更加关注产品的个性化及最大化满足客户的需求。因此，灵活性和响应能力成为企业供应管理中的关键要素；其次，20 世纪90 年代以来，亚洲、东欧和南美等新兴市场的出现，迫切要求生产设备向这些地区输送；最后，IT 技术的不断进步及万维网（www）的兴起为创新商业模式提供了坚实的基础。总之，企业聚焦于整个附加价值链条，与该链条相关的所有企业内外要素都必须关注，以确保其商业利润和竞争力。只有这条供应链上的所有节点企业达到同步和协调运作，才能使链上的所有企业都能受益。于是便产生了集成供应链管理这一新的经营与运作模式和管理思想。

二、供应链管理的发展阶段

1. 第一阶段：供应链管理的初始阶段（20 世纪70~90 年代初）

这一时期，企业开始进行企业组织机构的精简和改革，并认识到最大的机会存在于企业之外。信息技术在供应链管理的大量应用，促进了供应链管理的发展。当时典型的供应链策略有两种，即高效客户响应（efficient consumer response，ECR）和快速响应（quick response，QR）。20 世纪80 年代末，制造资源计划（manufacturing resource planning，MRP-II）的推广、企业资源计划（ERP）以及准时制（just in time，JIT）模式和系统的引入和应用，使上下游业务链在市场竞争的驱使下逐渐向供应链运作模式转变，这些都促使供应链管理概念在企业管理理念的不断变化过程中逐步形成。

2. 第二阶段：供应链管理形成阶段（20 世纪90 年代初至90 年代末）

进入20 世纪90 年代以后，随着全球经济一体化的到来及企业间市场竞争的加剧，企业将竞争重点转向市场和客户，注重在全球范围内利用一切能够利用的资源，从管理企业内部生产过程转向整个供应链系统。在这一时期，ERP（企业资源计划）系统的迅速传播和广泛应用，使企业的信息和业务都实现了高度的集成。技术的进步，使得信息处理成本降低，加快了企业的业务处理，同时跨职能部门团队的协作推动着供应链管理向更一体化的方向发展。

3. 第三阶段：供应链管理成熟阶段（21 世纪以来）

这一时期，高级计划排程（advanced planning and scheduling，APS）系统、客户关系管理（consumer relationship management，CRM）系统、物流信息系统（logistics information system，LIS）、知识管理（knowledge management，KM）、数据库（data warehouse，DW）、数据挖掘（data mining，DM）、供应链决策（supply chain strategy，SCS）等管理技术竞相问世，使得企业的内部管理从计划到执行、优化和决策，都在ERP 的基础上更上一层楼。在企业外部通过利用客户关系管理方法和技术，以市场和客户的满意度为企业经营管理的核心，挖掘和分享知识与价值，将企业资源与客户的需求紧密相连，建立了合作伙伴的关系，协调供应链的运作。越来越多的企业协作制订运营计划，供应链的执行和决策也向着一体化方向发展。

另外,基于互联网和电子商务的供应链系统得到广泛应用,出现了基于协同的新的供应链管理模式,如供应商管理库存(VMI)、合作计划、预测与补给(CPFR)、第三方物流(3PL)、第四方物流(4PL)、生产生命周期管理(PLM)、供应链计划(SCP)等,这些新的供应链管理模式使供应链上成员间的业务衔接更加紧密,整个供应链的运作更加协同化,实现了供应链运作的实时化、柔性化和快速响应。

第三节 供应链管理的基本原理

一、供应链管理的含义

供应链管理是近年来在国内外逐渐受到重视的一种新的管理理念和模式。20世纪90年代以来,很多学者试图给出包含供应链管理对象、目标群体、管理目标以及实现目标的方法、工具等在内的统一的概念框架。以下列举一些国内外较具有代表性的定义。

美国物流管理协会的定义是:供应链管理是以提高企业个体和供应链整体的长期绩效为目标,对传统的商务活动进行总体的战略协调,对特定公司内部跨职能部门边界的运作和在供应链成员中跨公司边界的运作进行战术控制的过程。

全球供应链论坛(Global Supply Chain Forum,GSCF)的定义是:供应链管理是为消费者带来有价值的产品、服务以及信息的,从源头供应商到最终消费者的集成业务流程。

伊文斯(Evens)认为:供应链管理是通过前馈的信息流和反馈的物料流及信息流,将供应商、制造商、分销商、零售商,直到最终用户连成一个整体的管理模式。

菲利浦(Phillip)认为:供应链管理不是供应商管理的别称,而是一种新的管理策略,它把不同企业集成起来以增加整个供应链的效率,注重企业之间的合作。

国家标准《物流术语》(GB/T18354—2001)的定义是:供应链利用计算机网络技术全面规划供应链中的商流、物流、信息流、资金流等,并进行计划、组织、协调与控制等。

马士华认为:供应链管理是以最小成本并满足客户需要的服务水准,对从供应商、制造商、分销商、零售商直到最终用户间的整个渠道的整体管理。

从以上定义不难看出,供应链管理的对象显然是由供应商、制造商、分销商、零售商甚至最终客户等组成的整条供应链,服务的目标群体为最终客户,统领供应链所有努力的目标应是提升企业的竞争力,而实现该目标的手段则不外乎两个方面:一是对内含的节点组织的整合;二是有效协调节点间的物流、信息流与资金流。因此,我们可以将供应链管理定义为通过整合供应链上的组织单元,协调其物流、信息流和资金流等活动,最大限度地满足客户的需要,最终提升整条供应链的竞争力。由此可以看出,供应链管理的实质就是在高于企业的供应链系统中,考虑实体流、信息流和资金流的协调和配合,以便在更高层次上,更大的范围内,提高物流过程的效率和效益。

二、供应链管理的基本思想

从供应链的构成分析,在供应链管理中仅强调对单个部门的物流活动进行控制是不够的,必须要对整条供应链的所有环节或关系较近的几个关键环节的物流活动进行协同运作,实施一体化管理。因此,供应链管理是一种集成的管理思想和方法,它把整条"链"看作一个集成组织,把链上的各个企业都看作合作伙伴,对整条链进行集成管理。其目的是通过链上各个企业之间的合作和分工,致力于整个链上物流、信息流和资金流的合理化和优化,从而提高整条链的竞争能力。具体而言,供应链管理包含着以下的基本思想。

1. 系统思想

供应链管理不再孤立地看待各参与组织和部门,而是综合考虑所有相关的供应商、制造商、分销商、零售商等,把供应链看成所有参与组织和部门相互依赖、互相联结的有机整体,协同运作,共同为最终用户提供恰当的产品或服务,从而实现自身利益最大化。

2. 协调思想

虽然供应链中各参与组织和部门都有自己的利益和目标,甚至这些目标之间有冲突竞争,但供应链管理可以通过各种方法,如联合计划、共享信息、激励机制、集中控制、形成合作伙伴等,努力减少冲突竞争与内耗,更好地分工合作,协调各种活动,发挥供应链的整体优势,使整个供应链获得的利益大于各参与组织、部门单独获得的利益之和。

3. 合作思想

供应链企业间形成的是一种合作性竞争。力图通过责任和风险的分担、信息的共享以及共同解决问题来共同获益,最终达到"双赢"。

4. 核心竞争力思想

按照供应链管理的理念,企业要集中精力发展其核心业务,打造自己的核心竞争力,把非核心业务直接交由外部企业来完成,充分利用外部资源,即实现外包,同时与这些外部企业形成合作伙伴关系。外包企业在努力加强与其他企业合作的同时,还借助其他企业核心竞争力来形成、维持甚至强化自己的核心竞争力。

5. 顾客服务思想

供应链管理的目标就是将满足顾客需求的产品或服务在恰当的时间(right time)和恰当的地点(right place),按照恰当的数量(right quantity)、恰当的质量(right qulity)和恰当的状态(right status),以恰当的成本费用(right cost),送达客户,并使自身利益最大化。

三、供应链管理的内容

只有对供应链管理的概念有清楚的认识,才能知晓供应链管理是要对哪些方面进行管理(即供应链管理的内容),通过管理实现什么目的等问题。根据上述定义,如果我们把供应链管理设想成一座房屋的话,则房顶部分代表了供应链管理的终极目标及主要手段,地基部分的众多学科形成了供应链管理的基石,中间部分则构成供应链管理的核心内容模块(见图1-5)。

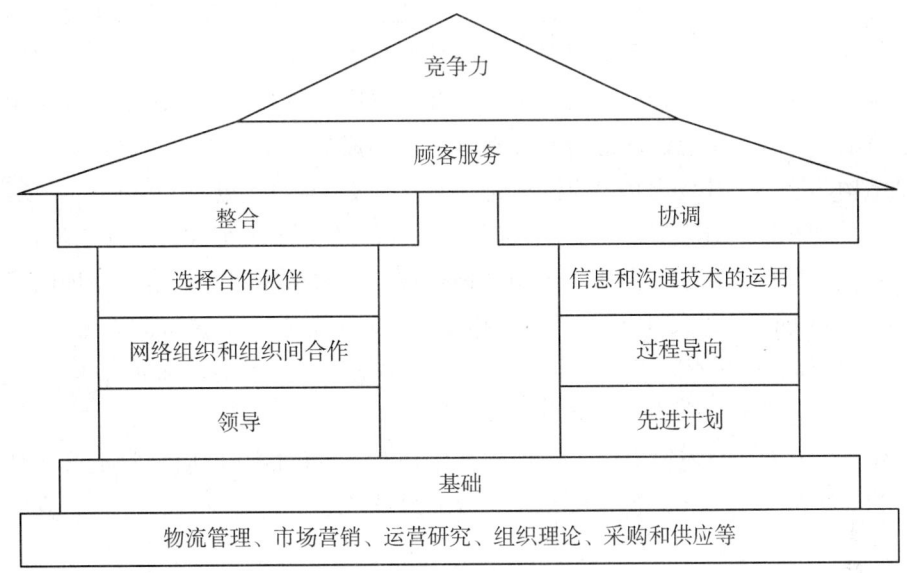

图1-5 供应链管理架构

如图1-5所示,提升整条供应链的竞争力是供应链管理的终极目标,而对顾客的服务水准是实现该终极目标的关键,要达此目标,具体的方法可以有很多,如降低成本、提高灵活响应客户需求变化的能力、提供优质的产品和服务等。我们用中间支撑房顶的两个柱子代表供应链管理的两大核心内容,即组织网络的整合和信息流、物流、资金流的协调。

关于组织网络的整合,首先必须明确的是,选择合适的合作伙伴是形成一条供应链的前提;其次,由各自独立的节点所形成的组织网络,要想成为有效的供应链并取得成功,则必须开展组织间的合作;最后,有效领导伙伴成员的结盟战略是至关重要的。对于供应链上信息流、物流、资金流的协调而言,必须运用最新发展的信息交流技术,以允许过去需要人工执行的过程更加自动化,且过程导向时常需要依据新的过程标准重新设计。另外,为了有效执行客户订单,必须使人、物资、设备和工具等的获取更加有计划,尽管生产、分配、采购计划等已经使用几十年了,但绝大多数计划是孤立的,并被局限在一定的范围之内。因此,建立高级计划系统协调不同站点之间、不同组织之间的计划,就成为企业必须面对的一项新的挑战。

下面将细致阐述供应链管理的两大核心内容。

1. 整合

如前所述,供应链是由若干法律上独立的企业为提供某种产品或服务而合作形成的,整合的目的是改进整条供应链的竞争力。整合是要确保这些独立的企业在长期内能保持紧密的合作关系。具体而言,供应链整合包含以下内容:

（1）选择合作伙伴。即在一定标准下，寻找合作对象，建立、实施和维护合作伙伴关系。选择合作伙伴首先是从为某一市场提供产品或服务的相关活动的分析开始的，之后将这些活动分配给现有的供应链成员，他们的核心竞争力要确保执行这些活动是有效的。在选择合作伙伴时，选择的标准不应只是合作伙伴的成本的高低，而是其有助于供应链竞争力提升的未来潜质。因此，合适的组织文化以及对供应链目标实现的贡献的评价也是至关重要的。将活动分配给供应链内能最有效执行它们的成员，以及成员根据市场需要快速适应供应链结构的能力，被认为是供应链不同于传统等级结构的主要优势所在。

（2）网络组织间合作。从组织理论的视角来看，供应链是网络组织的一种特殊形式，它们由拥有平等权利的独立的企业实体松散地组成。组织结构与网络组织整体的目标及任务动态适应（Sydow，1992；Hilse et al.，1999）。供应链通常会被客户看成是一个单一（或虚拟）的实体，但又不同于虚拟企业，后者通常仅仅是为短期目标而合作的企业网络，且有时仅仅是为完成某一个单一的客户订单。

对创建一个有效的供应链而言，组织间合作是必不可少的。供应链常被看作是纯粹的市场关系和等级结构的交叉，它试图结合两者的最佳特质。在理想的情况下，供应链中的每一个实体都专注于它们自己的核心竞争力，不再受制于大型等级组织中严格的决策程序和日常行政事务，成员间信息共享、对改进供应链整体竞争力的评价取代了对成员自身竞争力的评价。有时，合作关系被取消的风险也还是存在的。这些特征有助于提升与新的市场趋势相适应的创新和灵活性。

尽管供应链中的个体在法律上是独立的，但经济上却是相互依赖的。很显然，对于供应链上每一个个体而言，只要彼此都能获取"双赢"，则供应链结构就能保持稳定。除了经济利益的纽带外，为了加强供应链成员的凝聚力，我们还可以借助于这样一些联结纽带，如与企业所应用的技术相关的技术联结，与伙伴成员积累的经营知识相关的知识联结，以个体信任形式存在的社会联结，与企业日常行政事务和程序相关的行政联结，以企业间契约形式存在的法律联结等，不断实践这些联结纽带有助于建立成员间的信任关系，从而促进成员间的长期合作。

（3）领导。领导是供应链管理的重要内容之一。涉及供应链整体的一些决策（如取缔某一合作伙伴或进入一个新的合作伙伴）及战略在成员间的分配等都需要发挥领导职能。实践中，供应链的领导职能既可以由核心企业来执行，也可以由一个指导委员会来执行。核心企业通常是供应链上拥有最大的财权，或拥有关于产品和过程的最佳的技术，或在订单完成过程中创造最大的价值份额的成员企业。在一些实际案例中，核心企业也可能是该供应链的创建者。只有在上述情况下，核心企业制定的决策才有可能被所有成员所接受。另外，若是指导委员会执行领导职能，则该指导委员会通常是由所有成员企业派出的代表组成，决策规则（如每位成员拥有的投票权）通过谈判来决定。

2. 协调

供应链管理的第二个组成部分，即协调。如图1-5所示，协调由以下三部分组成：

（1）信息和沟通技术的运用。供应链中信息流管理是首要的重点，只有对信息流进行有效管理，才能对其他"流"有效管理。信息流管理有赖于最新信息技术的支持。先进的信息技术不仅使供应链上不同点的过程信息的有效处理成为可能，也能促进先进计划的应用。

供应链管理的主线是信息管理，信息管理的基础是构建信息平台，实现信息共享，将供求信息及时准确地传达到供应链上的各个企业，在此基础上进一步实现供应链的管理。

(2) 过程导向。过程导向，旨在以最有效的方式协调与客户订单完成相关的所有活动。过程导向起始于对现有供应链的分析及现有的对成员企业的活动分配情况。运用关键绩效指标方法可以揭示供应链内，尤其是成员企业间交互界面存在的不足、瓶颈以及浪费现象。与最佳实践对比的标杆方法同样也有助于实现该目标。在此基础上，我们可了解供应链上哪些活动需要改进，哪些活动需要重新分配，因此，过程导向在很多方面与著名学者哈默和钱辟提出的过程再造类似。

(3) 先进计划。到目前为止，国际上还没有对先进计划系统（advanced planning system，APS）的明确定义，它是一种基于供应链管理和约束理论的先进计划和排产工具，包含了大量的数学模型、优化以及模拟技术。APS 覆盖了供应链管理战略层、战术层及操作层 3 个计划层次。其中战略层包括供应链战略、供应链计划；战术层包括需求计划与预测、制造计划、操作计划、分销计划；操作层包括可承诺能力（capable to promise，CTP）、车间作业排产、运输计划、承诺可供货量（available to promise，ATP）。APS 系统作为 ERP 的补充（现在大型的 ERP 系统已经包含了 APS，如 Oralce 就包含 APS、SAP 的 APO），是一个决策支持系统，它关注例外事件的管理，提供决策支持；使用 ERP 的数据，为 ERP 系统提供决策支持；为外部的供应链计划提供支持，例如协作的预测与补货。APS 的功能优势在于实时基于约束的重计划与报警功能。在计划与排产的过程中，APS 将企业内外的资源与能力约束都囊括在考虑范围之内，用复杂的智能化运算法则，做常驻内存的计算。

四、供应链管理与相关学科

1. 供应链管理的多学科性

供应链管理与物流管理、生产运营管理、战略管理、产业组织、市场营销、信息科学等学科均有着密切的关系。例如，合作是供应链管理的基石，而关于合作的议题一直以来属于产业研究的范畴；供应链管理还集成了生产管理（过程柔性、生产率和效率）和物流管理（提供生产和顾客所需的产品、降低物流成本、提高物流服务水平）的战略目标。除了合作以外，协调也属于供应链管理的重要内容，而协调的基础是 IT。IT 的功能有很多，包括供应链计划、供应链控制、数据交换、无线射频识别等，因此，供应链管理和信息科学与工程同样联系密切。与物流管理相比，现代供应链管理的内涵要丰富得多，而且已经发展成为一个独立的研究和管理领域。管理科学为我们揭示了不同层次管理人员的重要职能，即计划、战略、组织和控制，而为了实现这些管理职能，又需要信息和工程技术。因此，供应链管理可以说是融合了管理科学、工程科学和信息科学的一个多学科框架（见图 1-6）。

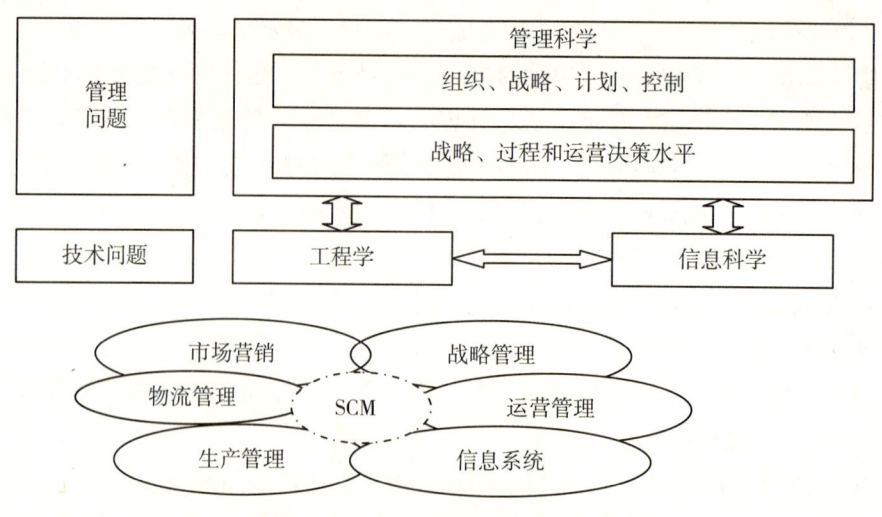

图1-6 供应链管理的多学科框架

2. 供应链管理与物流管理的联系与区别

自从20世纪80年代末供应链管理得到广泛应用以来,供应链管理与物流管理之间的关系就成为学界讨论的一个热点话题。从现有文献看,关于两者的关系主要有四种观点(Manganetal,2007):物流管理是供应链管理的一部分;供应链管理是物流管理的一部分;供应链管理取代了物流管理;供应链管理与物流管理彼此独立,并有某些交叉点。

事实上,分析现有的文献和实证案例研究,可以让我们得出这样的结论:物流管理解决的只是局部功能,即实体物资流动的实现;而供应链管理则把价值增值链条作为一个整体,关注所有内向及外向物流实现的局部功能的管理联结(见图1-7)。

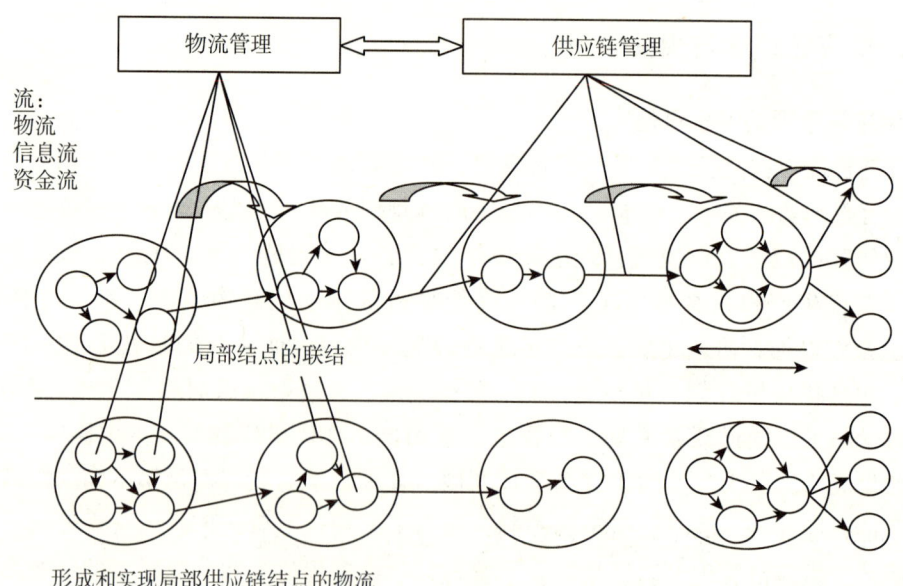

图1-7 物流管理与供应链管理的关系

在图 1-7 中，表示实体物流的圆环与对物流及信息流、资金流的管理是有区别的。简单地讲，如果我们用圆环来代表物流管理的话，供应链管理就是这些圆环的管理联结。物流管理关注如何优化实体物资的流动转移，而供应链管理则更为关注管理层面的东西。也就是说，物流管理考虑如何以正确的成本，在正确的时间和地点提供正确数量和质量的产品；供应链管理考虑的则是为达成顾客的完全满意，如何在整条价值增值链条上平衡供给。举例来说，仓储管理、运输优化、采购优化、局部库存管理等就属于物流管理的内容，而分销网络设计、需求预测、联合库存管理、供应协调、供应监督和控制则属于供应链管理的内容。实践中，物流管理问题与供应链管理问题是相互作用、紧密联系的，很难将二者完全孤立起来考虑，它们彼此丰富着各自的内容和功能，可以说，既你中有我，又我中有你。

供应链管理与物流管理的区别主要体现为以下三个方面：

（1）物流管理是对一个企业内部物流的管理，供应链管理是对商务过程中各方面关系的管理，是跨企业的管理，如对客户关系管理、需求管理、订单执行管理、制造流程管理、采购管理、新产品开发管理、产品回收管理等。

（2）供应链管理是物流管理的高级形态。它在物流管理的基础上发展起来，实质是物流管理的逻辑延伸，供应链管理的概念包含物流的概念，物流是供应链系统的子系统。供应链管理由三部分组成：供应管理（供应商部分）、运营管理（公司内部管理）、物流管理（客户端）。简单地说，供应链管理就是从供应商处采购（供应管理），在内部进一步增值（运营管理），再送给客户（物流管理）。

（3）物流管理主要关注企业内部的功能整合，而供应链管理则强调企业之间的一体化。供应链管理需要高度协调互动，所以关注企业之间的相互关联。例如：存货以何种状态存放于何地；在何时执行何种计划；供应链系统如何布局和选址；信息共享的深度；所获得的整体效益如何在成员之间分配；供应链成员共同制定整体发展战略等。

表 1-2 简洁明了地比较了二者之间的区别。

表 1-2　供应链管理与物流管理的区别

项目	供应链管理	物流管理
范围	整个供应链所有成员的物流活动	单个企业的物流活动
难度	较大	较小
环节	环节多，需要供应链成员紧密配合	环节少，通常只限于单个企业
效益	整个供应链物流的优化，效益巨大	企业内部物流的优化，效益较小

本章小结

本章首先明确供应链是围绕核心企业，通过对信息流、物流、资金流的控制，从采购原材料开始,到制成中间产品以及最终产品,最后由销售网络把产品送到消费者手中的将供应商、制造商、分销商、零售商直到最终用户连成一个整体的功能网链结构。它包含所有加盟的节点企业,它不仅是一条联结供应商到用户的物料链、信息链、资金链,而且是一条增值链,物料在供应链上因加工、包装、运输等过程而增加其价值,给相关企业都带来收益。

此外,本章探讨了供应链的特征和基本思想,指出供应链作为一种网状的、复杂的结构,是一种"供应"和"需求"的网络。其实质是强调一种集成的管理思想和方法,把供应链上的各个环节有机结合,使整个链的效率与利益最大,而不是仅仅重视一个环节企业的利益最大。因此,供应链管理是对整个供应链系统进行计划、协调、执行、控制和优化的各种活动和过程,通过改善上、下游供应链关系,采用推动、拉动和推拉结合等供应链运作模式,整合和优化供应链中的信息流、物流、资金流,以获得企业的竞争优势。

自我测试

一、简答题

1. 简述供应链及供应链管理的含义。
2. 简述供应链管理与物流管理的区别。
3. 考虑一个国内的汽车供应链,并回答以下问题:
(1) 汽车供应链包括哪些组成环节?
(2) 供应链中涉及哪些不同的企业?
(3) 这些企业的目标是什么?
(4) 举例说明这个供应链中存在的冲突目标。
4. 对计算机这类产品而言,应当采用推动型供应链运作模式还是拉动型供应链运作模式?为什么?
5. 试分析一家你所熟悉的企业供应链的基本结构。
6. 供应链管理的发展经历了哪几个阶段?
7. 试比较和区分供应链管理的推动式和拉动式运作模式。
8. 为什么说供应链管理具有复杂性?

二、案例分析

X公司的供应链危机

X公司善用的是饥饿营销,早几年一谈到社群营销也会以X公司为标杆。被人提过无数次的,也是最早总结出"互联网方式"和"粉丝经济"的营销策略是供应链得以实现和提高效率的根本。放弃饥饿营销会让X公司的供应链压力倍增,毕竟X公司没有工厂。但其实,苹果模式的核心,也是在客户端放大公司所有资源,在制造端进行产业链整合。

2016年，X公司手机销量大幅下滑，公司发展也暴露出诸多问题。直到2017年7月，X公司公布第二季度成绩单，单季出货量创下历史最高纪录，用数据证明X公司已实现触底反弹。2017年X公司又接连发布了几款新产品，在一年低谷期的蛰伏之后，公司重新走上了正轨。

X公司市场需求的增长速度高于产能的爬坡速度。为了缓解产能压力，在2013年9月发布新产品时，X公司选择了全球首发的两款芯片，将产能分散，来降低爬坡风险。在与芯片厂商合作的过程中，X公司参与了芯片的参考设计，在国内能与芯片厂商做这种配合的当时只有X公司一家厂商。

在研发方面，X公司研发团队在2015年下半年就已跟不上潮流。整个2015年，因为供应链的原因，新产品迟迟不能发布。2015年的"双十一"，X公司遭遇有史以来最艰难的一战。倒不是因为竞争对手有多强或者网店无人问津，而是新产品延期太严重，手中无牌。即使新产品发布以后，也遭遇了产能危机。新产品发布后评价都很好，但是两三个月买不到货。

要管理好供应链，如何与供应商处理好关系就十分重要。在产品研发设计出来之前，你是甲方；但在产品设计出来以后准备量产时，你就是超级乙方，很多时候不得不被供应商牵着鼻子走。比如供应商的物料有限，大家都在抢，究竟是给H公司还是给X公司，谁分配多谁分配少，都可能和跟彼此关系好不好挂钩。

产品研发也和供应链息息相关。一个产品在研发阶段，通常很大程度就决定了其量产的难度大小。

（资料来源：http://baijiahao.baidu.com/s?id=1600179682027870395&wfr=spider&for=pc，有删改）

思考：
1. 试分析X公司2016年业绩出现下滑的深层原因。
2. 试讨论获取供应链竞争优势的关键是什么。

第二篇

职能管理篇

第二章　供应链计划

[引例]　　　　　　Y 公司的高效率供应链

一个成功的供应链战略，是公司商业战略的延续。供应链模式的选择和公司的产品/服务以什么特点吸引客户密切相关。是追求价格低廉，还是质量优异，或者是及时交付，又抑或是产品可定制化？要考虑的客户还包括公司的供应商和其他合作伙伴，我们能和他们建立什么样的关系？

Y 公司的口号是"为大多数人创造更加美好的日常生活"，其产品一般比竞争对手便宜30%~50%，便宜但是不劣质且保持时尚感。Y 公司物美价廉的核心是其深入供应链每一个环节的低成本设计和衔接。

在 Y 公司，一个新产品开始孕育的时候就会压低成本，并在整个供应链过程中严格执行。曾经有一种 50 美分的咖啡杯被重新设计了三次，就是为了能在运输托盘上放进尽量多的杯子。一开始，托盘上只能放 864 只杯子，一次设计在杯子上加了一个圈，类似于花盆上的那种，这样一个托盘上能装 1280 只杯子。还有一次设计是做了一种矮一些的、带杯柄的杯子，这样一个托盘上能塞下 2024 只杯子。就是这些改变使得运输费用降低了 60%。

同样，Y 公司的全球采购执行策略，也以低价为核心（在保证认可的质量和环境与社会责任基础上）。Y 公司的采购策略包括最佳采购实践、竞争性竞价和创造最优条件以节省成本。

采购策略包括：（1）详尽的采购准则；（2）关注产品到岸价格；（3）严格的供应商评估，包括新的生产工艺的采用、国家退税政策的改变等都会列入评估讨论范围。

竞争性竞价包括：（1）全球性采购策略和全面的报价系统；（2）前瞻性报价准备；（3）原材料区域采购；（4）透明公开的竞价模式。

创造最优条件以节省成本包括：（1）集中采购策略；（2）低成本业务开发；（3）与供应商签订长期产能合约；（4）帮助供应商对原材料议价；（5）帮助供应商提高生产率；（6）对供应商财务支持；（7）提供更有效/稳定的采购订单操作系统以及物流选择。

实际上，供应链没有模式上的好坏，只有是否与公司的发展阶段和发展环境相契合。只要我们对公司供应链上的各个环节进行详细了解和仔细分析，和行业通行的标准做比较，就可以找到节约成本或者增加销量的地方。创造性的思考，会让我们在流程中寻找出新的价值创造点。

（资料来源：http://www.sohu.com/a/253966361_99933260，有删改）

第一节　竞争战略与供应链战略

在供应链管理盛行的时代，企业在市场中面对的竞争对手不再是单个的企业，而是各个节点企业所组成的一条条供应链。因此，企业在制定竞争战略时，必须考虑其所选择的供应链，并将竞争战略与供应链战略匹配起来，否则就会导致经营的失败。

一、企业竞争战略

企业的竞争战略是由其所提供的产品或服务能够满足的目标顾客群需求的类型来决定的。一个公司的竞争战略决定了该公司需要满足的客户需求组合，这种组合是公司相对于其竞争对手而言所能提供的所有产品和服务。竞争战略都是根据客户是优先选择产品价格、交货时间、产品多样性还是产品质量来确定的，它针对一个或多个客户群体设计目标，目的在于提供能够满足客户需求的产品和服务，如图2－1所示。

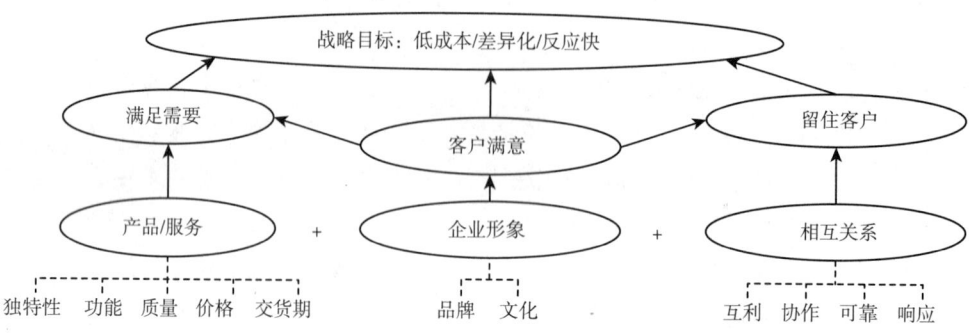

图 2－1　企业战略目标实现过程

要执行公司的竞争战略，所有职能部门都要发挥作用，并且每个职能部门都必须规划出本部门的战略。例如，产品开发战略拟定公司将要开发的新产品组合，同时还要确定开发工作是通过公司内部进行还是外包出去；市场营销战略强调如何进行市场细分，产品如何定位、定价和促销；供应链战略确定原材料的获取和运输，产品的制造或服务的提供，以及产品配送和售后服务的方式与特点。供应链战略关注原材料的获取，物料的运进运出，产品制造或提供服务的运作，产品的分销，后续的服务，以及这些流程是由公司自行解决还是外包。可见，供应链战略是公司竞争战略的一个主要组成部分，一个公司要想成功，所有的职能战略都必须和竞争战略相互支持。

二、供应链战略的内涵及基本内容

（一）供应链战略的概念

所谓战略，是指全局性、高层次的重大问题的筹划与指导。供应链战略就是从企业战略的高度来对供应链进行全局性规划,它确定原材料的获取和运输,产品的制造或服务的提供,以及产品配送和售后服务的方式与特点。供应链战略突破了一般战略规划仅仅关注企业本身的局限,通过在整个供应链上进行规划,进而实现为企业获取竞争优势的目的。供应链战略管理所关注的重点不是企业向顾客提供的产品或服务本身给企业增加的竞争优势,而是产品或服务在企业内部和整个供应链中运动的流程所创造的市场价值给企业增加的竞争优势。

(二) 供应链战略的目标

供应链战略的一般目标是指企业希望供应链管理能给企业带来的绩效,是所有企业通过有效管理的努力而希望达到的目标。一般来说,企业希望供应链能达到以下目标。

1. 供应链系统总成本最小化

供应链系统的总成本涉及许多要素,包括采购成本、库存成本、运输成本、制造成本、资金成本、应用技术的成本、人力资源的成本等。各部分的成本组成了整个系统的成本,这就是供应链系统总成本。如何使供应链系统总成本最小化,是企业面临的供应链战略目标之一。在供应链再造和构建过程中,应该时时注意到总成本的各种要素,不断降低总成本,以达到总成本的最小化。

2. 订单执行周期最小化

供应链上订单执行的周期时间长短代表了供应链的绩效。要提高供应链绩效,就必须缩短供应链上订单执行的周期时间,使之最小化。在管理活动中,应该注意各种引起订单执行周期加长的情况,加强时间的管理,从而提高供应链的绩效水平。

3. 供应链柔性最大化

在整合的供应链系统中,供应链可对市场做出柔性的反应。如何使供应链具有柔性的反应,并使这种柔性最大化,也是供应链的战略目标之一。如果不能达到柔性的市场反应,在竞争激烈的市场上,企业就很难得以生存和发展。如果企业在整合的供应链系统中,已经发展到了"同步"反应的水平,那么无论是信息流还是物流都可以在供应链成员中同步反应,从而使供应链柔性最大化,这将大大增加企业的竞争力。

4. 供应链"知识资产"最大化

企业的知识资产是由市场结构资本、组织管理资本、知识产权资本组成的。企业供应链管理最大的战略目标是形成供应链"知识资产",并且使之最大化。企业可以通过供应链关系管理,不断扩展自己的供应链网络,形成很好的供应商关系、客户关系,使企业的供应链网络中具有忠诚度很高的上游供应商网络和下游客户网络,从而形成"市场结构资本""组织管理资本""知识产权资本"。企业的供应链网络一旦具有这些知识资产,其本身就具有很大的市场价值。

(三) 供应链战略的基本内容

供应链战略有广义和狭义之分。广义的供应链战略是一个将供应链上各企业联系起来的战略群。在这个战略群中,有一个处于支配地位、起主导作用的总战略——供应链竞争战略,它可以分解为子战略——各节点企业的竞争战略;其他一些处于被支配地位、起配合作用的战略是各节点企业的职能战略,职能战略又可以分为核心职能战略和辅助职能战略。狭义的供应链战略以供应链上单个企业为出发点,侧重研究如何通过各部门的协作以协调上、下游企业的关系。

1. 供应链竞争战略

供应链竞争战略定义了整条供应链试图通过其最终产品和服务来满足的顾客需求的类型。通过对供应链类型的准确定位,针对不同的供应链,采取不同的组织安排、控制流程和创新体制,以充分发挥供应链的潜能,获取竞争优势。供应链竞争战略一般可以通过分解为供应商竞争战略、生产商竞争战略、分销商竞争战略以及零售商竞争战略得以实现。

2. 供应链核心职能战略

(1) 产品开发战略。它说明如何通过改造现有产品或服务,或开发新产品或服务来增加销售业绩。实施这一战略需要明确的是:要做新技术产品的领先企业,还是跟随开发潮流?

(2) 供应链运作模式选择战略。供应链有两种基本的运作方式,一种称为推动型供应链,一种称为拉动型供应链(两种供应链的概念及特点前已述及,此处不再赘述)。作为供应链管理战略内容之一,就是要选择适合自己实际情况的运作方式。拉动型供应链虽然整体绩效表现出色,但对供应链上企业的要求较高,对供应链运作的技术基础要求也较高。而推动型供应链相对较为容易实施。企业采取什么样的供应链运行方式,与企业系统的基础管理水平有很大关系,切不可盲目模仿其他企业的成功做法,因为不同企业有不同的管理文化,盲目跟从反而会得不偿失。

事实上,在现实的企业实践中通常将推拉模式进行结合使用,只是推拉的比例和程度有所差异而已。对此,可以通过市场需求的不确定性和企业生产规模经济性两个维度来分析适合企业的推拉供应链运作模式。如图2-2所示,根据两个维度的两两组合,可以将推拉结合的供应链运作模式划分为四个象限。对于不同产品特性,选择适当的运作模式,以获取供应链的整体效益。

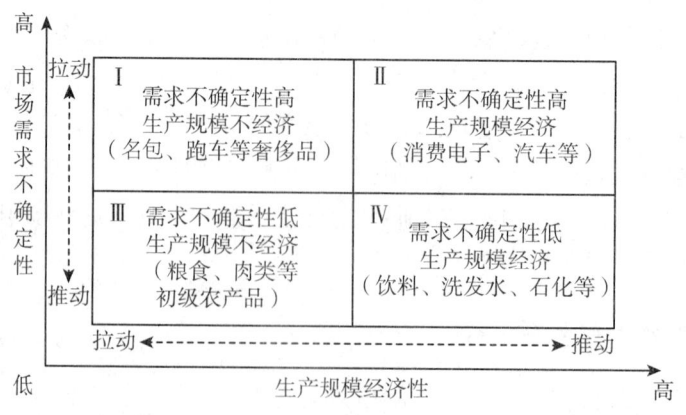

图2-2 推拉结合的供应链运作模式

（3）供应链运作战略。它说明原材料的获取和运输、产品的制造或服务的提供以及产品分销和售后服务的方式与特点，指明生产、分销和服务所要做好的工作，包括以下一系列的战略：

◇ 生产战略：需要多少工厂？每家工厂应该布置在哪里？每家工厂各自应该生产什么产品？每家工厂应该采用什么流程技术？每种流程各需要多少条？每家工厂为哪些市场服务？

◇ 配送战略：应该直接运输还是设置区域库存点？需要多少配送中心以及它们应该位于何处？哪个配送中心应该为哪些顾客服务？使用哪些运输模式？

◇ 外包：供应链中哪些部分由企业内部完成，哪些部分需要外包？

◇ 新产品和流程设计：在现有产品线中增加新产品时应该采用怎样的基础结构？达到哪种程度时需要增加额外的供应源？这些供应源应该位于何处？等等。

（4）市场营销战略。说明如何通过市场细分以及产品定位、定价和促销，以提高现有产品或服务的市场份额或打入新市场。其中，定价战略是供应链管理战略中的关键因素之一。定价将直接影响选择购买此产品或服务顾客的期望，价格不仅能够体现顾客的满足感还是实现供应链利润重要的杠杆工具之一。在进行战略定价时，一般要遵循以下三个准则：用需求导向代替成本导向定价；用差别定价代替统一定价；把产品留给最有价值的顾客。此外，还需注意价格的可变性、合理性、诚实性、接受性等多种因素，制定合适的定价战略以提高供应链所获取的利润。

3. 供应链辅助职能战略

（1）财务战略，包括投资决策、融资决策和分配决策。要求企业制定全方位、多角度、突破企业边界的财务管理战略，以实现供应链中资金流的优化。

（2）人力资源战略，详细说明人力资源的获取、整合、保持激励、控制调整及开发的规划，以发挥个人潜力，提高人才素质和吸收熟悉现代化管理知识和先进生产技术的创新型人才，提高供应链的运营业绩。

（3）信息管理战略，详细说明如何设计供应链管理信息系统，以压缩业务流程时间，提高需求预测精度，并能协调节点企业之间的关系，促进它们共享关键信息，并为供应链的优化管理提供决策支持。

三、如何建立供应链战略优势

建立供应链战略优势，需要企业极大地拓宽企业的目标，明确目的和手段，改变以往仅将注意力集中在成本和市场方面的小改进，着眼未来，创建新的企业结构和价值，以使企业能够探索和挖掘全新的市场机会。具体可以从以下几方面建立供应链战略优势。

1. 改革企业的经营思想

创立供应链优势，改变传统采购模式，不仅是一种职能，而且也是一种战略思想。认识到这一点是改革企业原有经营管理思想和模式的重要前提。供应链管理实践表明，它不是一种单纯的操作性方法,而是一种改变人们对企业职能再认识的战略。传统企业管理模式和供应链企业管理模式的区别可以表述为以下几个方面的内容:

(1) 传统企业的目标是制造为了销售;供应链企业的目标是按订单安排生产。
(2) 传统企业的管理目标是减少与优化库存;供应链企业的管理目标是创新。
(3) 传统企业提高生产效率的主要方法是增加批量;供应链企业提高效率的主要方法是提高企业的柔性。

因此,实施供应链管理战略首先要在经营思想上提高对它的认识,这样才能制定出符合企业发展目标和供应链管理运行规律的战略。

2. 共享信息

供应链的优势在于使企业能够共享信息。通过共享竞争信息,使供应链上的企业及时制定或调整他们的生产策略,以便在市场上占据主动。制造商、供应商、分销商愿意相互开放,并且希望在供应链中有及早介入的机会。因此,共享信息是建立供应链管理战略优势必须考虑的问题之一。

3. 进行赢得市场的变革

随着产品生命周期的缩短、个性化产品和服务需求的提高,企业必须持续将注意力集中在追求大胆的跨企业的变革上,以便为客户提供别人无法提供的解决方案。

4. 建立全球通信网络

企业为了向市场发展,必须建立一个全球信息网络,以支持信息交换,以及与供应链上的成员包括客户和贸易伙伴进行协作。企业必须创造出更大的效率以满足客户需求;必须寻求支持商业信息交换的贸易网络,这使供应商能够接入客户需求信息,也使客户获得实时性的信息,及时了解产品的可用性、正确性状况,在时间和价格上获得优势。因此,要达到供应链战略目标,就要建成完整的供应链网络。

5. 采用先进技术

为从供应链上获得优势,企业要从一些基本技术,例如物流过程自动化、企业资源计划等做起,把先进技术作为支持供应链协调运行的基础,并且要随着技术的发展,随时向新的、更先进的技术推进。利用新技术来达到供应链战略目标,形成供应链的竞争优势。企业新的主动性和新的策略要基于新技术以及与供应商的伙伴关系之上,这将使业务进入新的竞争水平。新技术不断改变供应链的结构,反过来供应链结构的变化又进一步促进了技术的更新与发展。

6. 计算机技术和人工智能技术的广泛应用

未来制造业中强调人的作用,丝毫没有贬低技术所起的作用。计算机辅助设计、辅助制造,计算机仿真与建模分析技术,都应在敏捷型的企业中加以应用。人工智能在生产和经营过程中的应用,是另一个重要的先进技术的标志。从底层原始数据检测和收集的传感器,到过程控制的机理以至辅助决策的知识库,都需要应用人工智能技术。

7. 供应链重组

传统的供应链系统,由于供应链上各企业信息传递不及时,相互之间缺乏沟通,使企业之间根本无法真正实现协同合作。要想实现供应链节点企业之间的协同，必须重构供应链系统，使各个企业专注于核心业务，以提高各企业的工作效率，减少冗余库存，合理配置资源，保持各企业之间的协同运行。也就是对供应链中各企业的供应、生产、销售和库存等业务在上、下游企业之间进行调整和合并，使供应链流程操作向横向一体化的模式发展，创造一个动态的、依赖伙伴的供应链网络，为客户提供一个在市场上操作机会的窗口，满足客户的特别需求，以适应企业的竞争需求。

四、供应链战略与企业竞争战略的匹配

供应链战略从企业发展战略的高度考虑供应链管理这一核心问题，其关键任务是确定供应链的结构和每一环节必经的流程，包括采购战略、供应战略、经营战略和物流战略等。因此，供应链战略强调公司内部所有职能战略之间的密切联系。如果公司既要满足顾客需求，又要赢利，那么每一环节的战略规划都至关重要，它们紧密地交织在一起，相互配合，相互支持。企业竞争战略是以顾客偏好为基础，针对一个或多个顾客群设定目标，由顾客对产品的质量、价格、交货时间等需求特点来决定的，其目的在于提供满足顾客要求的产品或服务。

一家成功的企业的供应链战略与竞争战略必须是相互匹配的。战略匹配是指供应链战略旨在构建的供应链能力目标与竞争战略用来满足的顾客需求目标之间协调一致。如果不能实现供应链战略与企业竞争战略之间的匹配，很可能发生目标冲突，导致供应链采取的行动与客户需求不一致，进而使供应链所获利润降低。因此，获取战略匹配已经成为企业在战略制定时必须遵循的原则。

1. 实现战略匹配的方法

首先，理解顾客需求的不确定性，帮助企业决定需求的成本和服务要求。顾客的需求表现在多种不同的属性，如顾客的需求数量、产品的品种、顾客所愿意接受的响应时间、服务水平、价格等，而这些需求属性通常是不确定的。因此，企业必须在设计竞争战略时充分考虑顾客需求的不确定性，以期尽可能地满足客户需求，减少因不确定性带来的损失。

其次，理解供应链能力的不确定性。在企业的生产中，会受到许多因素的影响，例如产品所处的不同的生命周期、改进的生产工艺等，所以供应链的能力也有着不确定性。供应链响应能力包括完成满足短期交货、满足高服务水平、处理供应链不确定性等各项任务的能力，具备这些能力越多，其响应能力越强。然而响应能力的获得是要付出成本的，所以企业需要在供应链响应能力与盈利水平之间找到最佳结合点，以建立最合适的供应链战略。

最后，赢得战略匹配，保证供应链的响应能力与顾客的需求一致。赢得战略匹配的关键是要保证供应链响应能力与客户需求以及由此产生的隐含不确定性保持一致，给供应链的不同环节分配不同的角色，以保持适度的响应能力；重要的是要通过分配不同的响应和效率水平得到整条供应链所需要的响应能力。

图 2-3 中横轴表示需求的不确定性（即企业的竞争战略），纵轴表示供应链的响应能力（即供应链战略）。沿着纵轴向上移动，供应链的响应能力提高；沿着横轴向右移动，需求的不确定性增加。供应链响应能力的提高，可以消除需求不确定性导致的风险性的增加。图中"战略匹配带"上的每一点皆代表了相匹配的竞争战略与供应链战略的组合。为了取得更佳的业绩，赢得竞争优势，企业应当尽可能地将竞争战略和供应链战略调整到战略匹配带上。

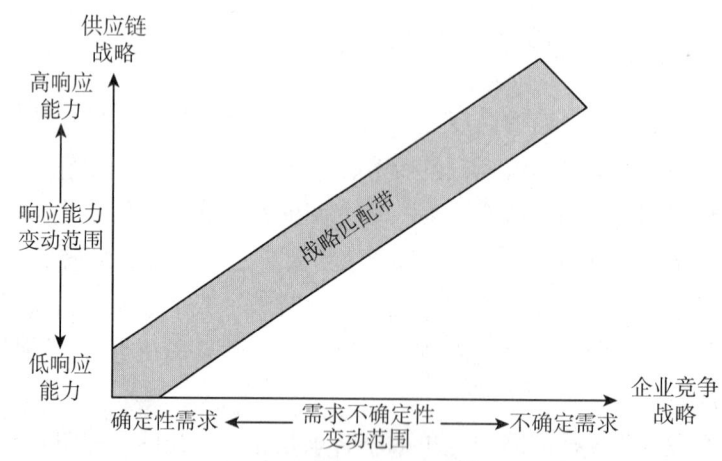

图 2-3　供应链战略与企业竞争战略匹配

简而言之，要实现两者的完美战略匹配需三个基本步骤：理解顾客需求的不确定性；理解供应链能力的不确定性；实现战略匹配。为了与需求的不确定性相匹配，供应链战略应做到：以顾客为中心，了解顾客的需求，满足顾客的需求，改变供应链的能力，提高供应链响应能力。但需注意的是，没有一种供应链战略是永远正确的，各个部门之间应该不断进行沟通协调，制定正确的战略并在实施中进行修正创新，才能使公司不断发展壮大。

2. 影响战略匹配的其他问题

（1）多种产品和多个客户群。对于该问题，关键是要设计一个根据已有的产品组合、客户群组合及供货来源组合来平衡其效率和响应性的供应链。而方法之一就是为每种不同的产品和不同的客户群建立独立的供应链。

（2）产品的生命周期。需求的特点和客户群的需要随着产品经历的生命周期而改变，供给特点也随着生产技术的变化而改变。一种产品在不同的生命周期有着不同的需求不确定性，而一个企业要想做到战略匹配，它的供应链战略就必须随着产品生命周期的变化而改变。

总之，没有一条一成不变的供应链战略，但对于每种特定的竞争战略，也总会有一条与之相适应的供应链战略。要做到竞争战略与供应链战略相匹配，首先是要认识产品的需求性质，了解需求的不确定性；其次是建立一条与之相适应的供应链战略；最后是在运作过程中，不断地调整，保持两者相匹配。

第二节 供应链需求预测

一、供应链中的需求预测

对于任何一位管理者而言,对未来市场情况的预测和判断都是必要的。一个好的预测会给供应链带来丰厚的利润,而糟糕的预测会给供应链带来大麻烦。供应链需求预测,就是根据市场过去和现在的需求状况以及影响市场需求变化的因素,利用一定的经验判断、技术方法和预测模型对有关需求指标的变化以及发展趋势进行预测。根据这种预测,企业能够及时准确地掌握市场需求情况的变化规律。

(一)需求预测的作用

1. 为供应链战略决策提供参考

供应链的战略决策对于供应链中所有企业的生存和发展都具有极为重要的意义,而战略决策的前提是对市场当前和未来发展趋势有一个明确的判断。供应链管理者应该时刻对市场发展方向、客户需求进行判断和预测,然后决定是否应该增强供应链的响应速度,或是应该改变供应链的产品,抑或逐渐降低对供应链的投资,甚至考虑解散当前的供应链。

2. 为供应链运作计划提供依据

对于任何一条供应链来说,管理者都会编制一系列详细的计划,如需求计划、销售计划、生产计划、配送计划以及财务计划等,而这一系列计划的初始来源是对市场需求的预测。供应链中的需求预测与库存管理之间息息相关,需求预测的结果最终会落到库存这一实体之上。库存管理常常要求管理者对固定时间间隔之内的需求数量做出预测。管理者可以通过预测客户的需求量,设计适当的库存量以应对各种可能出现的情况。

(二)需求预测的类型

在商业预测中,对不同的市场需求情况进行预测时,预测结果的准确性和可靠性与预测期限有关,因而按照预测期限的长短可以分为以下四类。

(1)长期预测:预测期限一般为5年或5年以上,主要是根据企业的长远发展战略和市场的需求发展趋势进行预测分析。长期预测由于预测期较长,不确定性因素较多,因而预测结果和实际情况之间的误差较大。一般来讲,它只能对预测对象做一个大致的、粗略的描述。

(2)中期预测:预测期限一般为1~3年。主要是围绕企业的经营战略、新产品的研究与开发等方面进行预测。中期预测由于预测期不长,不确定性因素较少,相关的数据资料也较完整,因而预测的结果也较准确,能够避免长期预测带来的某些局限性。

（3）短期预测：预测期限一般是以月为时间单位，大致为3个月~1年，主要是确定某种产品季度或年度的市场需求量，从而调节企业自身的生产能力。

（4）近期预测：预测期限一般以周、旬为时间单位，主要是对企业内部的各个环节进行预测，确定物料或零部件的需求量，以保持生产过程的连续性和稳定性。近期预测的目标一般比较明确，不确定性因素较少，因而可预见性较强，预测结果也比较准确。

对于企业的决策者来说，究竟采用哪一种形式的预测，应当根据企业经营决策的需要以及预测目标的内容、性质、特点和具体要求而定。

（三）需求预测的方法

选择合适的方法对企业进行需求预测来说至关重要，很多供应链管理者会陷入这样一个误区——最复杂、最昂贵的预测方法通常会产生最好的预测结果。其实这个观点并不正确，简单的预测方法可能会产生好的效果，同样，复杂的方法也可能得到糟糕的结果，所以应该具体问题具体分析。在现实的企业实践中，常用的需求预测方法大致有以下几种。

1. 定性分析法

定性分析法依赖于人的主观评估和判断，预测的有效性也取决于预测者的经验、技巧和逻辑分析能力。影响预测的相关信息通常是非量化的、模糊的、主观的。当可获得的数据十分有限、不可得或不直接相关时，就需要采取定性的预测方法对需求进行一个大致的判断。例如，当企业预测新产品的需求情况时，并没有历史数据可以作为参考，此时定性法是较为可行的方法。该方法的特点是简单易行，不需要经过复杂的运算过程，但同样也存在时间长、费用高、不能够提供精确的预测数值等缺陷。通常在中期或长期预测中更多地选用此方法。常用的定性方法包括德尔菲法、小组集体讨论法、类比法、头脑风暴法等。

（1）德尔菲法，又称专家调查法，通过对专家背靠背的匿名征询方式进行预测的一种方法。在使用德尔菲法进行预测时，专家的选择非常重要，所选的专家必须具有代表性，熟悉和精通预测对象的各个方面，专家人数一般控制在10~50人为宜。每次对专家调查结束后，都要进行统计工作，然后对统计结果进行评价。如果统计结果显示专家的意见差距较大，就要重新设计调查表；如果统计结果较集中，就会得到最终的预测结果。

（2）类比法，又称比较类推法。这种方法一般根据经验判断，通过比较类推，得出预测结论，可以分为纵向类推预测法和横向类推预测法两种。纵向类比预测法是指在不同时间段里的预测，也就是通过将当前的市场需求情况和历史上曾经发生过的类似情况进行比较，来预测市场未来情况的方法。横向类比预测是指在同一时期内，对某一地区的某种产品的市场情况与其他地区的市场情况进行比较，然后预测出未来本地区的市场前景。

2. 因果分析法

因果分析法假定需求预测与某些内在因素或周围环境的外部因素有关。例如，如果已知客户服务对销售有积极影响，那么根据已知的客户服务水平就可以推算出销售水平，我们可以说服务和销售是"因果"关系。该方法的主要问题在于真正有因果关系的变量常常很难找到，即使找到，它们与预测变量的关系也常常很弱。

回归分析法是一种常用的因果分析法，可用于长期预测。在回归分析法中，所选用的因变量是指需要求得预测结果的那个变量，即预测对象；自变量是指影响预测对象变化的、与因变量有密切关系的变量。在实际操作中，选择一个变量为因变量，而将其余的变量作为自变量，然后根据有关的历史统计数据，据以研究测定因变量与自变量之间的关系，根据这些变量之间的相互关系拟合一定的曲线，这条曲线就叫回归曲线，表达这条曲线的数学公式就叫回归方程。回归分析法包括线性回归方法、非线性回归方法、一元回归方法、多元回归方法等，其中，用途最为广泛的是一元线性回归和多元线性回归方法。本书在此仅详细介绍一元线性回归法，有关其他回归分析方法请参见相关统计学书籍。

一元线性回归模型中只有一个影响因素，需求量与该影响因素之间的关系可以用一条直线近似表示，如式（2-1）所示：

$$\widehat{Y} = a + bx \tag{2-1}$$

式中，$\widehat{Y}$ 是预测值或因变量，x 为自变量，a 为直线在纵轴的截距，b 为直线的斜率。

对于已知的 n 组数据 (x_i, Y_i)，可由式（2-2）求得偏差平方和：

$$\sum_{i=1}^{n}(Y_i - \widehat{Y})^2 = \sum_{i=1}^{n}(Y_i - a - bx_i)^2 \tag{2-2}$$

根据极值定理，令一阶偏导等于零，即可求得 a 和 b 的值：

$$a = \overline{Y} - b\overline{x}, \quad b = \frac{\sum xY - n\overline{x}\,\overline{Y}}{\sum x^2 - n\overline{x}^2}$$

根据 a 和 b 的值即可求得未来的需求预测值。

3. 时间序列法

将某变量的数据按时间排成序列，根据时间序列中的数值变化的基本类型，选用数学模型来描述它们的变化；利用这个数学模型，根据过去的需求变化规律向未来延伸，进行未来状况的预测。如果有许多可靠的历史数据而且被预测的市场是稳定的，同时几年来市场需求模式没有什么大的变化时，这些办法是最好的。它有两种基本类型，一种是移动平均法，另一种是指数平滑法。

（1）简单移动平均法。这种方法从时间序列的第一项数值开始，选取一定的项数求得序时平均数，即可以得到一个下期的预测值。其计算公式如下：

$$F_{t+1} = D_{t-n+1} + D_{t-n+2} + \cdots + D_t = \frac{1}{n}\sum_{i=t-n+1}^{t} D_i \qquad (2-3)$$

式中，n 为用于需求预测的历史数据长度，F_{t+1} 为第 $t+1$ 期的需求预测值，D_i 为第 i 期的实际需求量。

（2）加权移动平均法。简单移动平均法中认为每一期历史数据对未来的影响是相同的，但现实情况并非如此。加权移动平均法则考虑了历史各期数据对未来需求影响程度不同的情况，其计算公式如下：

$$F_{t+1} = w_{t-n+1}D_{t-n+1} + w_{t-n+2}D_{t-n+2} + \cdots + w_t D_t = \sum_{i=t-n+1}^{t} w_i D_i \qquad (2-4)$$

式中，n 为用于需求预测的历史数据长度，F_{t+1} 为第 $t+1$ 期的需求预测值，D_i 为第 i 期的实际需求量，w_i 为第 i 期需求量的影响权重（$\sum w_i = 1$）。

（3）指数平滑法。这是一种特殊的加权平均法，引入一个移动加权系数 α。α 越大，相当于在移动平均中所用样本数越少，近期数据对预测结果的影响程度越大；反之，α 越小，相当于在移动平均中所用的样本数越多，近期数据对预测结果的影响程度就越小。其公式如下：

$$F_{t+1} = \alpha D_t + (1-\alpha) F_t \qquad (2-5)$$

式中，F_{t+1} 为第 $t+1$ 期的需求预测值，F_t 为第 t 期的需求预测值，D_t 为第 t 期的实际需求量，α 为移动加权系数（$0 \leq \alpha \leq 1$）。

4. 智能预测法

随着计算机性能和软件的大幅提升，诸如神经网络、模糊数学、混沌理论等方法也应用到企业的需求预测之中。这些智能模型能够进行极强的非线性数学分析，而这一特性也非常符合市场需求非线性变化的特点，因此往往能够获得更好的预测结果。

无论使用什么预测方法，当进行预测并评估预测结果时，还需要注意以下几点问题：首先，短期预测一般比长期预测更加准确；其次，总量预测比单个产品或是细分市场预测更加准确；最后，预测通常都有或多或少的误差。很少有企业仅仅用上述方法中的一种进行预测。大多数企业用几种方法做出几种预测，然后把这些不同的预测结果综合起来，形成实际的预测结果，再根据这些结果制订经营计划。研究表明，利用多种方法进行预测，然后再将这些预测结果综合起来得出最终结果，这种预测的过程得出的结果比单独使用一种方法得出的结果更加准确。

（四）预测误差的度量

无论使用多么恰当的预测方法，预测值与实际值之间总会存在偏差。而预测误差很可能会给企业带来巨大的成本损失。因此，企业必须通过对预测误差的度量来改进他们的预测技术，尽可能地缩小误差，减少成本损失。预测误差是指在给定的时间间隔内实际值与预测值之间的差值，它可以为企业决策者提供一个判断预测准确与否的标准。其基本计算公式如下：

$$E_i = Y_i - \hat{Y} \qquad (2-6)$$

式中，E_i 为预测误差，Y_i 为预测对象的第 i 个实际观测值，$\hat{Y}$ 为相应的预测值。

表 2-1 中给出了几种常见误差度量指标的计算公式，有关其他衡量预测误差指标的内容请参见相关的统计学教材。

表 2-1　　　　　　　　　　　预测误差度量指标

累计误差 RSFE	平均误差 ME	均方误差 MSE	平均绝对误差 MAD	误差标准差 SDE
$MSE = \sum_{i=1}^{n} E_i$	$ME = \frac{1}{n}\sum_{i=1}^{n} E_i$	$MSE = \frac{1}{n}\sum_{i=1}^{n} E_i^2$	$MSE = \frac{1}{n}\sum_{i=1}^{n} |E_i|$	$SDE = \sqrt{\dfrac{\sum_{i=1}^{n} E_i^2}{n-1}}$

二、供应链中的供需计划

（一）需求计划

需求是指一组相关产品或服务的市场总体需求。市场有可能相当成熟，需求也稳定在某一水平上；市场也有可能是正在发展的市场——产品或者服务是新的，没有那么多的历史需求数据，或者是需求变化幅度大，因为新的消费者刚认识该产品。当进行需求预测时，那些没有历史数据、变化性大的市场是较难预测的。

需求计划的目标是形成一个精确可靠的关于市场需求的认识。要做好需求计划就必须了解产品的结构以及产品是如何被销售出去的。产品构成是需求计划的基础，它决定了我们对销售预测的合并和分解。需求计划运用统计方法进行初步的预测，然后以此为起始点，通过与大型客户和分销合作伙伴的合作，对其包含的信息做进一步的修改调整。销售预测还需要对照已有的重要工作的时间进度，这样才能使需求计划与内外活动保持同步。我们必须评估每一个产品的生命周期并进行持续跟踪以发现差异。引入新产品必须综合上一代产品的在库库存和采购管道中的半成品及零部件数量。需求分析既要最大程度地减少预测错误同时又要充分考虑需求的变数。依据生产模式的不同（按订单生产、按库存生产和按模块定制生产），反应缓冲保护区的设置也就不同。正因为如此，需求计划也会因为生产的模式不同而有所区别。通常，企业会利用短期价格折扣和促销来控制需求，抢占市场份额，增加需求量。

（二）供应计划

供应是由某产品生产商的数目及与该产品相关的提前期决定的。产品生产商越多，提前期越短，变量就更加容易预测。当只有小部分的供应商或者提前期较长，那么市场就会有更大的潜在不确定性。同需求可变性一样，供应的不确定性使得预测更加困难。而且，产品提前期延长，预测期就更长。供应链预测必须涵盖一段时间，这包括所有组装成最终产品的零部件的综合提前期。

供应计划的目的是优化供应，帮助准备各种资源以满足由需求计划产生的需求预测。在生成计划时，它考虑包括原料、产能、分销等一切制约因素。供应计划还进一步考虑与供应商、外包厂商、运输服务公司的协作，以便它们相应调整自己内部的供应计划，减少实现需求时出现物料短缺的情况。一旦供应短缺导致不能满足所有客户需求，供应计划将依据公司战略目标调配紧缺资源以满足关键客户、关键产品或盈利最大的项目。而企业内部的供应计划的目的就是让企业有一个基于自身各方面制约因素综合考虑的优化的供应计划，以应对需求预测的变化。同样重要的是与所有供应链合作伙伴分享这个供应计划，从而让它们也同样做好相应的准备。一般来说，企业可以利用生产能力、库存、转包生产、积压来控制供给。例如：可以在需求旺季雇用临时工；建立设施时选择弹性设施；为高需求产品或可预测需求的产品建立库存；等等。

第三节 供应链的综合计划

供应链的综合计划是一种全局性决策，公司通过它决定一定时间内（通常 3~18 个月）的生产能力、生产安排、转包生产、库存水平、出清库存以及定价等问题，其目标是满足需求以实现利润最大化。

一、综合计划的作用

由于资源的稀缺性与需求的不确定性，企业必须进行综合计划，以预测需求为基础，决定企业如何利用现在能力（生产能力、库存能力及运输能力）满足顾客需求，以实现供应链利润最大化，为制订生产计划和资源配置等决策提供重要依据。具体来说，供应链的综合计划有以下三方面的作用。

（1）明确目标，指明方向。明确目标是综合计划工作的关键，是供应链中各企业协调一致的基础。供应链成员对目标的理解具有很大的激励作用，可以统一目标，为供应链的各项工作指明方向，避免在今后的活动中由于缺乏依据而进行错误决策所造成的损失。

（2）使整个供应链的运营协调有效。供应链的综合计划站在全局的观点，将供应链的各项活动进行系统化，使整个供应链的运营工作协调有效，以发挥整体优势。

（3）减少不确定性带来的损失。综合计划工作承担着预测不确定性并设法减轻其对供应链造成不确定性所带来的各种机遇。

二、综合计划的内容

（一）综合计划所需要的信息

在制订供应链的综合计划之前，计划制订者首先要搜集各种确定的信息，然后依据已知信息采用科学的方法进行决策。制订综合计划所需要的信息主要有以下几类。

（1）需求预测：估计未来一定时间内，整个产品或特定产品的需求量。

（2）生产成本：指企业为生产产品而产生的成本，包括工时劳动成本、加班劳动成本、转包生产成本、雇用或解雇工人成本、增加或减少机器生产能力的成本等。

（3）生产单位产品所需的劳动或机器工作小时数。

（4）库存成本：指存储在仓库里的物品和资源所需成本，包括库存持有成本、库存获得成本和库存缺货成本。

（5）限制性因素：妨碍综合计划者进行决策的因素，包括加班时间的限制、可利用资本的限制、库存缺货或积压的限制等。

（二）综合计划需要进行的主要决策

利用前节中所描述的各种基本信息，综合计划者可以确定每一个时期的生产率、员工加班时长、生产能力与库存水平等，具体来说，需要确定以下七类参数的具体值。

（1）生产率：单位时间完成的产品数量。

（2）劳动力数量：生产需要的员工数量或产能数量。

（3）加班量：计划加班的时间。

（4）机械生产能力：单位时间内机器的生产量。

（5）转包：在计划期内的转包生产能力。

（6）延期交货需求：当期没有满足而延迟至未来期交付的需求。

（7）现有库存：计划期内各个时期的库存持有水平。

（三）综合计划策略

综合计划者通过在产能（规定时间、加班时间和转包生产时间）、库存、延期交货或损失销售三者之间的权衡综合，形成以下三种策略。

（1）追逐策略。追逐策略指每个计划期内的产量都要与需求预测相匹配。它以生产能力为杠杆，当需求变动时，通过调整机器的生产能力、解雇或雇用劳动力等措施使生产率和需求率保持一致。适用于库存成本很高而改变机器产能或工人人数的成本很低的情形。但是在具体的实施过程中，要想在短期内改变生产能力和工人人数较为困难，并且对员工激励有负面影响。

（2）弹性时间策略。弹性时间战略是以利用率为杠杆，当需求变动时，不改变机器生产能力或员工数量，而是通过调整机器或员工的工作时间保持生产率与需求率一致。它适用于库存成本很高，但工人或机器设备有剩余生产能力的情形。在相关劳动保护法的规定下，增加员工的工作时长，会产生额外的加班成本，这给管理者决策带来了困难。

（3）平稳策略。平稳策略将库存作为杠杆，稳定的机器生产能力和劳动力人数使产出率保持不变，生产和需求并不协调，通过改变库存数量进行调节。这种策略适用于库存成本或缺货成本相对较低的情形，并能保证员工的稳定性以及设备的高利用率。但这种策略的缺点是库存水平较高，积压产品多。

三、综合计划的实施

（一）综合计划的制订步骤

综合计划的基本目标就是在给定的计划期内以最少的成本实现企业的资源能力和预期需求之间的平衡，最大限度地满足客户需求，并获取最佳经济效益。综合计划的制订步骤如下：

（1）确定综合计划期内各期的市场需求。
（2）确定各期的生产能力。
（3）明确相关政策法规以及公司或部门政策。
（4）确定相关成本。
（5）制订初选的计划，并确定相应的成本。
（6）确定可行的综合计划并报以审批。

（二）综合计划的基本决策方式

综合计划决策一般可分为两大类决策方式：调整供给的决策方式和调整需求的决策方式。

（1）调整供给的决策方式。根据市场需求制订相应的综合计划，即将预测的市场需求视为给定条件，而从企业供给方面寻求满足需求预测的解决方案，通过有效地调整企业的生产能力，使得企业能够稳妥地应变市场需求的波动，故这种决策模式下的综合计划策略常被称为"稳妥应变型策略"。主要有五种决策方式：通过新聘或解聘来改变劳动力水平；通过超时工作或减时工作来改变生产率；改变库存水平；外包；聘用非全日制雇员。

（2）调整需求的决策方式。通过调整需求模式，影响企业的市场需求，以此来寻求能够有效地、低成本地满足需求的解决方案，故这种决策模式下的综合计划策略常被称为"积极进取策略"。在调整需求的决策方式下，有三种常用的方法：调整价格刺激需求；高峰需求时期的延期交货；导入互补产品。

（三）综合计划的线性规划法

综合计划的目标是：在计划期内，满足需求预测的情况下，使库存在第 n 阶段期末至少保有 Q 个单位，且成本最小。表 2-2 中给出了各参数的含义。

表 2-2　　　　　　　　　　　线性规划法中各参数的含义

限制条件	决策变量	成本系数
I_0：期初库存 I_1：期末库存 W_0：期初工人数 t：机器工作时间 d：工人每天工作时间 p：单位时段工作日数 z：单位时段最多加班时间 S_1：期初库存积压	W_t：t月的劳动力人数 H_t：t月初雇用工人数 L_t：t月初解雇员工人数 P_t：t月生产的产品数量 I_t：t月末库存量 S_t：t月末库存缺货或积压的数量 C_t：t月转包生产的产品数量 O_t：t月加班小时数	M：原材料成本（元/单位产品） I：库存成本（元/每月单位产品） S：库存缺货或积压的边际成本（元/月单位产品） H：雇用或培训成本（人/元） L：解雇员工成本（人/元） P：需要的加工时间成本（元/单位产品） W：工作时间成本（元/h） O：加班成本（元/h） C：转包成本（元/单位产品）

依据表 2-2 中的参数，可以得到如下所示的各种成本的计算公式：

$$日常劳动力成本\ C_1 = \sum_{t=1}^{n} W \times d \times p \times W_t \tag{2-7}$$

$$加班劳动力成本\ C_2 = \sum_{t=1}^{n} O \times O_t \tag{2-8}$$

$$雇用与解雇员工成本\ C_3 = \sum_{t=1}^{n} H \times H_t + \sum_{t=1}^{n} L \times L_t \tag{2-9}$$

$$库存与出清库存成本\ C_4 = \sum_{t=1}^{n} I \times I_t + \sum_{t=1}^{n} S \times S_t \tag{2-10}$$

$$原材料与转包成本\ C_5 = \sum_{t=1}^{n} M \times P_t + \sum_{t=1}^{n} C \times C_t \tag{2-11}$$

进而可得如下所示的综合计划线性规划模型：

$$\min\ C_1 + C_2 + C_3 + C_4 + C_5 \tag{2-12}$$

$$\text{s.t.} \begin{cases} W_t - W_{t-1} - H_t + L_t = 0, t=1,\cdots,n & (员工限制) \\ P_t - 40 \cdot W_t - O_t/4 \leq 0, t=1,\cdots,n & (生产能力限制) \\ I_{t-1} + P_t + C_t - D_{t-1} - S_{t-1} - I_t + S_t = 0, t=1,\cdots,n & (库存平衡限制) \\ O_t - z \cdot W_t \leq 0, t=1,\cdots,n & (加班时间限制) \\ I_n \geq I_1 \\ S_0 = S_1 \\ W_t, H_t, L_t, P_t, I_t, S_t, C_t, O_t \geq 0 \\ z, S_1, I_1 \text{ 为常量} \end{cases}$$

（四）综合计划的误差

预测中间存在着误差，为了提高综合计划的质量，因此应该考虑误差因素。通常采用安全库存和安全产能来解决综合计划误差问题。安全库存是指为满足高出预测值的那部分需求所保有的库存。安全生产能力是指为了满足高出预测值的那部分需求所必备的生产能力。这两种方法可以为企业的预测误差提供一个缓冲，具体方法如下所示：

（1）修建更多的仓库，持有更多的库存，以此作为安全库存的一种形式。
（2）将加班作为安全产能的一种形式。
（3）雇佣额外的劳动力作为安全产能的一种形式。
（4）使用转包生产作为安全产能的一种形式。
（5）从开放市场购买产能或产品，作为安全产能的一种形式。

本章小结

本章首先给出了企业竞争战略的概念，详细介绍了供应链战略的含义及基本内容，包括供应链竞争战略、供应链核心职能战略以及供应链辅助职能战略；随后介绍了建立供应链战略优势的方法，并在此基础上分析了供应链战略与企业竞争战略的匹配方法和需要注意的问题；接着，介绍了需求预测的作用以及基本类型，并详细介绍了定性分析法、因果分析法、时间序列法和智能预测法四种预测方法；并论述了供应链的供需计划；最后，介绍了综合计划的作用，详细描述了制订综合计划所需的信息及其需要进行的主要决策，并介绍了三种常用的综合计划策略（包括追逐策略、弹性时间策略和平稳策略）以及综合计划的制订步骤等内容。

自我测试

一、简答题

1. 简述供应链战略的概念及其基本内容。
2. 如何实现供应链战略和企业竞争战略的匹配？
3. 进行需求预测有哪些具体方法？各种方法适用于什么情形？
4. ERP 系统有哪些功能模块？如何利用 ERP 系统进行计划？
5. 简述综合计划的作用以及三种常用的综合计划策略。
6. 举例说明如何运用线性规划法进行综合计划。

二、案例分析

L 集团通过供应链整合实现差异化战略

L 贸易公司（以下简称 L 贸易）是 L 集团中历史最悠久和重要的组成部分，主要从事消费产品出口,以欧、美、日为主要出口市场,采购基地集中于亚洲,采购出口类别以成衣为主,同时还包括时尚饰品、家具等一系列产品。L贸易不仅为供应商和顾客提供中介服务,还为顾客提供贸易供应链中各种增值的多元化服务组合,包括市场研究、产品设计与开发、原材料采购、工厂选择、生产安排、质量监控、出口批文办理,甚至是融资等。L贸易并没有自设工厂,而是通过协调10000多家产品优质且具有成本效应的供应商进行生产,满足客户对品质和交货时间的要求。

L贸易在世界各地设有采购办事处,并有上万名员工。虽然近年来面对美元贬值、油价飙升等不利环境,但L贸易的营业额和盈利依然保持增长。作为一家跨国经营的公司,L贸易获得了多家权威机构的认可。

一、传统贸易行业的挑战

在过去数十年,随着中国等亚洲国家成为世界制造中心,亚洲的贸易行业发生了急剧的变化。在传统的贸易行业中,贸易商在市场上担当中间人和品牌代理人的角色,他们有产品的分配权,承担从制造到出口之间的所有工序,也承担一定的经营风险,包括产品质量、退货、信贷风险、汇率风险等,他们往往需要筹集大量的资金应付供货商的资金支付和顾客的长信贷期限需要。然而,在边际利润高和竞争不激烈时,这些问题并未凸显。由于对制造市场和技术的不了解,贸易商在这过程中处于强势,该阶段成为供应主导模式。

自中国进入WTO,市场发生了根本的变化。多品牌选择的出现及电子商务等信息技术的发展,使顾客与制造商之间的联系日益紧密,贸易行业由供应主导逐渐改变为需求主动,贸易商只能通过大幅度降低利润才能应对剧烈的竞争;同时,贸易商的利润被零售商和生产商双重挤压,一方面毛利大幅下降,另一方面又要加大投入,但也只能勉强生存。

二、L贸易的全球化供应链战略

在贸易行业整体环境不利的情况下,L贸易公司却获取较高的利润收入。在激烈的市场竞争下,大部分贸易公司希望能减少成本。许多公司只着眼于生产成本,而L贸易却利用供应链管理从原材料采购、物流运输、批发零售和信息管理方面下手,从价值链出发重新构建供应链,利用全球化网络获得成功。尽管L贸易比其他供应商的收费更高,然而,客户却认为L贸易全球化网络相对于其他代理商能提供更优惠的价格和更好的产品质量。L贸易的全球化网络并非一个有组织的实体,它的核心是L贸易与供应商的关系和对全球供应商的整体协调能力。这个全球化的网络会为L贸易的客户提供利益,供应商甚至会优先处理L贸易的订单,这是L贸易长期建立的信誉;采购商在L贸易的帮助下,能从其全球化网络的关系中直接得益。而且,L贸易对供应商的定位十分清晰,他只承担中介人的角色,这使供应商觉得他们是有信誉的,从而双方的关系更为紧密。

三、L贸易的服务

L贸易的主要服务包括采购和增值服务,其中增值服务包括质量保证、出货监控、原材料采购和度身定制客户服务。

贸易商作为代理人最主要的任务是采购。所谓采购就是为客户寻找最合适的供应商。当客户找L贸易时,L贸易会建议他们找最合适的供应商,并询问供应商价格。在大多数情况下，L 贸易以中介的角色参与双方的合同前谈判，甚至有时会主动提醒供应商或客户注意合同中不合理的地方。L 贸易通过其全球化的网络为供应商和客户进行良好的匹配，从而减少谈判失败的次数和客户花费的时间。

（1）质量保证。L 贸易将其接近 20% 的员工用于监督产品质量。比如对一个新的服务供应商生产，L 贸易负责质量监督的员工会四次亲临工厂视察生产。在生产开始前，会先做第一次视察，检查原材料的质量并收集回公司的实验室进行检验。当样板制作完成后，他们会进行第二次视察，找出样板中的错漏。当进入包装阶段，L 贸易会检查压缩包装的程序。最后，当 80% 的包装完成后，L 贸易将会对产品抽取样本以保证达到客户要求，否则拒绝出货。

（2）监控出货。L 贸易是针对供应商的整个生产流程进行了解，以保证其准时完成订单。这对于季节性的货物尤其重要。对于如服装等无生产限期的货物，L 贸易将会和供应商一起制定生产限期，以保证能在限期前完成。

（3）原材料采购。与其他贸易公司不同，L 贸易的员工对哪个供应商的质量最好且价格最低的知识相当丰富，甚至 L 贸易的员工会直接与供应商沟通，以确保提供能满足顾客质量要求和价格水平要求的原材料。

（4）量身定制服务。L 公司会根据每个客户的具体要求为他们量身定做各种服务，而服务的内容将会根据产品和客户的特点有所改变，如为玩具公司的新玩具服务时，L 公司的塑料产品事业部将会针对该产品的各个细节进行设计，为其制造模具、设计包装、采购原材料和部件、监督生产流程、处理零售商订单甚至航运文件以及为客户开账单，等等。

（资料来源：http://www.scmor.com/view/1620，有删改）

思考：

1. L 贸易采用的是何种竞争战略？其商业模式的特征是什么？
2. L 贸易是如何通过对价值链的重组，实现竞争战略与供应链战略相匹配的？

第三章　供应链组织

[引例]　　从公司合作看如何构建协同供应链

最初，W 公司与 B 公司的沟通只停留在 B 公司的销售与 W 公司的采购之间的买卖关系上，双方都只是关注自己内部的业务。后来 W 公司的创始人与 B 公司的副总裁共同提出：从源头到终端分析供应链，建立合作伙伴关系，双方发展简单而高效的由工厂至消费者的物流储运体系。由此，双方展开了深入合作。

首先，为降低营销成本，W 公司和 B 公司建立合作联盟，由两个公司不同职能部门的 12 人小组一起开发出一套复杂的电子数据交换连接系统。通过该系统，B 公司可以源源不断地收集 W 公司各店中其产品的销售数据，并据此将适量的 B 公司产品及时地从工厂送到商店。

之后，B 公司大胆地取消了销售部，设立了客户生意发展部，将财务、IT、物流、市场等多个部门从后方支持部门改变为一线部门，与零售战略伙伴结成多部门的合作。原先 B 公司和 W 公司只在销售环节对接，财务、IT 等均作为后台隐于其后；而信息共享之后，双方实现了全方位对接。

然后，在持续补货的基础上，B 公司和 W 公司合力启动了协同的计划、预测与补货（collaborative planning, forecasting and replenishment，CPFR）流程。它让双方从共同的商业计划开始，到市场推广、销售预测、订单预测，再到最后对市场活动的评估总结，构成一个可持续提高的循环。流程实施的结果是使双方的经营成本和库存水平都大大降低，W 公司分店中的 B 公司产品利润增长了 48%，存货接近于零；而 B 公司在 W 公司的销售收入和利润也大幅增长了 50% 以上。

接着，双方开始试点使用 UCCnet，通过使用 HTTP 和 AS2 等网络协议共享信息。B 公司将自己的产品数据，包括公司的内部产品号码、通用产品码、零件号码目录、量度单位等数据都发布到 UCCnet 上，然后 W 公司就可以接受这些数据并根据驻留在他们内部系统的数据进行验证。一旦通过验证，这些数据就被认为是同步的。

后来，通过电子产品编码，B 公司第一个与 W 公司开始了它的射频技术（RFID）标签测试。对于 B 公司来说，提议使用射频技术的价值是在零售商的货架上摆有更多它的产品，同时减少劳动力和存货费用。不久之后，B 公司与 W 公司实现了全球的数据同步。

B 公司与 W 公司合作方式的改变导致两家公司的关系发生了改变，两家建立了长期稳定的合作伙伴关系，由非输即赢的赌博关系变成了力促双方成本下降、收益增加的双赢关系。

从该案例中，我们可以发现：只要厂商双方放弃短期的利益追逐，克服相互之间的控制欲和占有欲，全面实施供应链整个过程的商务协同运作，实现信息共享，就能够真正满足双方的各自利益，实现双赢。

（资料来源：http://www.wangxiao.cn/wl/6900238427.html，有删改）

第一节 供应链环境下的组织结构和业务流程

200多年以前英国经济学家亚当·斯密在《国富论》中提出了劳动分工理论，在该理论的指导下，传统企业组织的管理模式主要以劳动分工和职能专业化为基础，组织内各部门划分得非常细，各部门的专业化程度较高。这种组织结构的特点是多职能部门、多层次和严格的层级制度，从最高管理者到基层员工形成了一个等级森严的"金字塔"形的组织体系。这种组织适合于稳定的环境、大规模的生产及以产品为导向的时代。在当今市场需求突变、经营模式发生变化的情况下，则显然不适应。因此，供应链管理概念提出后，我们有必要探讨在供应链管理环境下的供应链组织结构形式和运行的问题。

一、供应链环境下的组织结构

（一）供应链体系下的结构模型

马士华给出了供应链体系下的两种基本模型，即链状模型和网状模型。在链状模型（见图3-1）中，商家被抽象成一个个的点，称为节点，并用字母或数字表示。节点以一定的方式和顺序联结成一串，构成一条图学上的供应链。若假定C为制造商，则A、B为供应商，D、E为分销商，可以相应地认为B为一级供应商，A为二级供应商，而且还可递归地定义三级供应商、四级供应商；同样地，可以认为D为一级分销商，E为二级分销商，并递归地定义三级分销商，四级分销商。该模型着力于对供应链中间过程的研究。

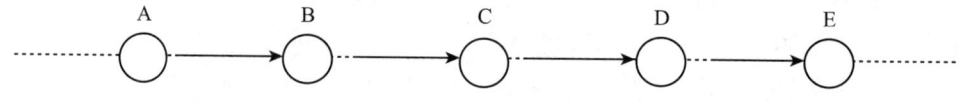

图3-1 链状模型

事实上，在链状模型中，制造商C的供应商可能不止一家，而是有B1，B2，…，Bn等n家，分销商也可能有D1，D2，…，Dm等m家。动态地考虑，C也可能有C1，C2，…，Ck等k家，这样链状模型就转变为一个网状模型（见图3-2）。而网状模型更能说明现实世界中产品的复杂供应关系。在理论上，网状模型可以涵盖世界上所有厂家，把所有厂家都看作是其上面的一个节点，并认为这些节点存在着联系。节点间的联系有强有弱，而且在不断地变化着。

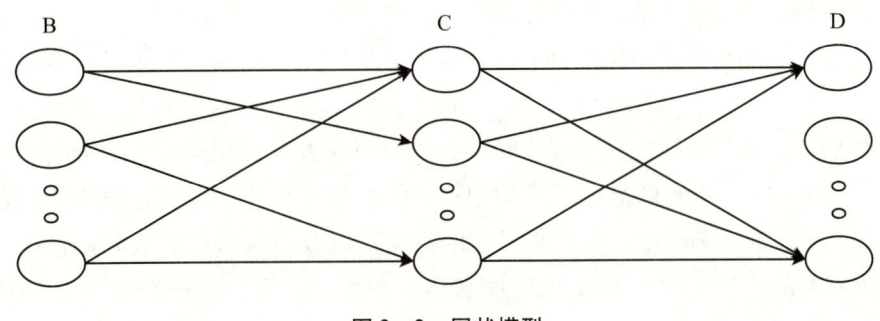

图3-2 网状模型

(二) 供应链网络维度的确定

在分析和管理供应链时,网络的结构维度是基本的要素。供应链的结构主要有水平结构和垂直结构(见图3-3)。水平结构取决于横跨供应链层次的数目。以散装水泥供应链流程为例,其网络结构相对较短,原材料从地面上取出,与其他材料结合一起制成水泥产品,经过短途运输就可用于建造建筑物。垂直结构取决于在每一层次内成员的数目。例如,一个企业可以有一个前端狭窄的垂直结构,只有少数的供应商,或有一个宽广的末端垂直结构,具有较多的客户。因此,增加或减少供应商或客户的数量将会影响供应链的结构。例如,某些企业从众多的供应商转变为单一供应商时,供应链也将变窄;而物流业务外包、生产制造、市场和产品开发等业务的变化也有可能会改变供应链的结构。

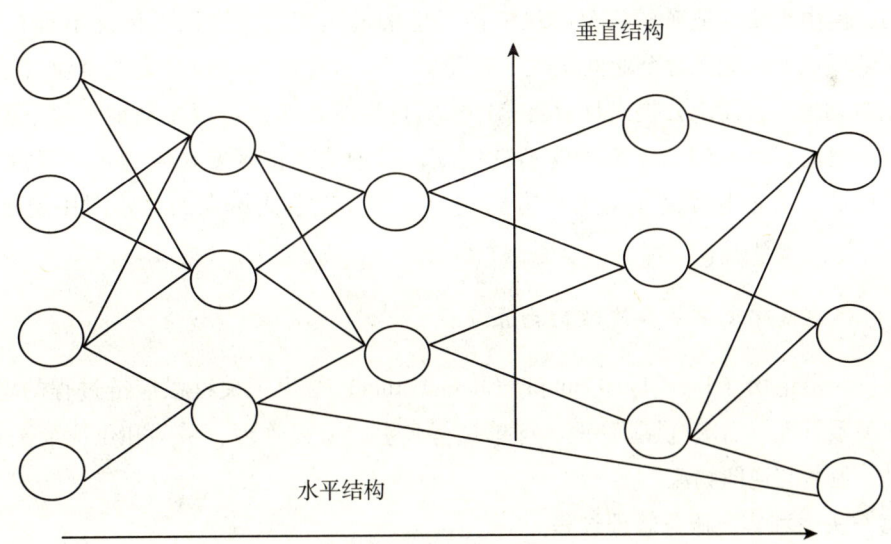

图3-3 多成员供应链网络结构示意

(三) 供应链网络结构及其关联性

通常,供应链网络结构包含三个主要方面:

(1) 需要确定供应链上都有哪些组成部分，即有哪些成员参加。

(2) 需要确定哪些成员是供应链成功运作的关键因素，以便对资源进行合理的分派和管理。

(3) 供应链的成员包括所有直接或间接的供应商或者客户相互作用和影响的企业或组织，从原材料供应端一直到商品消费终端用户。需要管理到什么程度，则要依据若干因素而定。例如，产品的复杂程度，有多少可用的供应商以及原材料的有效利用情况，维数的考虑包括供应商的长度和每一层上供应商和客户的数量。很少有一个企业只参加一个供应链。

供应链上不同点的关联程度是不同的，其重要性也是有差别的。伙伴关系的层次需要选择合适的供应链连接和管理，但不是所有这些连接都必须实现紧密协调，有些可以是松散的连接，其集成的紧密程度和协调的强度取决于连接的重要程度和企业的能力状况。但在确定以前，必须要对供应链网络结构有一个清楚的认识和了解。

二、供应链环境下的业务流程

成功的供应链管理需要从单独功能部门管理到将所有活动集成为一个关键供应链过程的转变。在传统上，供应链的上游和下游部分是相互分离的实体企业，在信息集成程度差时，相互接收的信息往往是过期失效的。例如，采购部门在处理采购订单时必须能够及时满足客户的需求，或是通过分销商和零售商去满足这些需求，而采购订单是周期性地交给供应商的，但由于缺少适时的信息，供应商对他们的销售情况和消耗情况不具有预见性。而在供应链环境下，上下游企业间实现了信息共享，这样处于供应链上的企业（如某供应商）不是被动地等待需求方提出订货要求再来安排生产，而是可以主动地了解下游企业的需求信息，提前获取他们的零部件的消耗速度，以主动安排好要投入的生产资源。因此，在供应链环境下的企业提高了对需求方的响应速度，就会比潜在的竞争对手更加具有竞争力。

(一) 供应链环境下业务流程的内容

全球供应链论坛（The Global Supply Chain Forum）给出了关键供应链过程的定义，它包括客户关系管理、需求/供应管理、订单执行、生产流程管理、采购和供应商关系管理、产品研发、退货与逆向物流。

1. 客户关系和客户服务管理过程

面向集成供应链管理的第一步是定义关键的客户或客户群落，产品开发和服务的协议等都是建立在这些关键的客户群落之上的。这体现了供应链环境下一种以客户为中心的管理思想和经营理念，旨在改善企业和客户之间的关系，在市场、销售、服务和技术支持等与客户相关的领域内，通过提供更快速和周到的服务吸引和保持更多的客户，并通过对营销业务流程的全面管理来降低产品的销售成本，通过完善的客户服务和深入的客户分析来满足客户的需求，保证实现客户的价值。

2. 需求/供给管理过程

该过程是将客户的需求和企业的供应能力相匹配和平衡的过程。一个好的需求/供给管理系统采用"售出点"（point of sale，POS）和关键客户数据来减少供应链上的不确定性，并为这个供应链提供有效的信息流和产品流。截止到目前，客户需求可以说是可变性的最大来源，它是从不规则订单中滋生的。因此，企业在接受订单时需要进行多资源和多路径的选择。由于这种客户订单的可变性，市场需求和产品计划应该是企业在广泛的基础上进行协同运作，以实现最后的平衡。在现有的供应链管理中，需求/供给管理是非常重要的一个环节。

3. 客户订单履行过程

它实际上是一个根据市场和客户的需求，最大限度地利用企业自身的和能整合的供应链上其他成员的资源和供给能力来按时、按质和按量地满足客户订单需求的过程。该过程将企业各相关部门的计划集成在一起，并与供应链上的有关成员企业的业务紧密相连、结成伙伴关系，与之一同在尽量减少总交货成本的情况下满足客户需求，将货物送交到客户手中。

4. 生产流程管理过程

传统的生产流程管理多是采用"推"式的驱动方式，产品是由 MRP 计划推动进行生产的，常常会出现生产出不符合市场和客户需求产品的情况，造成不必要的库存，过多的库存又导致了成本的增加。而在供应链环境下，产品生产是由基于客户需求的计划拉动的。生产制造过程必须能灵活地响应市场变化。这种灵活性能够快速地执行所有的变化，以适应大量的客户化要求。在这种模式下，企业的生产计划人员可以与客户的计划人员一同在线协同工作，为客户提供策略性的需求满足，缩短生产制造流程周期时间和改进生产过程的柔性，这意味着改善了对客户的响应时间。

5. 采购和供应商关系管理过程

该过程实现了策略地管理与供应商的关系，获取策略性资源，并与供应商一同去支持制造过程和新产品开发的目的。该流程根据供应商对企业的贡献和关键性程度对供应商进行分类。长期的伙伴关系被发展成一种小的、核心的供应商团体，关键的供应商会在产品设计周期的早期就参与进来，在设计过程和采购过程中实现协同的运作，这会使产品开发周期明显缩短，并尽快投放市场。这种与供应商之间长期稳固的关系是一种利益均沾的、双赢的伙伴关系，如果企业需要在全球范围内扩展业务，则资源也需要在全球范围内进行管理。

6. 产品开发管理过程

为了缩短产品投放市场的时间，必须将客户和供应商的相关业务流程都集中到产品开发的过程中。由于产品生命周期的不断缩短，企业为了保持其竞争力，必须不断开发出新产品，并在成功地缩短设计时间的前提下将产品推向市场。产品开发和商品化的过程需要采用客户管理和供应商管理技术，协同地确定客户的需求，选择最合适的供应商和物料，将产品开发、生产制造流程与市场结合，为市场和客户提供最好的产品。

7. 退货和逆向物流管理过程

逆向物流是由多种原因造成的，在许多国家，这可能是一个环境问题；也有的是由于产品包装品的回收；但最普遍的是退货过程。管理退货和逆向物流作为一个业务过程，同样提供了取得持续竞争优势的机会。有效的退货渠道过程管理能够使企业改善市场形象并获取市场机会，更好地改善与客户之间的关系，提高资产的利用率，降低成本。

（二）供应链环境下的业务流程再造策略

供应链环境下的业务流程再造是指以供应链管理思想为指导，对供应链中的业务流程进行分解、整合、重新设计的过程。再造的目的是在定价、服务、定制、革新、速度和多样性等方面为顾客创造更多的价值，赢得竞争优势。

1. 从价值链分析入手，突出核心业务流程

企业业务流程再造必须从价值链分析入手，突出有利于形成核心竞争能力的核心业务流程，而把一些低附加值的、不再能体现领先优势的业务流程外包。

2. 加强流程间的逻辑关系研究，简化业务流程

一般来说，执行流程时，插手的人越少越好，在流程服务对象（客户）看来，越简便越好。为此，企业必须加强单项流程间的逻辑关系研究，简化业务流程。如将分开、重复的多道工序进行合并；减少不必要的审查环节；将分产品的业务流程改为"一揽子"业务流程；将串行流程改造成并行流程等。

3. 加强供应链中物流流程再造过程，借以打破企业边界的限制

物流是供应链中的一条主线，在供应链管理中发挥重要作用，物流流程不畅，会直接影响客户服务水平。供应链供需协调，实现无缝连接，应从物流流程再造开始。

4. 注重业务流程整合

企业实施供应链管理的目的是要达到企业与企业以及企业内部各部门的协调发展。

（1）合理运用信息技术。供应链管理模式下必须根据信息技术的能力确定新的作业流程，而不是将信息、技术镶嵌于原有的经营流程中。

（2）业务流程标准化。一定水平的标准化是获得某种程度的连接性的必要条件，良好的连接性对于形成较为平滑的信息流、物流以及资金流是必不可少的。

（3）明确职责。协调不仅意味着要把事情办好，而且在业务流程的动作和规划当中要明确各自所应负有的职责，并勇于承担重要的职责。

（4）业务流程的透明化。将企业的业务流程与客户和合作伙伴的相关流程协调一致的关键就在于：允许这些组织中的相关人员，更多地了解彼此的需要、爱好以及对各种问题的看法，以实现业务流程透明化。

5. 应用标杆法进行业务流程再造

所谓标杆法，就是以同业优秀企业的做法为标杆，创造性地加以改进，并依据优秀企业的业绩指标设置本企业的业绩目标，以获取企业绩效的巨大提高。通过对不同方面企业间作业程序、业务流程与活动的比较分析，发现隐藏在不同企业和不同部门市场表现差异背后的关键因素。在借鉴的基础上，结合企业所在供应链的情况，实现业务流程再造后的跨越式发展。

6. 应用并行工程、延迟技术和模块化技术对流程进行合理化再造

并行工程多用于产品的设计开发，是对产品及其相关过程，包括制造过程和支持过程，进行并行、一体化设计的一种系统化方法。利用并行工程进行流程再造就是要在再造过程中同步产生文件说明，再造的各个活动并行交叉进行。延迟技术是企业在整个生产过程中，将不同产品需求中相同程序制作过程尽可能最大化，而对定制需求或最终需求的差异化制作过程尽可能延迟。模块化用于质量管理，是指对于供应链管理下的企业来说，没有必要对各活动进行质量控制，而是根据平等、独立的原则分配工作模块，实施质量协调。模块化策略改变了质量控制流程，更重要的是取消了由于企业不信任而产生的业务流程，企业间以一体化的思想运营，通过企业的授权，零售商完全可以解决顾客投诉问题。

面对激烈的市场竞争，企业需要寻求取得竞争优势的新的管理思想。供应链管理通过直接面向客户的业务过程重组，明确企业的核心能力，建立供应链上的动态联盟，以实现整个供应链的工作绩效最优化。

第二节　供应链的设计与优化

为了提高供应链管理的绩效，除了必须有一个高效的运行机制外，建立一个高效精简的供应链也是极为重要的一环。在供应链的设计中，创新性的管理思维和观念极为重要，要把供应链的整体思维观融入供应链的构思和建设中，企业之间要有并行的设计才能实现并行的运作模式，这是供应链设计中最为重要的思想。

一、供应链设计的原则

在供应链的设计过程中，应遵循一些基本的原则，以保证供应链的设计和重建能满足供应链管理思想得以实施和贯彻的要求。从宏观角度来把握供应链的设计应遵循以下 7 条原则。

1. 自上而下和自下而上相结合的设计原则

在系统建模设计方法中，存在两种设计方法，即自上而下和自下而上的方法。自上而下的方法是从全局走向局部的方法，是系统分解的过程；自下而上的方法则是从局部走向全局的方法，是一种集成的过程。在设计一个供应链系统时，往往是先由主管高层做出战略规划与决策，规划与决策的依据来自市场需求和企业发展规划，然后由下层部门实施决策，因此供应链的设计是自上而下和自下而上的综合。

2. 简洁性原则

为了能使供应链具有灵活快速响应市场的能力，供应链的每个节点都应是精简的、具有活力的、能实现业务流程的快速组合。例如，供应商的选择就应以少而精为原则，通过和少数的供应商建立战略伙伴关系，有利于减少采购成本，推动实施JIT采购法和准时生产；生产系统的设计也应以精细思想为指导，努力实现从精细的制造模式到精细的供应链这一目标。

3. 集优原则（互补性原则）

供应链的各个节点的选择应遵循强—强联合的原则，达到实现资源外用的目的。每个企业只集中精力于各自的核心业务，就像一个独立的制造单元，这些所谓单元化企业具有自我组织、自我优化、面向目标、动态运行和充满活力的特点，能够实现供应链业务的快速重组。

4. 协调性原则

供应链业绩好坏取决于供应链合作伙伴关系的和谐与否，因此，建立战略伙伴关系的合作企业关系模型是实现供应链最佳效能的保证。席西民教授认为，和谐是描述系统是否形成了充分发挥系统成员和子系统的能动性、创造性及系统与环境的总体协调性。只有和谐而协调的系统才能发挥最佳的效能。

5. 动态性（不确定性）原则

不确定性在供应链中随处可见，并导致需求信息的扭曲。因此，要预见各种不确定因素对供应链运作的影响，减少信息传递过程中的信息延迟和失真。增加透明性，减少不必要的中间环节，提高预测的精度和时效性对降低不确定性的影响都是极为重要的。

6. 创新性原则

创新设计是系统设计的重要原则，没有创新性思维，就不可能有创新的管理模式，因此在供应链的设计过程中，创新性是很重要的一个原则。要产生一个创新的系统，就要敢于打破各种陈旧的思维框框，用新的角度、新的视野审视原有的管理模式和体系，进行大胆地创新设计。

7. 战略性原则

供应链建模时，通过战略性的思考来减少不确定影响。从供应链战略管理的角度考虑，供应链建模的战略性原则还体现在供应链发展的长远规划和预见性上，供应链的系统结构发展应和企业的战略规划保持一致，并在企业战略指导下进行。

二、供应链设计的影响因素

一个设计精良的供应链在实际运行中并不一定能按照预想的那样，甚至无法达到设想的要求，这是主观设想与实际效果的差距，原因并不一定是设计或构想得不完美，而是环境因素在起作用。因此，构建和设计一个供应链，一方面要考虑供应链的运行环境（地区、政治、文化、经济等因素），另一方面还应考虑未来环境的变化对实施供应链的影响。

1. 战略性因素

企业战略通常对供应链设计具有指导性作用。基于成本战略的公司，考虑的是尽量降低公司运营成本,于是设施选址首要考虑的因素是低价和劳动力,并使其达到最低;基于客户战略的公司,它们一般认为使客户享受最满意的服务、在最短的时间响应客户需求才是公司战略的根本,于是这类公司会把设施选址在最方便到达客户的地方,即便这意味着代价较高的地租;而采用全球化战略的企业,则会通过在不同国家或地区布局职能设施,来支持其战略目标的实现(见表3-1)。

表3-1 战略性因素对供应链设计的影响

战略类型	供应链网络设计
强调生产成本的企业	在成本最低的区位布置生产设施,即便会使生产工厂远离其市场区
强调反应能力的企业	在市场区附近布置生产设施,有时甚至不惜以高成本为代价
全球化的供应链网络	通过在不同国家或地区布局职能设施,来支持其不同战略目标的实现

2. 技术因素

不同技术水平的产品,其相应的供应链设计侧重点也会有所不同。对于高科技精密制造产业,例如CPU精密制造业,存在巨大的规模效应,这是因为产品创新的成本很高,唯有大规模生产的生产线才可以取得较低的平均成本;同时由于技术要求高,开设新厂的投资代价非常高。这类产业供应链的生产性设施具有地域高度集中的特征,主要通过原有生产设施的扩张来扩大生产能力。对于技术含量相对较低产品的供应链,例如可口可乐的汽水灌装厂,则是遍布全球。

我们可以用技术经济学的"弹性"来更客观地描述技术因素对供应链设计的影响。如果产品技术弹性低,即不同市场对产品的技术要求各不相同,那么这类产品的供应链就有必要在各个市场分别开办生产分厂。反之,如果产品技术弹性高,即同一种产品在不同市场都适用,那么这类产品的生产性设施则会比较集中(见图3-4)。

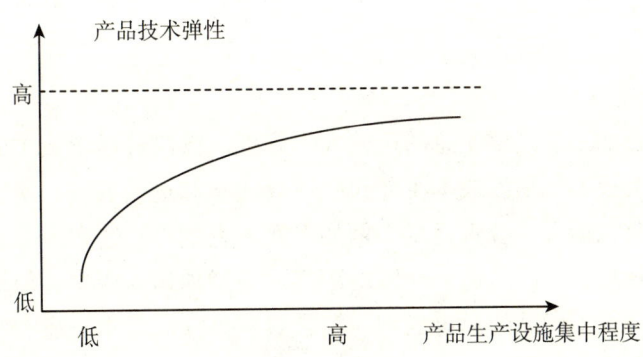

图3-4 技术弹性与供应链生产设施集中程度的关系

3. 基础设施因素

良好的基础设施是在特定区域进行布局的先决条件,基础设施的好坏会直接影响供应链运营的成本。供应链设施理想的周边基础条件包括高素质而价格低廉的劳动力资源、充足而价格合理的土地和矿产资源、优良的海陆空交通条件以及齐备的城市基础建设（见图 3-5）。

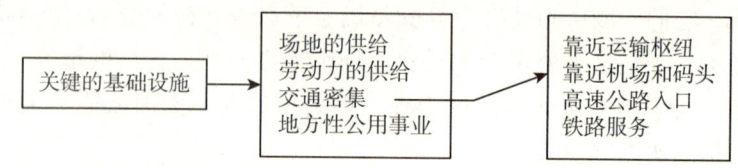

图 3-5 基础设施对供应链设计的影响

4. 对顾客需求的反应时间

企业服务市场的客户特点也是供应链设计的决定因素之一。企业的目标客户若能容忍较长的反应时间，企业就能集中力量扩大每一设施的生产能力。若企业的客户群认为较短的反应时间很重要，企业就必须布局在离客户较近的地方。这类企业应当设有许多生产基地，每个基地的生产能力较小，由此来缩短对客户的反应时间，增加供应链中设施的数量。如同样是在亚洲，丰田对中国和对韩国的供应链构建战略就有区别。中国的居民收入水平相对较低，汽车的配套装备、设施如汽油品质、道路铺设水平都相对较低，针对这个市场的生产分厂以低价位和耐磨损的产品为主打。韩国市场的消费水平较高，客户更看重汽车的外形、时尚，针对这个市场的生产分厂以相对高档、造型豪华的产品为主打。

5. 竞争对手因素

企业在设计供应链网络时必须考虑到竞争对手的战略、规模和设施布局。如果市场竞争氛围是倡导共赢，则企业会把设施建在竞争对手旁边；如果处在瓜分市场为主题的竞争环境下，企业会尽量把设施建在尚待开发的新市场中，这样做的目的首先是避免其他已瓜分市场的进入风险，其次是尽快抢占新市场的市场份额，形成对竞争对手的无形进入壁垒。如总部位于美国硅谷的思科公司，是世界最大的网络产品供应商。它的竞争特点很大程度上影响了整个网络产品市场的竞争氛围。该公司并不热衷于野蛮吞并周边的中小型竞争企业，相反地，它会主动向市场上的新秀企业提供技术和财力支持，壮大起来的新秀企业都愿意与思科公司开展广泛的技术共享，结果是促进了共赢发展。

6. 物流和设施成本

设计供应链的目的一般是要使总的运营成本降低。供应链运营成本的两个重要来源是物流成本和设施相关成本。物流成本主要包括库存成本和运输成本，对于某些产品的供应链，仓储的特点是整批运入、分批运出，例如书籍、香烟等，这类产品仓储设备一般选在目标市场附近，尽管加长了产品运入仓库的距离从而增加运入成本，但缩短了配送商品到终端客户的距离，降低了商品的运出成本，综合效应是降低成本。还有一些产品是整批运入、整批运出，例如钢铁、煤炭等，这类产品的仓储设备一般设在原材料产地，临近生产加工厂，仓库输入成本低，输出成本高，但综合效应也是降低了成本。设施相关成本包括设施新建成本、设施运营成本等，从根本上，可以把这类成本分为两类：固定成本和可变成本。固定成本具有一次性投入、数额巨大、长期返本的特点，如新建设施的购买土地、厂房、机器等成本；可变成本则是伴随产品的每一个流动周期发生的生产、加工、包装、售后服务等成本，具有反复性投入、数额较小、短期返本等特点。对设施相关成本的评估一定要把眼光放长远，全面考虑投入产出比。

三、供应链设计步骤

客户的需求是供应链运转的动力之源，供应链的设计也应围绕此进行，并遵循以下步骤。

1. 提出供应链设计项目

设计供应链，首先需要明白企业所处的市场环境，即做到"知彼"，目的在于找出针对哪些产品市场开发供应链才有效，为此，必须分析市场特征和产品特征，以确认用户的需求和因卖主、用户、竞争者产生的压力。其次，还需要对企业的现状有一个准确的评价，即做到"知己"，主要是分析企业供需管理的现状（如果企业已经有供应链管理，则分析供应链的现状），其目的着重于研究供应链开发的方向，分析、找到、总结企业存在的问题及影响供应链设计的因素。在此基础上，就可针对存在的问题提出供应链设计项目，分析其必要性。

2. 明确供应链设计的目标

围绕供应链的"可靠性"和"经济性"两大核心要求，提出供应链设计的目标。这些目标首先包括提高服务水平和降低库存投资、降低单位成本两个目标之间的平衡，同时还应包括开发新产品、进入新市场、保障质量、提高工作效率、改善售后服务水平、提高客户满意度等目标。

3. 分析提出组成供应链的基本框架

分析供应链节点的组成，提出组成供应链的基本框架。供应链组成分析主要包括产品设计公司、制造工厂、材料供应商、物流伙伴、分销商、零售商及用户的选择及其定位，以及确定选择与评价的标准包括质量、价格、准时交货、柔性、提前期（L/T）和批量（MOQ）、服务、管理水平等指标。

4. 分析和评价供应链设计的技术可能性

这是开发和实现供应链管理的第一步。它在可行性分析的基础上，结合本企业的实际情况为开发供应链提出技术选择建议和支持。这也是一个决策的过程，如果认为方案可行，就可进行下面的设计；如果不可行，就要重新进行设计。结合企业自身和供应链联盟内资源的情况进行可行性分析，并提出建议和支持，如果不可行，则需要重新设计供应链，调整节点企业或建议客户更新产品设计。

5. 设计和产生新的供应链

供应链管理就是要从企业所处的整条供应链着手，即对供应链的各个环节进行设计，主要解决如下问题：供应链的成员组成（供应商、设备、工厂、分销中心的选择与定位、计划与控制）、原材料的来源（包括供应商、流量、价格、运输等问题）、生产设计（需求预测、生产的产品、生产能力、面向的分销中心、价格、生产计划、生产作业计划和跟踪控制、库存管理等问题)、分销任务与能力设计(产品服务对象、运输、价格等问题)、信息管理系统设计、物流管理系统设计等。

在供应链设计中,要广泛地应用到许多工具和技术,包括:归纳法、集体解决问题、流程图、模拟和设计软件等;3PL 的选择与定位、计划与控制;确定产品和服务的计划、运送和分配、定价等;设计过程中需要多个节点企业的参与交流,以便于以后的有效实施。

6. 检验供应链

供应链设计完成以后,应通过一定的方法、技术进行测试检验或试运行,如不行,返回第二步重新进行设计;如果没有什么问题,就可实施供应链管理了。

7. 实施供应链

供应链实施过程中需要核心企业的协调、控制和信息系统的支持,负责从工业设计到批量生产、物流等全方位的供应链控制、协调,使整个供应链成为一个整体。

8. 供应链绩效评价

在供应链管理中,为了能够使供应链健康发展,科学、全面地分析和评价供应链的运营绩效是非常重要的。供应链绩效评价应能恰当地反映供应链整体运营状况以及上下节点企业之间的运营关系,而不是单一的强调某一节点。如果绩效评估结果是不良,则需要返回第 2 步,重新设计供应链。

图 3-6 对上述步骤进行了总结。

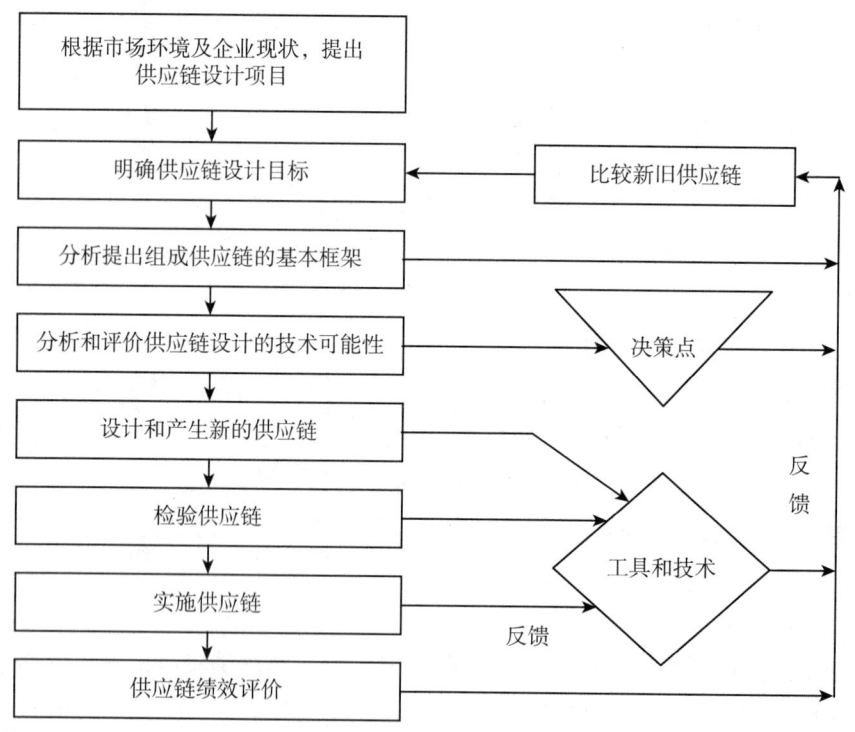

图 3-6 供应链设计步骤

四、供应链设计的策略

(一) 基于产品类型的供应链设计策略

产品有不同的特点,供应链有不同的功能,只有两者相匹配,才能起到事半功倍的效果。企业应当根据产品的不同设计不同的供应链。

1. 产品类型与功能特征

不同类型的产品对供应链设计有不同的要求,高边际利润、不稳定需求的创新性产品的供应链设计就不同于低边际利润、有稳定需求的功能性产品。功能性产品需求具有稳定性,可预测,寿命周期较长,但边际利润较低,一般用于满足用户的基本要求,如日常生活用品。创新性产品的需求一般难以预测,寿命周期较短,但利润空间高,一般用于满足客户的个性化、多元化需求,如计算机、流行音乐、时装等,这类产品特别强调速度和灵活性。表 3-2 从产品寿命周期、边际贡献率等 7 个维度比较了两类产品的需求特征。

表 3-2　　　　　　　　　功能性产品与创新性产品的比较

需求特征	功能性产品	创新性产品
产品寿命周期(年)	>2	1~3
边际贡献率(%)	5~20	20~60
产品多样性	低	高
预测的平均边际错误率(%)	10	1~40
平均缺货率(%)	1~2	10~40
季末降价率(%)	0	10~25
按订单生产的提前期	6 个月~1 年	1 天~2 周

2. 供应链设计与产品特点的匹配

如第一章所述,供应链从功能上可以划分为有效性供应链和反应性供应链两种。有效性供应链主要体现供应链的物理功能,即以最低的成本将原材料转化成零部件、半成品、产品;反应性供应链则主要体现供应链的市场中介功能,即把产品分配到满足用户需求的市场,对未预知的需求做出快速反应等。

由于功能性产品具有用户已接受的功能,能够根据历史数据对未来或季节性需求做出较准确的预测,产品比较容易被模仿。因此,与功能性产品相匹配的供应链应当尽可能地降低链中的物理成本,扩大市场占有率。也就是说,对于功能性产品,应采取有效性供应链;而创新性产品追求创新,不惜一切努力来满足用户差异化需求。这类产品往往具有某些独特的、能投部分用户所好的功能,由于创新而不易被模仿,因而其边际利润高,在产品供货中强调速度、灵活性和质量,甚至主动采取措施,宁可增加成本大量投资以缩短提前期。对创新功能产品的需求是很难做出准确预测的,因此,追求降低成本的有效性供应链对此是不适应的,这时只有反应性供应链才能抓住产品创新机会,以速度、灵活性和质量获取高边际利润(见图 3-7)。

	功能性产品	创新性产品
有效性供应链	匹配	不匹配
反应性供应链	不匹配	匹配

图 3-7　供应链设计与产品类型策略矩阵

当然,产品与供应链之间是否匹配也会随着情况的变化而发生变化,并不是绝对的。一方面,实践中,由于市场行情、用户需求、企业经营状况等因素的影响,原本相匹配的产品和供应链可能变成不相匹配的。例如,对于创新性产品采取反应性供应链,这时二者是匹配的,但随着时间的推移,创新性产品的创新功能也会被模仿,一旦创新性产品变成功能性产品,如果仍选用反应性供应链,原来匹配的情形就会相应变成不匹配的情形。另一方面,原本不匹配的产品和供应链随着情况的变化也可能变成匹配的。例如,企业进行产品开发时,由于市场信息不灵,不知对手已推出相同的产品而将自己刚刚开发出的功能性产品误认为是创新性产品,并错误地使用反应性供应链,这时就会产生不匹配的情况。如果企业在原有产品的基础上开发出新的功能,这类功能性产品在一段时间内对某些用户可能表现出创新性的特征,企业选用反应性供应链,这时不匹配的情况就变成匹配的情况。所以随着诸多因素的变化,匹配与不匹配也会随时发生变化,关键在于企业能否随即做出调整。

3. 与产品特征相适应的供应链设计策略

(1) 用有效性供应链来提供功能型产品时,可采取以下措施:

◇ 削减企业内部成本;

◇ 不断加强企业与供应商、分销商之间的协作,从而有效降低整条链上的成本;

◇ 降低销售价格,这是建立在有效控制成本的基础之上的。但一般不轻易采用,需要根据市场竞争情况而定。

(2) 用市场反应性供应链来提供创新型产品时,应采用以下策略:

◇ 通过不同产品拥有尽可能多的通用件来增强某些模块的可预测性,从而减少需求的不确定性;

◇ 通过缩短提前期与增加供应链的柔性,企业就能按照订单生产,及时响应市场需求,在尽可能短的时间内提供顾客所需的个性化的产品;

◇ 当需求的不确定性已被尽可能地降低或避免后,可以用安全库存或充足的生产能力来规避其剩余的不确定性,这样当市场需求旺盛时,企业就能尽快地提供创新型产品,从而减少缺货损失。

（二）基于产品生命周期的供应链设计策略

每一种产品都有一个有限的生命，且在其生命周期不同阶段，都体现着不同的市场特点，利润有高有低，因而也有不同的供应链策略与之对应。在产品的引入阶段，产品的需求非常不稳定，企业需要建立反应性供应链，也就是需要对不稳定的需求做出快速反应；在成长阶段，产品的销售迅速增长，与此同时新的竞争者开始进入市场，企业所面临的一个主要问题是需要最大限度地占有市场份额。在这一阶段中，需求基本稳定，风险降低，供应链策略需要逐步从以反应性为主转变为有效性为主，也就是需要开始降低成本，以较低的成本来满足需求；在成熟阶段中，产品的销售增长放慢，需求变得更加确定，市场上竞争对手增多并且竞争日益激烈，价格成为左右顾客选择的一个重要因素。因此，企业需要建立有效性供应链，也就是在维持可接受服务水平的同时，使成本最小化；大多数的产品和品牌销售最终会衰退，并可能退出市场。在衰退阶段，销售额下降，产品利润也会降低，企业需要评估形势并对供应链策略进行调整。企业需要对产品进行评估以确定是退出市场，还是继续经营。如果企业决定继续经营，就需要对供应链进行调整以适应市场变化，通过调整或者重构供应链，以保证在一定服务水平的前提下，不断降低供应链总成本。表3-3总结了产品生命周期不同阶段的特点及与之相对应的供应链策略。

表3-3　　　　　　　　　　　产品生命周期与供应链策略

阶段	特　点	供应链策略
引入期	• 无法准确预测需求量 • 大量的促销活动 • 零售商可能在提供销售补贴的情况下才同意储存新产品 • 订货频率不稳定且批量小 • 产品未被市场认同而夭折的比例较高	• 供应商参与新产品的设计开发 • 在产品投放市场前制订完善的供应链支持计划 • 原材料、零部件的小批量采购 • 高频率、小批量的发货 • 保证高度的产品可得性和物流灵活性 • 避免缺货发生 • 避免生产环节和供应链末端的大量储存 • 安全追踪系统，及时消除安全隐患或追回问题产品 • 供应链各环节信息共享
成长期	• 市场需求稳定增长 • 营销渠道简单明确 • 竞争性产品开始进入市场	• 批量生产，较大批量发货，较多存货，以降低供应链成本 • 做出战略性的顾客服务承诺以进一步吸引顾客 • 确定主要顾客并提供高水平服务 • 通过供应链各方的协作增强竞争力 • 服务与成本的合理化

续表

阶段	特点	供应链策略
成熟期	• 竞争加剧 • 销售增长放缓 • 一旦缺货,将被竞争性产品所代替 • 市场需求相对稳定,市场预测较为准确	• 建立配送中心 • 建立网络式销售通路 • 利用第三方物流公司降低供应链成本并为顾客增加价值 • 通过延期制造、消费点制造来改善服务 • 减少成品库存
衰退期	• 市场需求急剧下降 • 价格下降	• 对是否提供配送支持及支持力度进行评价 • 对供应链进行调整以适应市场的变化,如供应商、分销商、零售商等数量的调整及关系的调整等

五、供应链设计的优化

所谓优化,即"在有约束条件或资源有限的情况下的决策方案",所以,优化问题由决策变量、目标函数和约束条件组成。决策变量是需要做的决策,供应链中有以下决策变量:何时、何地从供应商中订购原材料;何时生产;何时把产品交给客户、交多少等。目标函数是经济上或其他方面所要达到的目标,供应链中有以下目标函数:利润最大;供应链成本最低;生命周期最短;客户服务质量最高;延误最短;产量最大;满足所有客户需求等。约束条件是变量必须满足的条件,供应链中有下列约束条件:供应商生产材料、零件的能力;生产线每天工作的时间、负荷;配送中心处理收据等能力。

设计供应链优化策略,既要学习他人的供应链,更要深入了解自身的供应链,根据实际情况设计改进策略。以下是优化供应链设计的三个基本思路。

1. 合并以规模化:获取规模化优势

在供应链中,把分散的业务集中起来,就可以获得规模优势,如每个经销商自己提货不如由核心企业统一配送,每个供应商送货不如核心企业组织统一取货。在生产环节中,N个品种多条生产线,这时把某条生产线专用于生产量大的品种,即使空闲也不切换生产其他品种,也是一种合并零散订单获取规模优势的策略,分析供应链看看有哪些业务可以合并,如果能够合并,则可能就会有改进的空间。

2. 分类并差异化:不同的业务类别需要不同的业务策略

供应链是复杂的,为此需要分类以便管理。如把采购物料分为原材料、辅助材料和备品备件、把供应商分为一级、二级、三级;把产品分为不同的系列,把客户分为直销商和经销商;市场分为中心城市和农村市场;等等。不同的类别有不同的特征,采取与不同类别特征相适应的策略可以实现对供应链的优化。例如,针对家庭客户和商用客户分别建立供应链,针对不同的采购材料类别设计不同的采购策略。

那么,分类作为供应链优化的基本逻辑,如何引导我们优化供应链呢?

首先，要分析分类的合理性。这需要对供应链管理的每一个环节，如需求、生产、采购、物流、计划等各个环节进行详细分析，从实际业务运作的需要审视分类的合理性，可以参考各种管理模型，以及各种业务最佳实践。比如，就快速消费品的渠道划分来说，粗略的划分可以分为传统渠道和现代商超；详细的划分可以细致到路边小店。可口可乐就把路边的修车店作为一个单独的渠道。

其次，在明确分类的基础上，分析针对不同类别是否采取了合适的策略。显然分类越细致，采取的策略就越具有针对性，越有效。比如把路边修车店作为一个渠道，这个渠道显然有独自的特征，针对这个渠道采取的策略肯定与商场超市的策略不一致。

最后，各个环节的最优不是供应链的最优，要实现供应链优化还必须确保各个环节分类策略的匹配性。比如新增了一个销售渠道类别，它有新的特征，是否要有相应的物流类别去支撑这个销售渠道？物流业务的分类以及策略与渠道的分配应是相适应的。

3. 时间优化：缩短各环节时间，提高各环节时间匹配，减少等待

供应链管理的核心就是时间管理。无论是对于时尚类产品还是非时尚类产品，时间管理都非常重要。为什么这么说呢？供应链管理有两个目标：提升客户服务水平，以及降低运作成本，这两个方面目标常常是互相矛盾的，即：提高服务水平，是以成本升高为代价的；而降低成本，往往会带来服务水平的下降。时间对两方面目标都有着重要的影响：对于服务水平，最重要的是对市场需求的响应速度，即对需求的响应时间；对于成本来说，时间的延长会导致各种运作成本的升高，例如存储成本、产品滞销的损失等。加强时间管理，可以实现在服务水平与运作成本两个方面的同时优化。因此，时间管理常常是供应链优化的突破口，或者说供应链优化的基本原则。

做时间优化的基础是先画出运作流程，把各环节时间标注出来，画出时间图，逐项分析哪一项时间可以缩短或者取消，即发现供应链上可以改进的点，找到优化空间，结合这些优化点，通过对具体业务的分析优化，来缩短供应链运作时间，最终实现供应链优化。对业务的优化可以向两个方向努力：一是加强各个环节在时间上的协调，节奏一致，减少等待延迟时间；二是缩短各个步骤执行的时间。

【例3-1】某企业运用时间管理的基本原则对某种原材料的供应进行优化，优化之前，原料的采购提前期为72天，供应方式如图3-8所示。企业直接向国外的供应商下单，国外企业生产之后，运输到北京，北京生产之后再运输到广州作为该企业生产的原料。显然，这么长的供应链流程导致72天的采购提前期似乎是合理的，但是市场需求的快速变化又需要降低提前期。

为优化该原料供应，企业对原料供应流程做了详细的时间分析，分析结果如表3-4所示（作为示例，没有完全展示该流程的时间分析内容）。可以看出，该流程有运输时间34.9天，延迟等待时间12.5天，存储时间2天，检测时间7.8天，生产时间14.6天。理论上说，除去运输时间和生产时间在现有的运输方式和技术条件下是很难压缩之外，延迟时间、存储时间以及检测时间都是可以压缩的。

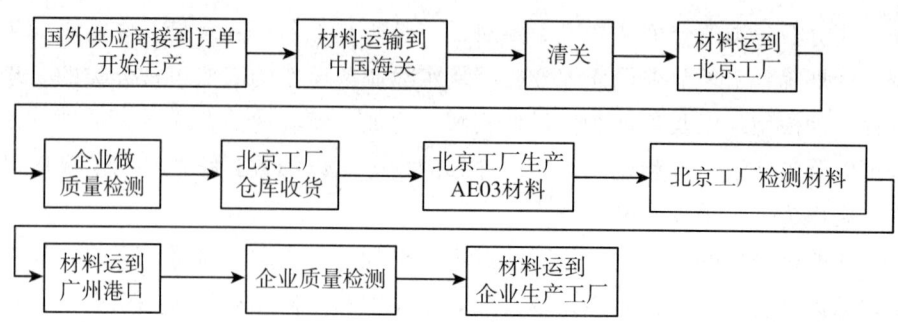

图 3-8 某企业原材料供应方式

表 3-4　　　　　某企业原材料供应流程的时间分析

属性	步骤	时间	活动	天数				
				运输	延迟	存储	检测	生产
S	5	7	• 北京仓库收货					
			—加热		6			
			—卸货					1
P	6	2	• 北京 B01 工厂生产					
			—生产					2
I	7	2	• 检测（北京 B01 工厂）					
			—化学检测				1	
			—出具检测合格报告				1	
T	8	9.4	• 运输到广州港口					
			—从槽车卸货					0.2
			—等待运货卡车		1			
			—出具放行条					0.2
			—运输到广州港	7				
			—到仓库外等待	1				
I	9	6.0	• 企业 QA 检测					
			—QA 取样	0.5	0.5			
			—QA 进行检测	3			2	
T	10	0.4	• 运输到××工厂					
			—运输到工厂	0.2				
			—将材料装到生产用容器中					0.2
...								
合计		71.8		34.9	12.5	2	7.8	14.6

针对时间分析的结果，企业采取了一系列的措施，来压缩原料供应过程中的时间。采取的措施包括：根据国外供应商的计划编制时间调整企业订单下达时间，缩短延迟时间 2 天；供应商根据港口业务操作特点确定生产以及发货时间，缩短等待时间 0.5 天；通过加强供应商质量管理，对材料实行免检放行，总体检验时间缩短 4.8 天。通过各种时间缩短方案，总体时间减少了 18 天，材料总的提前期从原来的 72 天减少到 54 天，导致的结果是该原料库存由原来的 30 天减少到 20 天，库存价值减少了 16 万元。即通过一系列的时间缩短的措施，提高了对需求的响应速度（时间缩短），同时降低了成本，供应链管理的两个目标同时实现。

市场环境和客户需求是不断变化的，因此，供应链优化是没有终点的。一个真正优秀的供应链不仅仅需要高效率，而且还要能够快速适应客户需求变化，一成不变只会导致快速落伍，高效的供应链不等于一直优秀。因此，企业需要持续优化供应链，不断进行基础建设，诊断、优化供应链过程。只有这样，才能不断提升整条供应链的竞争力。

第三节 供应链合作关系管理

一、供应链合作关系的内涵及重要性

1. 供应链合作关系的概念

供应链合作关系（supply chain partnership，SCP）是指在供应链内部两个或两个以上独立的成员之间形成的一种协调关系，以保证实现某个特定的目标或效益。建立供应链合作伙伴关系的目的，在于通过提高信息共享水平，减少整个供应链产品的库存总量，降低成本和提高整个供应链的运作绩效。

实施供应链合作关系通常意味着新产品技术的共同开发、数据和信息的交换、市场机会共享和风险共担。换言之，制造商选择供应商不再是只考虑价格，而是更注重选择能在优质服务、技术革新、产品设计等方面进行良好合作的供应商。因此，在供应链合作关系环境下，制造商会更加着眼于以下几个方面：

（1）让供应商了解企业的生产过程和生产能力，知道企业需要产品或原材料的期限、质量和数量。

（2）企业向供应商提供自己的经营计划、经营策略及其相应的措施，使供应商明确企业的要求和目标。

（3）企业和供应商要明确双方的责任，并各自向对方负责，使双方明确共同的利益所在，并为此而团结一致，以达到双赢的目的。

2. 建立供应链合作关系的意义

总体而言，建立供应链合作伙伴关系，有助于为企业带来以下优势。

（1）减小不确定因素，降低库存。排除市场不确定性的关键在于获取正确的信息和有效的信息反馈，其中终端客户信息传递的及时性和准确性至关重要。供应链节点企业间利用先进的信息技术（如 EDI、POS）进行信息的快速传递，增加相互之间的信任度，减少信息的失真与延迟，从而可以减少不确定性产生的风险；同时也有助于提高对市场需求信息预测的准确度，从而减少不必要的库存。

（2）快速响应市场。通过建立供应链合作关系，每一个节点企业都可以集中力量于自身的核心竞争优势，能充分发挥各方的优势，并能迅速开展新产品的设计和制造，从而使新产品响应市场的时间明显缩短。

（3）加强企业的核心竞争力。以战略合作关系为基础的供应链管理，能发挥企业的核心竞争优势，获得竞争地位。

（4）用户满意度增加。通过合作，制造商帮助供应商更新生产和配送设备，加大对技术改造的投入，从源头上提高产品和服务的质量，最终带来用户满意度的提升。

事实上，有效的供应链合作伙伴关系无论是对制造商还是供应商，以及双方的共同利益都具有重要的促进作用（见表 3-5）。

表 3-5　　　　　　　　供应链合作伙伴关系的作用

对制造商的作用	对供应商的作用	对双方的作用
<ul><li>降低合同成本</li><li>实现数量折扣</li><li>提高产品质量和降低库存水平</li><li>改善时间管理</li><li>缩短交货提前期和提高交货可靠性</li><li>提高面向工艺的企业规划</li><li>更好的产品设计和对产品变化更快的反应速度</li><li>强化数据信息的获取和管理控制</li></ul>	<ul><li>保证稳定的市场需求</li><li>对用户需求更好地了解/理解</li><li>提高运作质量</li><li>提高零部件生产质量</li><li>降低生产成本</li><li>提高反应速度和柔性</li><li>获得更高的利润</li></ul>	<ul><li>改善相互之间的交流</li><li>实现共同的期望和目标</li><li>共担风险和共享利益</li><li>共同参与产品和工艺开发，实现相互间的工艺集成、技术和物理集成</li><li>降低投机思想和投机概率</li><li>增强解决矛盾冲突的能力</li><li>减少管理成本</li><li>订单、生产、运输上实现规模效益以降低成本</li><li>提高资产利用率，减少外在因素的影响及其造成的风险</li></ul>

二、建立供应链合作关系的步骤

建立供应链合作伙伴关系，首先应从需求分析开始，这种需求来源于市场的压力、核心竞争力的建立等方面。在意识到建立供应链合作伙伴关系的重要性和明确了共同目标后，建立供应链合作伙伴关系就成为在一定标准下，寻找合作对象、建立、实施和维护合作伙伴关系的过程（见图 3-9）。

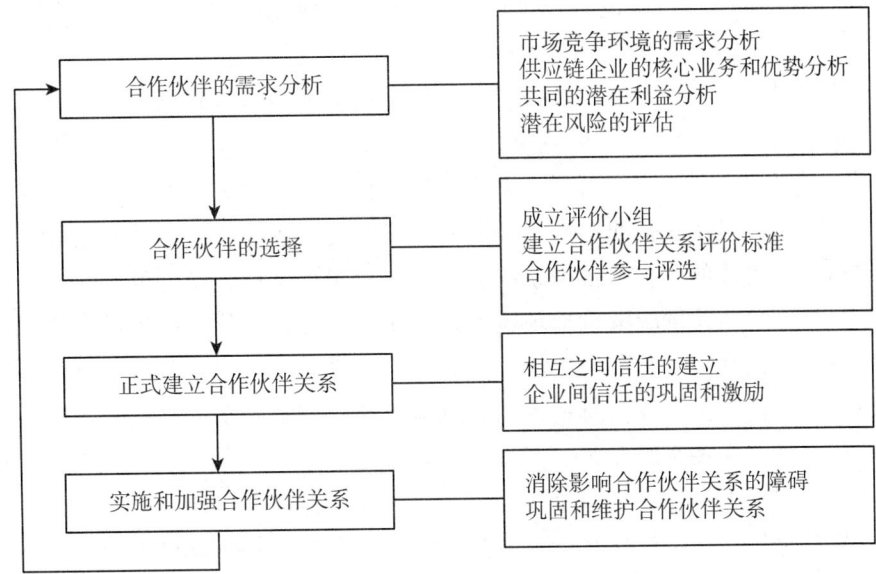

图 3-9　建立供应链合作关系的步骤

1. 合作伙伴的需求分析

（1）市场竞争环境的需求分析。有需求才有建立合作关系之必要。通过搜集有关顾客的需求、产品的类型和特征以及竞争对手情况等各种市场信息，以确认是否有建立供应链合作关系的必要。如果已建立供应链合作关系，则根据需求的变化确认供应链合作关系变化的必要性。

（2）供应链企业的核心业务和优势分析。当企业专注于自身的核心业务，而把非核心业务外包时，企业与企业之间的依赖性加强。只有了解自身的核心优势，才能把非核心业务活动正确而不是盲目地委托给其他企业，明确和什么样的企业进行合作，才能与其他企业建立真正的合作伙伴关系。

（3）共同的潜在利益分析。建立合作伙伴关系的动力源于合作双方共同的潜在利益。潜在利益可包含以下几方面：实现共同的期望和目标；改善相互之间的交流，实现信息共享；减少外在因素带来的不确定性及其造成的风险；增强矛盾冲突解决能力；通过减少中间环节，可以在订单、生产、运输上实现规模效益以降低成本；减少库存和积压资金流，减少管理成本；借助来自客户和供应商良好的信息进行创新，并可从双方获得技术资源。

（4）潜在风险的评估。只有评估风险、认识风险才能共担风险，把风险的影响降到最低程度，以谋求最大的收益。如不同企业文化会导致对相同问题的不同看法，从而存在分歧，影响供应链的稳定；过分依赖一个合作伙伴可能在合作伙伴不能满足期望要求时造成惨重损失等。

2. 合作伙伴的选择

（1）成立评价小组。企业必须分别建立供应商和分销商评价小组以控制和实施合作伙伴的评价，组员以来自与供应链合作密切的部门为主，如供应商评价小组应主要以采购、质检、研发、生产及信息技术等部门为主，而分销商评价组则主要以销售部为主。组员必须有团队合作精神，具有一定的专业技能。评价小组必须同时得到制造商和合作伙伴企业最高领导层的支持。

（2）建立合作伙伴关系评价标准。合作伙伴评价指标体系是企业对合作伙伴进行综合评价的依据和标准，是反映企业本身和环境所构成的复杂系统不同属性的指标，按隶属关系、层次结构有序组成的集合。根据系统全面性、简明科学性、稳定可比性、灵活可操作性的原则，应建立集成化供应链管理环境下合作伙伴的综合评价指标体系。不同行业、企业、产品需求、不同环境下的合作伙伴评价应是不一样的，但不外乎都涉及合作伙伴的业绩、设备管理、人力资源开发、质量控制、成本控制、技术开发、用户满意度、交货协议等可能影响供应链合作关系的方面。

（3）合作伙伴参与评选。一旦企业决定进行合作伙伴评选，评价小组应与初选伙伴取得联系，以确认他们是否愿意与本企业建立供应链合作关系，是否有获得更高业绩水平的愿望。由于企业的资源和力量有限，企业只能与少数的、关键的伙伴保持紧密的合作，所以参与的伙伴应是尽可能的少。

3. 正式建立合作伙伴关系

（1）相互之间信任的建立。正式建立合作伙伴关系，体现为相互之间信任的建立，包括契约式信任、能力信任、信誉信任的建立。契约式信任是相信对方将遵守诺言，并按照协议执行；能力信任是相信对方所承诺的事情会兑现，可减少不必要的中间环节，降低浪费；信誉信任是双方都相信另一方会完全对双方关系负责，他们会愿意做超过契约所期望的事，并且并不期望因此而得到优先或直接回报，它支持契约式信任和能力信任，同时自己得到加强。信誉信任的建立可以弥补契约的不足，即在出现问题之后，双方出于对长远利益的考虑，以彼此之间的紧密合作和相互协商来解决问题，最终降低供应链管理中的费用。

（2）企业间信任的巩固和激励。塑造自身可信任形象，通过信号传递获取对方的了解与信任。企业可通过以下策略性行为建立自我可信任形象：加强与想合作一方的接触；加入被社会认同的商业协会、专业联合会等组织；创造能力强、可靠性高、公平交易的声誉；愿意合作与快速响应，争取长期的合作关系；对合作项目进行必要的前期投资；建立良好的企业文化，培训一支既有较高的专业技术，又有良好的交流能力的营销队伍等。

4. 实施和加强合作伙伴关系

（1）消除影响合作伙伴关系的障碍。消除障碍，首先是人们思想观念和做事方式要改变，不仅是高层管理人员、采购人员、供应链工作人员的思想改变，也是整个企业的理念改变。

（2）巩固和维护合作伙伴关系。在实施供应链合作关系的过程中，市场需求将不断变化，可以根据实际情况的需要及时修改合作伙伴评价标准，或重新开始合作伙伴评价选择。在重新选择合作伙伴的时候，应给予旧合作伙伴以足够的时间适应变化。

三、供应链合作伙伴的选择

1. 选择的原则

在合作伙伴的选择过程中,应根据不同的供应链组成形式和具体任务制定不同的选择原则和标准,一般的通用性原则如下:

(1)核心能力原则。即要求参加供应链的合作伙伴,必须具有并能为供应链贡献自己的核心能力,而这一核心能力也正是供应链所确实需要的,从而避免重复投资。

(2)总成本核算原则。即实现供应链总成本最小化,实现多赢的战略目标,要求伙伴之间具有良好的信任关系,连接成本较小。

(3)敏捷性原则。供应链管理的一个主要目标就是把握快速变化的市场机会,因此要求各个伙伴企业具有较高的敏捷性,要求对来自供应链核心企业或其他伙伴企业的服务请求具有一定的快速反应能力。

(4)风险最小化原则。供应链运营具有一定的风险性,例如市场风险依旧存在,只不过在个体伙伴之间得到了重新分配,因为伙伴企业面临不同的组织结构、技术标准、企业文化和管理观念,所以必须认真考虑风险问题,尽量回避或减少供应链整体运行风险。

违反上述原则将会极大地影响供应链的效率。违反核心能力原则和总成本原则,难以满足供应链"外部经济性"的要求;违反敏捷性原则,则不能保证快速迎合市场机遇的目的;而忽视风险最小化原则,会为供应链的运营埋下巨大的隐患。因此,在选择供应链合作伙伴时,必须全面认真地考虑以上四个基本原则。

2. 选择的方法

选择合作伙伴,是对企业输入物资的适当品质、适当期限、适当数量与适当价格的总体进行选择的起点与归宿。选择合作伙伴的方法较多,一般要根据供应单位的多少,对供应单位的了解程度以及对物资需要的时间是否紧迫等要求来确定。下面介绍一些常用的供应链合作伙伴选择方法。

(1)直观判断法。直观判断法是根据征询和调查所得的资料并结合人的分析判断,对合作伙伴进行分析、评价的一种方法。这种方法的优点是直观、简单易行,缺点是主观性太强、选择的结果不太具有科学性。只适用于一般合作伙伴的选择,如辅助材料供应商。

(2)招标法。当订购数量大、合作伙伴竞争激烈时,可采用招标法来选择适当的合作伙伴。它是由企业提出招标条件,各招标合作伙伴进行竞标,然后由企业决标,与提出最有利条件的合作伙伴签订合同或协议。招标可以是公开招标,也可以是指定竞标。公开招标对投标者的资格不予限制;指定竞标则由企业预先选择若干个可能的合作伙伴,再进行竞标和决标。招标方法竞争性强,企业能在更广泛的范围内选择适当的合作伙伴,以获得供应条件有利的、便宜而适用的物资。但招标法手续较繁杂,时间长,不能适应紧急订购的需要；订购机动性差，有时订购者对投标者了解不够，双方未能充分协商，造成货不对路或不能按时到货。招标法适用于供应/需求量大且竞争十分激烈的合作伙伴的选择。

（3）协商解决法。在供货方较多、企业难以抉择时，也可以采用协商选择的方法，即由企业先选出供应条件较为有利的几个合作伙伴，同他们分别进行协商，再确定适当的合作伙伴。与招标法相比，协商方法由于进行协商，在物资质量、交货日期和售后服务等方面较有保证。但由于选择范围有限，不一定能得到价格最合理、供应条件最有利的供应来源。当采购时间紧迫，投标单位少，竞争程度小，订购物资规格和技术条件复杂时，协商选择法比招标法更为合适。

（4）采购成本比较法。对质量和交货期都能满足要求的合作伙伴，则需要通过计算采购成本来进行比较分析。采购成本一般包括售价、采购费用、运输费用等各项支出的总和。采购成本比较法是通过对各个不同合作伙伴的采购成本进行计算分析，选择采购成本较低的合作伙伴的一种方法。这种方法的优点是定量计算、简单易行，缺点是仅考虑成本，局限性大。适用于其他条件，如质量和交货期都满足条件的供应商的选择。

（5）层次分析法（analytic hierarchy process，AHP）。AHP法是美国运筹学家萨蒂（T. L. Saaty）在20世纪70年代提出来的，是将半定性、半定量的问题转化为定量计算的一种方法。这种方法首先把复杂的决策系统层次化，然后通过逐层比较各种关联因素的重要性程度建立模型判断矩阵，并通过一套定量计算方法为决策提供依据。层次分析法特别适用于那些难以完全定量化的复杂决策问题，它在资源分配、政策分析及选优排序等领域有着广泛的使用。

运用AHP法进行供应链合作伙伴的选择，基本上需要遵循以下步骤：第一，根据企业对合作伙伴的要求，确定评价选择的目标，根据目标分析出主要的影响因素作为中间层，再根据每个主要因素找出它的下级影响因素，最后确立评价层级体系；第二，构造两两判断矩阵获得指标的权重，通常用Delphi法或1—9标度法来构造两两判断矩阵；第三，利用平均值法、特征根法、方根法等计算单指标权重；第四，由下而上计算出综合权重值，进而对备选合作伙伴进行优先排序。

AHP法的优点是思路清晰，将人们的思维数字化、系统化，方法简单，所需要的定量数据信息较少，但对问题的本质、包含的因素及内在的关系能够进行清楚的分析，对于解决多层次、多目标的大系统优化问题行之有效。缺点是存在一定的主观性，并且当指标太多时判断矩阵很难满足一致性。

下面结合一个实例来说明AHP法在供应商选择中的应用。

【例3-2】假设某企业采用四个指标——价格、质量、服务和交货期来评价供应商，候选供应商有四个：S1、S2、S3和S4。问题的层次结构模型，如图3-10所示。

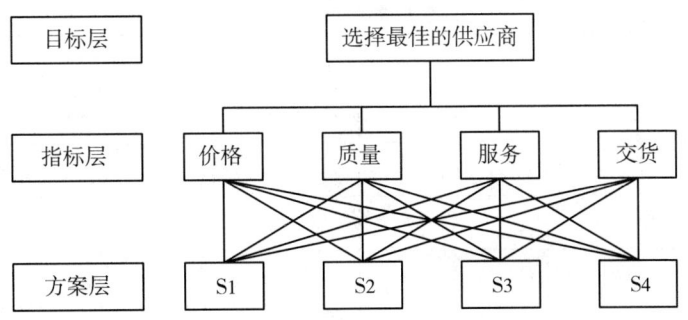

图 3-10 供应商评价的层次结构模型

采用 1—9 标度法构建指标相对重要性判断矩阵（见表 3-6）。

表 3-6　　　　　　　　　指标相对重要性判断矩阵

指标	质量	价格	交货	服务
质量	1	2	1/4	5
价格	1/2	1	1/3	4
交货	4	3	1	5
服务	1/5	1/4	1/5	1
∑	5.7	6.25	1.78	15

注：根据 1—9 标度法，1 表示两个目标同等重要，3 表示一个目标比另一个目标重要，5 表示一个目标比另一个目标明显重要，7 表示一个目标比另一个目标重要得多，9 表示一个目标比另一个目标极端重要。

根据表 3-6，可进一步计算出各指标的权重（见表 3-7）。

表 3-7　　　　　　　　　　指标权重计算

指标	质量	价格	交货	服务	权重
质量	0.175	0.320	0.140	0.333	0.242
价格	0.088	0.160	0.187	0.267	0.175
交货	0.702	0.480	0.561	0.333	0.519
服务	0.035	0.040	0.112	0.067	0.064
∑			1.000		

同样方法，可依次计算出各供应商在质量、价格、交货、服务等指标上的权重，据此给出各供应商的单指标排序（见表 3-8）。最后，计算出各供应商各指标的综合权重值，并依此对供应商进行优选排序（见表 3-9）。

表 3-8　　供应商单指标排序

质量指标排序					
供应商	S1	S2	S3	S4	权重
S1	1	6	4	1/2	0.325
S2	1/6	1	1/2	1/8	0.056
S3	1/4	2	1	1/5	0.099
S4	2	8	5	1	0.520
∑			1.000		

价格指标排序					
供应商	S1	S2	S3	S4	权重
S1	1	2	1/4	1/3	0.126
S2	1/2	1	1/5	1/4	0.079
S3	4	5	1	2	0.490
S4	3	4	1/2	1	0.305
∑			1.000		

交货指标排序					
供应商	S1	S2	S3	S4	权重
S1	1	3	3	2	0.408
S2	1/3	1	1	1/2	0.125
S3	1/3	1	1	1/2	0.125
S4	1/2	2	2	1	0.342
∑			1.000		

服务指标排序					
供应商	S1	S2	S3	S4	权重
S1	1	1	1/2	1	0.200
S2	1	1	1/2	1	0.200
S3	2	2	1	2	0.400
S4	1	1	1/2	1	0.200
∑			1.000		

表 3-9　　　　　　　　　　供应商综合排序

供应商	质量 (0.242)	价格 (0.175)	交货 (0.519)	服务 (0.064)	总权重
S1	0.325	0.126	0.408	0.200	0.325
S2	0.056	0.079	0.125	0.200	0.105
S3	0.099	0.490	0.125	0.400	0.200
S4	0.520	0.305	0.342	0.200	0.370

(6) TOPSIS 方法。TOPSIS 方法是一种简单而合乎逻辑的多因素选优方法。该方法的基本思想是：确定一个实际不存在的最佳方案和最差方案，然后计算现实中的每个方案距离最佳方案和最差方案的距离，最后利用理想解的相对接近度作为综合评估的标准。该方法的优点是既考虑效益型指标也考虑非效益型指标，简单易行。缺点是需要确定指标权重，会带来一些主观性。

【例 3-3】设有 m 个合作伙伴，n 个评价指标，x_{ij} 表示第 i 个合作伙伴相对于第 j 个指标的评价值。则备选合作伙伴的指标评价矩阵为：

$$A = \begin{pmatrix} x_{11} & x_{12} & \cdots & x_{1n} \\ x_{21} & x_{22} & \cdots & x_{2n} \\ \vdots & \vdots & \ddots & \vdots \\ x_{m1} & x_{m2} & \cdots & x_{mn} \end{pmatrix}$$

用 TOPSIS 方法评价步骤如下：

第一，将矩阵 A 中的元素进行归一化处理得到规范决策矩阵 B，

$$B = \begin{pmatrix} r_{11} & r_{12} & \cdots & r_{1n} \\ r_{21} & r_{22} & \cdots & r_{2n} \\ \vdots & \vdots & \ddots & \vdots \\ r_{m1} & r_{m2} & \cdots & r_{mn} \end{pmatrix}$$

其中，$r_{ij} = \dfrac{x_{ij}}{\sqrt{\sum_{i=1}^{m} x_{ij}^2}}$　$(i=1,2,\cdots,m, j=1,2,\cdots,n)$。

第二，给出指标的权重，$\omega = (\omega_1, \omega_2, \cdots, \omega_n)$，通常可以用 AHP 法确定。

第三，得到合作伙伴的指标加权评价值矩阵：

$$V = \begin{pmatrix} \omega_1 r_{11} & \omega_2 r_{12} & \cdots & \omega_n r_{1n} \\ \omega_1 r_{21} & \omega_2 r_{22} & \cdots & \omega_n r_{2n} \\ \vdots & \vdots & \ddots & \vdots \\ \omega_1 r_{m1} & \omega_2 r_{m2} & \cdots & \omega_n r_{mn} \end{pmatrix} = \begin{pmatrix} v_{11} & v_{12} & \cdots & v_{1n} \\ v_{21} & v_{22} & \cdots & v_{2n} \\ \vdots & \vdots & \ddots & \vdots \\ v_{m1} & v_{m2} & \cdots & v_{mn} \end{pmatrix}$$

第四，确定最佳合作伙伴和最差合作伙伴。

$$A^+ = \{v_1^+, v_2^+, \cdots, v_n^+\} = \{(\max_i v_{ij} | j \in J_1), (\min_i v_{ij} | j \in J_2) | i = 1, 2, \cdots, m\}$$

$$A^- = \{v_1^-, v_2^-, \cdots, v_n^-\} = \{(\min_i v_{ij} | j \in J_1), (\max_i v_{ij} | j \in J_2) | i = 1, 2, \cdots, m\}$$

其中，J_1 表示效益指标的集合，J_2 表示成本指标的集合。

第五，计算每一个合作伙伴和最佳合作伙伴及最差合作伙伴的欧氏距离：

$$L_i^+ = \sqrt{\sum_{j=1}^n (v_{ij} - v_j^+)^2} \quad (i = 1, 2, \cdots, m)$$

$$L_i^- = \sqrt{\sum_{j=1}^n (v_{ij} - v_j^-)^2} \quad (i = 1, 2, \cdots, m)$$

第六，计算每一个合作伙伴的 TOPSIS 评价值 Y_i，并根据评价值对合作伙伴进行排序选优。

$$Y_i = \frac{L_i^-}{L_i^+ + L_i^-}$$

本章小结

本章首先明确了供应链环境下的组织结构和业务流程。从组织的视角看，供应链是一种特殊形式的网络组织，是以现代信息技术为支撑，以合作为核心，把供应链上的各个企业——供应商、制造商、分销商、客户集成起来作为一个整体，使供应链上各企业分担的不同职能成为一个协调发展的有机整体，从而增加整个供应链的效率和效益。成功的供应链管理的实现需要从单独功能部门管理到将所有活动集成为一个关键供应链过程的转变。对供应链业务流程进行再造的目的是在定价、服务、定制、革新、速度和多样性等方面为顾客创造更多的价值，以赢得竞争优势。

此外，本章还探讨了供应链的设计与优化问题，认为在供应链的设计中，创新性的管理思维和观念极为重要，要把供应链的整体思维观融入供应链的构思和建设中；供应链设计必须与产品的特征和生命周期相匹配；供应链设计完成后，并不是一成不变的，企业需要持续优化供应链，不断进行基础建设，诊断、优化供应链过程。只有这样，才能不断提升整条供应链的竞争力。最后，本章探讨了供应链合作伙伴的选择问题，指出在选择供应链合作伙伴时，必须全面认真地考虑核心能力、总成本核算、敏捷性和风险最小化四个原则。

自我测试

一、简答题

1. 绘图说明供应链的网状模型。
2. 供应链环境下的组织结构与传统组织结构的区别是什么？

3. 如何对供应链业务流程进行再造？
4. 供应链设计的影响因素有哪些？
5. 试阐述基于产品的供应链设计策略。
6. 举例说明优化供应链设计的策略。
7. 分析建立供应链合作伙伴关系的优势有哪些。
8. 举例说明基于层次分析法的供应链合作伙伴的选择。

二、案例分析

D 公司的供应链优化

供应链管理的本质就是优化和改进供应链活动，其对象是供应链组织和他们之间的"流"。应用的方法是集成和协同，目标是满足客户的需求，最终提高供应链的整体竞争能力。

一、D 公司供应链存在的问题

D 公司成立于 1918 年，为美国著名的汽车售后维修市场零部件供应商。公司目前通过设立在中国、印度等地的办事处，每年采购价值数亿美元的汽车维修零部件产品，经由美国本土、加拿大和瑞典的数个仓储配送中心向北美及北欧市场的汽车零部件连锁卖场、快修店和售后维修点提供多达千种的各类售后维修零部件产品。

进入 21 世纪后，D 公司的供应链管理遇到了一系列的问题，面临新的挑战。

1. 供应链中间环节过多

近年来，跨国公司随着成本压力的不断增加和全球产业链转移的大趋势，在中国为代表的低成本国家的采购规模日趋扩大，并呈逐年递增态势。许多跨国公司到中国建立全球采购中心，把中国作为全球资源配置的基点。作为美国主要的售后汽车零部件供应商之一的 D 公司自然也不例外。

D 公司每年的零部件采购量按照金额计算，目前有超过 80% 来自美国以外，而其中又有超过九成来自中国、韩国等为代表的亚太地区。但是，直到 2004 年底，D 公司在美国本土以外仅有一个采购办事处，设立在韩国釜山。中国的大量采购都经由当地的外贸公司代理，增加的中间商环节带来了采购成本高、生产商货款支付不及时、产品质量和交付期无法保证等一系列问题，导致供应链效率很低，并且潜在风险也较高。

2. 需求及供应信息不对称，订货提前期较长

D 公司产品涉及多种汽车易损易耗件，以产品零件号计算，每年有超过两万种零部件在售，每天发给供应商的订单数量都数以百计。因而，客户需求统计及预测信息能够及时准确地传送到供应链中生产商的一端，对于公司来说至关重要。但在亚太地区，由于公司主要通过外贸代理商采购而不是直接和零部件生产商打交道，这就造成了公司无法获知生产商实际产能、库存和发货周期等信息，同时，终端生产商也无法获知上游顾客的即时需求信息。需求及供应信息的不对称导致订货提前期较长、供应链的风险大增、效率低下。

3. 物流及库存管理混乱

D 公司的产品主要针对汽车售后维修替换市场，种类繁多，客户需求多变。2002 年以

前，库存管理主要采用手工方式，较为原始，信息技术运用严重不足，造成大量不必要的库存积压，库存周转率低下；零部件产品库存混乱，运输网络无科学规划，物流成本极高。

二、供应链优化

针对供应链系统中存在的上述问题，经过仔细的内部分析及规划，从2003年开始，D公司采取了一系列的措施。通过对供应链的整合、流程及网络再造、信息技术运用等手段和方法，期望能够优化整个供应链系统，提升供应链的效率，进一步加强公司在市场上的竞争力。

1. 供应链的整合

针对供应链中间环节过多的问题，D公司决定设立亚太采购中心，将原本通过中国的外贸代理商来完成的采购业务，转由亚太采购中心直接负责，将供应链中不必要的中间商环节去除。2004年，D公司亚太采购中心正式在上海成立，经过几年的努力，建立起了一支专业精干的团队，分属采购部、质量部、技术部、物流及包装、检验等职能部门。

D公司亚太采购中心直接和中国、韩国和东南亚等地区的供应商建立联系，通过规范的供应商审核、定点、定价和订货流程，建立企业和供应商之间的业务关系，并逐步优化，最终形成一个优秀的合格供应商资源库，完成企业既定的采购项目，从而达到降低采购产品价格、提高采购产品质量和提高供应商服务质量的目的。

2. 信息共享帮助缩短订货提前期

缩短订货提前期也是应对客户需求不确定性的重要手段。在建立了和供应商紧密联系的合作关系后，D公司可以准确地了解各供应商的实际产能和生产周期等重要信息。与此同时，客户的需求信息也能够及时直接地传送给亚太地区的供应商。根据产品的订购量和重要程度，D公司还将供应商分成不同等级。对于重要的供应商，建立战略合作关系，充分共享供应链需求信息。采用与整车厂相同的需求预测系统，每个月向战略供应商更新一次半年度需求预测信息；同时，由于售后零部件品种多，单种数量少的特点，对于部分需求预测较低的产品，采用一次按年需求量下单，供应商预备库存的模式。做到了最大限度缩短订货提前期，满足终端客户的需求。

3. 仓储物流体系变革

针对仓储配送中心散乱无序、物流成本极高的状况，从2004年开始，D公司管理层决定重新对仓储配送及物流运输网络进行科学规划。根据公司主要大客户的地区仓储物流中心的分布，D公司仅在北美地区保留了几家仓储配送中心，每处分别辐射客户的5~10处仓储物流中心。在物流方面，公司和UPS建立了战略合作关系，将全球供应商的海运、空运物流业务外包。在陆路运输方面，也选择了一家美国本土第三方物流供应商，实现了物流网络和成本的最优化。

4. 企业信息管理系统的建立

（1）产品条码跟踪及RFID射频识别技术的运用。D公司的汽车零部件产品针对售后维修服务市场，和供应给整车制造厂的零部件采用的包装和运输方式有着极大的不同。供应给整车厂的零部件采用的是大批量简易包装方式（周转箱或周转物料架），便于直接上整车装配流水线。而零部件市场的产品都是单件单独包装，在终端的汽车零部件连锁卖场、快修店等场所展示、出售，类似连锁超市的销售方式。这样一来，库存控制作业十分多样化、复杂化，依靠人工去记忆处理十分困难。为此，亚太采购中心筛选了专门的条码标签供应商，以批量采购价格向亚太地区的两百多家供应商提供优质的标签和条码产品。采用条形码技术，给每件产品注上唯一标识的条码，并与信息处理技术相结合，完成对产品的全程跟踪，包括仓储、物流配送、销售、售后反馈等供应链中的一系列环节，可确保库存量的准确性，保证必要的库存备货及仓库中物料的移动、与进货协调一致，保证产品的最优流入、保存和流出仓库。

接下来，D公司又要求供应商向其仓储和配送中心发送单件产品时使用RFID（无线射频识别）技术，RFID库存跟踪系统是指将RFID标签贴在零部件上，进行零部件规格、序列号等信息的自动存储和传递。RFID标签能将信息传递给10英尺范围内的射频读卡机上，使操作人员不再需要使用手持条形码读卡器对零部件进行逐个扫描条码，减少了遗漏的发生，并大幅提高了工作效率。

（2）MFG/PRO的导入。D公司全球范围内有超过两百家合格供应商。产品种类繁多，每天处理的订单数以百计。因而对于公司的客户需求统计、采购计划、物流、仓储、配送、财务等供应链环节的及时和准确性要求极高。针对这种需求，公司在2004年导入了在汽车零部件行业广泛运用的ERP系统——QAD公司的MFG/PRO软件。

MFG/PRO是一套完整的分销、制造、财务管理的集成软件系统，其中每个部分又是由若干模块集成的。这些模块之间相互传递数据，能将企业在收到订单、设计产品、材料采购、储存和搬运、产品制造、包装、仓储发运和批发的全过程中所涉及的不同的数据组织起来，使产品和服务与客户要求保持一致，非常适合订单生产模式。

导入MFG/PRO系统后，D公司收到的客户订单上对产品或发运的需求能够立即传送至各分点上，系统自动匹配对应分销中心（供应商发货时的收货地点），对应的采购计划会自动生成，配合储存在系统中所有的供应商信息，计划员可以及时准确地将采购订单发送给供应商并抄送相应的采购员。同时财务模块会收到即将产生费用的信息。供应商在完成订单生产并发货后，将海运提单、装箱单和发票等票据电传公司，审核后录入系统，对应的财务付款程序启动，仓储发运等信息更新，满足最终客户的到货要求。

MFG/PRO的供应链管理工具的设计不仅能处理某个分销中心的信息需求，而且能处理从采购到分销，再到客户的整个产品供应链的信息需求。对于D公司来说，用最快捷而准确的方式，将客户需求、供应商采购、包装、仓储物流和发运信息串接，从而有效提高公司的运营效率和客户满意度，MFG/PRO发挥了非常重要的作用。

（资料来源：http://articles.e-works.net.cn/scm/article84102.htm，有删改）

思考：
1. D公司的供应链优化采用了哪些手段和方法？
2. 谈一谈信息管理在供应链优化中的作用。

第四章 供应链协调

[引例]　　　　　　　　　　啤酒游戏

美国麻省理工学院（MIT）斯隆管理学院开发了著名的"啤酒游戏"，通过模拟一条啤酒供应链上五个节点企业的决策情况来真实地再现信息不畅对供应链协调的巨大影响。虽然说在整个游戏过程中（一般是模拟36周或者52周的时间），终端客户的需求可能只发生一次波动（例如终端客户只有一次将订货数量从4个单位变成了8个单位，在此前后都保持4个单位和8个单位不变），但是由于各个节点企业都是根据自身的经营状况进行决策，加之上下游企业之间信息不畅，从而导致啤酒零售商、批发商、分销商、制造商的存货数量发生巨大波动。在某些周内这些供应链上的节点企业的缺货量和存货量分别都会高达100单位以上，有些甚至还会攀升到不可思议的200单位以上。这种现象非常类似于一个牧童拿着鞭子的一头轻轻抖动，结果导致整条鞭子的各个组成部分都发生剧烈的上下波动，供应链管理理论研究中称为牛鞭效应。现在每年秋季开学时，斯隆管理学院都在校园内的Marriott酒店二楼上摆开50张左右的长条桌做"啤酒游戏"，300多名MBA学生济济一堂，蔚为壮观。

（资料来源：王夏阳. 供应链协调：制胜的法宝 [J]. 经营管理者，2005（10））

这一游戏揭示了现代管理理论中的一个重要观点，即整条供应链的协调状况会影响到各个节点企业的经营绩效。

第一节　供应链失调与牛鞭效应

传统上，自发运行的供应链往往由于多种原因而处于失调状态。首先，成员之间的目标不一致造成供应链失调；其次，由于供应链与外部环境之间、供应链内部成员之间的信息往往是不对称的，因此，它会由于缺乏系统外部信息或系统内部信息而产生外部风险，同时也会由于成员隐藏行动或隐藏信息而产生风险；最后，各成员为了实现自己利润最大化目标，它们采取的决策往往与整个供应链利益最大化不一致。如此等等，都会使供应链的运作不能同步进行，由此产生不协调现象。

一、牛鞭效应及产生的原因

牛鞭效应最先是由宝洁公司发现的。1995年，宝洁公司管理人员在考察婴儿一次性纸尿裤的订单分布规律时，发现一定地区的婴儿对该产品的消费比较稳定，零售商销售量的波动也不大，但厂家从经销商那里得到的订货量却出现大幅度波动，同一时期厂家向原材料供应商的订货量波动幅度更大。

宝洁公司对零售商、批发商的订货行为进一步研究后发现，零售商往往是根据历史销量记录及现实销售预测以综合确定一个较客观的订货量。但是，为了保证这个订货量及时可得，并且能够适应顾客需求增量的变化，他们通常会在预计的订货量的基础上额外多发出一些订单向批发商订货。批发商出于同样的考虑，也会在汇总零售商订货量的基础上再对订货量进行进一步的放大后向分销中心订货。与此类似，分销中心也是汇总批发商的订货量作为向宝洁公司订货的依据。这样，虽然顾客的需求只有微小的波动，但是经过零售商和批发商的订货放大效应后，订货量被逐级放大了。而且越往供应链上游其订货偏差越大。供应链下游消费者需求的轻微变动会导致上游企业生产、经营安排的剧烈波动。因此，牛鞭效应也被很多人称为"需求变异加速放大"现象，它源于英文单词"bullwhip"，是美国著名的供应链管理专家豪·L.李（Hau L. Lee）教授对需求信息扭曲在供应链中传递的一种形象描述。

牛鞭效应的基本含义是：当供应链各节点企业只根据来自其相邻的下级企业的需求信息做出生产或供应决策时，需求信息的不真实性会沿着供应链逆流而上，使得订货量逐级放大，到达源头供应商时，其获得的需求信息与实际消费者市场中顾客需求信息发生了很大的偏差，需求变异将实际需求量放大了。由于这种需求放大效应的影响，上游供应商往往维持比下游供应商更高的库存水平。这种现象反映出供应链上需求的不同步现象，它说明供应链库存管理中的一个普遍现象。图4-1显示了需求放大效应的原理和需求变异加速放大过程。由于这种图形很像美国西部牛仔使用的赶牛长鞭，所以被形象地称为"bullwhip"，国内人们习惯称为牛鞭效应。

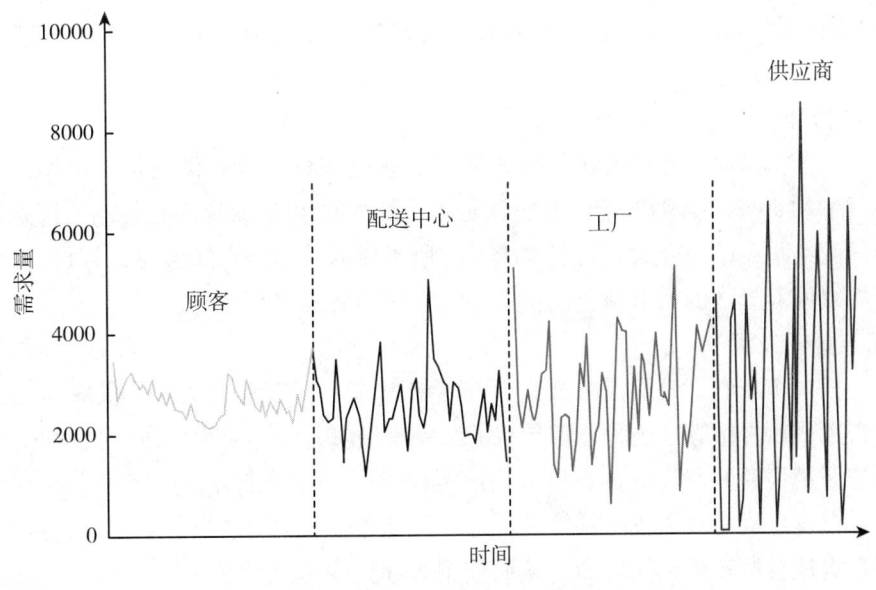

图4-1　需求放大效应示意

人们通过对牛鞭效应的深入研究，总结归纳出如下几个主要原因：

1. 需求预测修正

需求预测修正是指当供应链的成员采用其直接的下游订货数据作为市场需求信息和依据时，就会产生需求放大。例如，在市场销售活动中，假如零售商的历史最高月销量为1000件，但下月正逢重大节日，为了保证销售不断货，他会在月最高销量基础上再追加A%，于是他向其上级批发商下订单（1＋A%）×1000件。批发商汇总该区域的销量预计后（假设）为12000件，他为了保证零售商的需要又追加B%，于是他向生产商下订单（1＋B%）×12000件。生产商为了保证批发商的需货，虽然他明知其中有夸大成分，但他并不知道具体情况，于是他不得不至少按（1＋B%）×12000件投产，并且为了稳妥起见，在考虑毁损、漏订等情况后，他又加量生产，这样一层一层地增加预订量，导致牛鞭效应。

2. 订货批量决策

在供应链中，每个企业都会向其上游订货，一般情况下，销售商并不会来一个订单就向上级供应商订货一次，而是在考虑库存和运输费用的基础上，在一个周期或者汇总到一定数量后再向供应商订货；为了减少订货频率，降低成本和规避断货风险，销售商往往会按照最佳经济规模加量订货。同时频繁的订货也会增加供应商的工作量和成本，供应商也往往要求销售商在一定数量或一定周期订货，此时销售商为了尽早得到货物或全额得到货物，或者为备不时之需，往往会人为提高订货量，这样，由于订货策略导致了牛鞭效应。

3. 价格波动

价格波动是由于一些促销手段，或者经济环境突变造成的，如价格折扣、数量折扣、赠票、与竞争对手的恶性竞争和供不应求、通货膨胀、自然灾害、社会动荡等。这种因素使许多零售商和推销人员预先采购的订货量大于实际的需求量，因为如果库存成本小于由于价格折扣所获得的利益，销售人员当然愿意预先多买，这样订货没有真实反映需求的变化，从而产生牛鞭效应。

4. 短缺博弈

当需求大于供应时，理性的决策是按照订货量比例分配现有供应量，比如，总的供应量只有订货量的40%，合理的配给办法就是按其订货的40%供货。此时，销售商为了获得更大份额的配给量，故意夸大其订货需求是在所难免的，当需求降温时，订货又突然消失，这种由于短缺博弈导致的需求信息的扭曲最终导致牛鞭效应。

5. 库存责任失衡

库存责任失衡加剧了订货需求放大。在营销操作上，通常的做法是供应商先铺货，待销售商销售完成后再结算。这种体制导致的结果是供应商需要在销售商（批发商、零售商）结算之前按照销售商的订货量负责将货物运至销售商指定的地方，而销售商并不承担货物搬运费用；在发生货物毁损或者供给过剩时，供应商还需承担调换、退货及其他相关损失，这样，库存责任自然转移到供应商，从而使销售商处于有利地位。同时在销售商资金周转不畅时，由于有大量存货可作为资产使用，所以销售商会利用这些存货与其他供应商易货，或者不顾供应商的价格规定，低价出货，加速资金回笼，从而缓解资金周转的困境；再者，销售商掌握大数量的库存也可以作为与供应商进行博弈的筹码。因此，销售商普遍倾向于加大订货量掌握主动权，这样也必然会导致牛鞭效应。

6. 应付环境变异

应付环境变异所产生的不确定性也是促使订货需求放大加剧的现实原因。自然环境、人文环境、政策环境和社会环境的变化都会增强市场的不确定性。销售商应对这些不确定性因素影响的最主要手段之一就是保持库存，并且随着这些不确定性的增强，库存量也会随之变化。当对不确定性的预测被人为渲染，或者形成一种较普遍认识时，为了保持有应付这些不确定性的安全库存，销售商会加大订货，将不确定性风险转移给供应商，这样也会导致牛鞭效应。

二、牛鞭效应对供应链运营管理的影响

协调的供应链要求供应链的每一个节点企业都应考虑自身行为对其他节点企业的影响，如果供应链的每一个节点企业只是追求各自利益的最优化，而未考虑自身行为对供应链整体绩效的影响，那么就会导致供应链失调，从而使供应链总利润低于供应链协调时可以达到的水平。在供应链失调的情况下，由于各成员企业的信息不能共享，企业只能依据各自独立的预测和需求信息确定其运营策略，从而导致供应链中牛鞭效应的产生。牛鞭效应是供应链失调的一种重要表现，并且会对供应链运营管理产生明显的负面影响。

1. 对客户服务水平的影响

牛鞭效应的存在导致了供应链中订单的大幅波动。一方面增加了上游企业满足订单的难度，使得缺货的概率增大，客户服务要求不能得到有效满足，降低了产品的供给能力；另一方面，由于订单的大幅度波动，企业对货物交付时间的控制难度也大大增加，往往会出现订货期延长的问题。这两方面都会使得客户服务水平的下降。

2. 对供应链成本的影响

牛鞭效应的存在使得供应链中的制造商不得不保持较高的生产能力，而这种生产能力在订单较少的时期又大量闲置，降低了设施的利用率，从而增加了商品的生产成本。同时，供应链中的供应商或分销商为了应付大订单的需求，不得不保持较高的库存水平，从而增加了企业的库存成本。不仅如此，牛鞭效应的存在，运输需求将会随着时间的变化而剧烈变化。企业需要保持剩余的运输能力来满足高峰时的需求，这会导致运输成本的增加。

3. 对供应链企业成员之间关系的影响

由于在供应链各成员企业各自独立决策的情况下，企业之间的沟通很少，一旦出现上述现象，企业往往很少从自身方面寻找原因，而是更多地归罪于其他企业，从而不可避免地导致企业之间的矛盾和冲突，影响企业之间良好关系的建立。

三、缓解牛鞭效应

牛鞭效应是下游客户逐级向上游（制造商和供应商）转嫁风险的结果，它危害整个供应链的运作，导致总库存增加，生产无序和失调，致使业务流程阻塞，资源浪费，市场混乱和风险增大。为此，必须针对其形成原因，采用管理方法和技术手段来缓解牛鞭效应。

1. 提高预测的精确度

企业需要更多地考虑各种影响预测准确度的因素，包括历史资料、定价、季节、促销、销售额、新产品等因素。为了更加准确地了解这些因素对预测的影响，企业需要依赖与供应链上下游成员的关系，保持良好的沟通，及时获得相关数据，并在上下游之间分享预测数据和使用相似的预测方法进行协调预测，从而提高预测的准确性。

2. 实现信息共享

供应链成员之间可以通过 Internet/EDI 等信息技术的应用来实现实时交流和信息共享，减少和消除信息的不对称性，以便准确把握下游的实际需求。

3. 优化供应链结构

供应链中水平层次和垂直规模的参与者越多，流通环节越多，信息的扭曲程度也就越大，因此需要优化供应链的结构。企业可以根据二八定律划分分销商，对他们分别对待，实行订货分级管理，保留重要供应商，减少不必要的非重要供应商，在一定程度上可以减少供应链规模，缓解牛鞭效应。

4. 合理分担库存

供应商、分销商和零售商等供应链成员可以采用联合库存管理的方式合理地分担库存，一旦某处出现库存短缺，就立即从其他地点进行调拨转运以保证供货。这种做法一方面可以在供应链成员之间有效调配资源，降低供应链的整体库存；另一方面，还可以防止需求变异系数的放大，减少订单的波动性，从而有效地缓解牛鞭效应。

5. 缩短提前期

提前期在很大程度上影响着需求的变化特征，较长的提前期往往意味着更大的需求不确定性和更高的预测难度。因此，越来越多的企业通过应用先进的信息技术和高效、快速的物流技术来缩短提前期，包括信息提前期（即处理订单的时间）和订货提前期（即生产和运输产品的时间），同时通过多频度小批量的联合送货方式，可以实现实需型订货，使需求预测的误差进一步降低，从而减小整个供应链的牛鞭效应。

6. 建立伙伴关系

成功的战略联盟和战略合作伙伴关系也是供应链成功的基础，厂商应关注整个供应链并减少供应商数量，通过实施供应商评估找出高质量运作的供应商，更密切和高效地与之合作。供需双方在战略联盟中相互信任、公开业务数据、共享信息和集成业务，可以避免短缺情况下的博弈行为，从而降低产生牛鞭效应的机会。

第二节 实现协调的管理杠杆

一、供应链协调中的障碍因素

任何导致供应链不同企业只注重自身利益的最大化或者是供应链中的信息延迟、扭曲和波动增加的因素都是实现供应链协调的障碍。如果供应链的管理者可以识别关键的障碍，那么他们就可以采取合适的行动来帮助实现协调。影响供应链协调的障碍因素有很多，激励障碍、信息传递障碍、运作障碍、定价障碍和行为障碍是五种主要的障碍。

1. 激励障碍

如果供应链内不同参与者的激励导致了增加需求波动性和降低供应链利润行为，那么就发生了激励障碍。激励障碍主要表现在两个方面。

（1）供应链职能部门或阶段的局部最优化。只注重局部影响的激励措施，会导致不能使供应链总利润最大化。例如，运输部门经理的薪酬只与单位货物的平均运输成本挂钩，那么，他很可能采取降低运输成本措施，但这样做会增加库存成本，或者降低客户服务水平。供应链参与者采取的行动都自然而然地以业绩评估指标的最优化为评价标准。这样会导致每个企业都会以自己公司利润最大化为目标，而不是以供应链整体利润最大化为目标。以供应链单阶段利润最大化为基础制定的采购决策，也无法实现供应链总利润的最大化。正是供应链中的那些互不匹配的目标，构成了供应链协调的一大障碍。

（2）销售人员激励。如果对销售人员采取的激励方案结构不合适，这些激励措施也会构成供应链协调的一个主要障碍。

在许多企业，销售人员激励一般以月或季度为评估期，以销售人员在这一评估期内的销售量为评估依据。制造商评估销售业绩，一般以出售给分销商或零售商的销售量而不是对最终顾客的销售量作为衡量标准。这种衡量标准往往导致制造商的销售人员忽视对最终销售的控制。例如，某食品公司在 4~6 周促销期间，按照对分销商的销售量给销售人员以奖励。为了多拿奖金，该公司的销售人员鼓励分销商在评估期末购买更多的面食，而不管这些面食是否超过了零售商的销售能力。为了达到这一目标，销售人员不惜采取折扣的方式，来增加促销期末的销售量，从而导致订购量的剧烈变动，表现为：评估期末订购量陡然上升，而到了下一个评估期初，订购量却很少，分销商发给该公司的订购量的周期波动幅度达 70 倍。以中间销售量为基础对销售人员进行激励，会导致订购量的变动性比顾客需求的变动性更大。

2. 信息传递障碍

所谓信息传递障碍，是指需求信息在供应链不同阶段之间的传递过程中发生扭曲，从而导致供应链内订购量的变动性增加。信息传递障碍主要表现在以下两个方面。

（1）按照订单而不是顾客需求进行预测。在订单沿着供应链从下游向上游传递过程中,如果上游仅按照接收到的订单进行预测,则下游顾客需求细小的变化会逐级放大到上游。例如,首先零售商可能将这种随机增长部分视为永久性的增长趋势,从而导致其订购的产品数量超过实际的需求增长,原因在于零售商预期这种增长将持续下去,从而订购更多的商品以满足未来预期增长的需要。如此传递下去,批发商的订单也会产生连锁增长反应。然而批发商却无法正确解释订购量的增长。批发商只注意到订单规模的攀升,并由此推断出增长趋势。但是,批发商推断的这种增长趋势比零售商推断的要大得多。这样,批发商将向制造商发出更大的订单。沿供应链逆流而上,订单规模会逐步膨胀。

(2) 信息无法共享。供应链内各阶段无法共享信息,这加大了牛鞭效应。例如,W公司的零售商由于计划中促销活动可能会扩大特定订单规模。如果制造商没有得到关于计划中促销活动的信息,他可能将这种订单规模的扩大视为需求的永久性增长,而将此信息又传递给供应商。这样,在W公司促销活动结束后,制造商和供应商就拥有大量库存。由于保有过量的库存,一旦W公司的订单规模恢复正常,制造商的订单规模也会比以前缩减。零售商与制造商之间无法共享信息,导致制造商订单规模的大幅度波动。

3. 运作障碍

所谓运作障碍,就是指在发出订单和完成订单的过程中所采取的导致变动性增加的各种行动。运作障碍主要表现在以下三个方面。

(1) 大批量订购。当公司大批量订购的产品大大超出了需求扩张量时,订单的变动性就会在供应链内放大。由于与订单的发出、接收及订购货物的运输相关的固定成本很高,或者由于供应商提供的批量折扣优惠很大,公司可能大批量订购产品。大批量订购导致订单的变动比需求更加不规律。

(2) 补给供货期延长。如果供应链各阶段之间补给供货期延长,则牛鞭效应会进一步放大。考察如下情形,零售商将需求的偶然性增长误以为是一种增长趋势,如果零售商面对的供货周期是2个星期,则他在发出订单时,会将2个星期的预期需求增长计算在内。反之,当需求的随机增长误以为是需求下降趋势时,其理亦然。

(3) 定量配给和短缺之间的博弈。将有限的产品按照零售商的订单规模成比例地进行调配的配给方案,导致了牛鞭效应的放大。一般而言,高需求产品在供应链内往往处于短缺供给状态。在这种情形下,制造商就创造出各种机制,在各分销商或零售商之间调配稀缺产品的供给。一种通用的方法是,根据发送的订单量调配产品的有效供给。也就是说,如果有效供给是总接收订单量的75%,每位零售商只能获得各自订单量的75%。

这种配给方案导致一种博弈出现:即零售商尽量提高其订单量以提高有效产品的供给量。一位需要75单位产品的零售商将订购100单位产品,以期切实获取所需要的75单位产品。这种配给方案的净影响就是人为地使产品订单膨胀。如果零售商以预期销售量为基础订购,则得到的有效订购量更少,从而使销售量减少。

即使顾客需求没有发生变动,如果制造商以订单量来预测未来需求,他也会将订单增长误以为是需求的增长。制造商的反应可能是扩大生产能力,以满足所有订单需求。一旦有了充足的生产能力，在配给方案下出现膨胀的订单，就会重新恢复到正常水平，从而导致制造商产品和生产能力过剩。这种繁荣衰退周期往往更迭出现。这种现象在电脑行业尤为普遍。

4. 定价障碍

所谓定价障碍，就是指某一产品的定价策略会导致订单规模变动性增加这样一种情况。定价障碍主要表现在以下两个方面。

（1）批量折扣。批量折扣策略扩大了供应链内订单的批量规模，这种人为的大批量订单放大了供应链内的牛鞭效应。

（2）价格波动。制造商所发起的商业促销以及其他短期折扣活动导致超前采购，即在折扣期间批发商或零售商通过大批量采购以满足未来时期的需要。超前购买导致促销期间的订购量增大，而此后很长时间订购量极小。

5. 行为障碍

所谓行为障碍，就是指引发牛鞭效应的组织内认知问题。这些问题往往与供应链构成方式及不同阶段之间的沟通方式有关。其中的一些行为障碍如下：

（1）供应链的每个阶段只是局部看待自身行为，而未考虑到其行为对其他阶段所造成的影响。

（2）供应链的不同阶段只对眼前局部形式做出反应，而未能追根溯源。

（3）按照局部性分析，供应链的不同阶段相互推脱造成波动，从而导致供应链内相邻节点成为敌人而不是合作伙伴。

（4）长期以来，由于供应链各阶段所采取的行动的最重要结果出现在其他阶段，所以各阶段不能从各自行为中吸取经验教训，从而形成一种恶性循环：各阶段将自身行为失误所带来的问题归咎于其他阶段。

（5）由于供应链节点企业之间缺乏信任，从而使他们常有以整条供应链业绩为代价的投机行为。缺乏信任还会导致工作重复，造成浪费。更为重要的是，由于缺乏信任，不同阶段之间不能共享或者忽视可以得到的信息。

二、提高供应链协调的方法

认清供应链协调的障碍因素后，供应链管理者应采取什么样的措施克服供应链障碍，实现协调呢？下面探讨提高供应链协调的方案。

1. 使激励措施与供应链的目标保持一致

为了提高供应链的协调性，供应链的各成员企业应从传统的实现企业目标的激励方式和业绩评价体系，向以实现供应链整体目标的现代激励方式和业绩评价体系转变。传统的企业业绩评价体系和激励方式是从企业内部的角度制定的。比如，采购部门的评价指标之一是采购成本的高低。为了降低采购成本，采购部门在采购产品时就会拼命压低供应商的产品价格；而采购成本的降低则可能引起其他成本的上升，供应链的整体成本却未必下降。

再比如，销售人员的评价体系传统的做法是根据销售额的大小来评价，销售人员为了提高销售额，就会想尽各种办法促使客户多购买商品，这样做的结果是上游企业的销售额上升了，下游客户的库存却增加了，供应链的整体效益并不好。由此可见，传统的业绩评价指标体系显然不利于实现供应链的协调。所以，建立新的业绩评价指标体系是实现供应链协调的必然选择。

2. 完善供应链成员企业之间的信息沟通机制

完善信息沟通机制的方法一是建立供应链信息系统，以实现销售信息的共享。这样各成员企业就可以依据真实的销售信息进行决策，消除由于决策信息的差异导致订单波动性过大的问题。比如，采用供应商库存管理（vendor managed inventory，VMI）来集中信息，提高决策的准确度，以助推供应链协调的实现。

方法二是实现联合预测和计划。如果不能进行联合预测和计划，即使各成员企业实现了信息共享，也会由于各成员企业经营策略和计划的不同，导致对未来需求预测结果的差异。比如，如果某成员企业计划下个月搞促销活动，而这一计划并没有告知它的上游企业，那么，双方对未来的需求预测就会产生差异，制订的计划也会相差甚远。

方法三是降低信息在传递过程中的失真。由于信息在传输过程中会发生失真现象，而且信息经过的环节越多，失真得越厉害。为此，在设计供应链时，应力求减少供应链的环节，降低信息的失真度。比如在戴尔的供应链中，只有三个阶段：供应商—戴尔公司—用户。这样，用户的需求信息可以直接反映到戴尔公司，中间不需要经过零售商，加快了信息的传递速度，提高了信息的真实性。与此同时，供应商也可以直接了解戴尔产品的销售数据，由此大大提高了供应链的协调性。调查表明戴尔供应链的反应速度比传统的供应链更快，库存的风险也比传统的供应链更小。戴尔的物料库存只相当于 4 天的出货量，而其他公司一般都在 30～40 天。对于 PC 制造行业来讲，物料成本平均每星期大约下降 1%，这就意味着戴尔产品底价可以比竞争对手低 2%～3%，这也是戴尔成为个人电脑市场霸主地位的原因之一①。

3. 提高运营业绩

管理者可以通过提高运营业绩，设计合适的产品配给方案，以防出现商品短缺，来缓解牛鞭效应。

首先，管理者可以缩短补给供货期，减少供货期间需求的不确定性。补给供货期的缩短对于季节性商品尤为有利，因为供货期的缩短使得多数订单能够在销售季节内发出，极大地提高了预测的准确性。补给供货期的缩短，还减少了潜在需求的不确定性，极大地缓解牛鞭效应。

其次，管理者可以通过减少批量规模，提高运营业绩，来缓解牛鞭效应。减少批量规模可以降低需求波动的幅度，缓解牛鞭效应。为了减少批量规模，管理者必须采取措施降低与订购、运输、接收相关的固定成本。

---

① 张京敏. 中国企业实施供应链管理的难点及对策 [J]. 综合运输，2004 (7).

最后，为了缓解牛鞭效应，管理者应以前期销售量为基础为零售商进行配置，限制投机，实现信息共享。管理者可以通过设计配给方案，从而避免零售商在短缺情况下人为地扩大订单规模。我们可以运用周转盈利方案，按照零售商的前期销售量而不是当期订购量，为零售商配给产品。将配给与前期销售量相结合，避免零售商人为地扩大订单规模行为，从而缓解牛鞭效应。

4. 设计定价策略，稳定订单规模

为了减少由于价格的波动而引起的供应链失调，企业在运用价格策略时，应慎重选择合适的方式，尽量减少或避免价格波动引起订单规模的变化。可采用两种措施：一是企业的价格折扣策略不应根据订货量的大小而决定，而是根据订货总量给予折扣，这样可避免客户为了获得折扣而增大订货规模；二是企业的促销活动应均衡化，避免出现因促销而突然增大需求，引起订货规模的增大，例如，"天天低价"策略可避免此类现象的发生。

5. 供应链成员企业建立战略合作伙伴关系

导致供应链失调的诸多因素背后的深层次原因是供应链各成员企业之间各自为政和缺乏合作。正是由于各成员企业之间的相互对立和不合作，才产生了信息的传递不畅、企业目标的冲突以及经营策略的相互排斥等问题。因此，只有建立企业之间的战略合作伙伴关系，才能从根本上减弱或消除导致供应链失调的因素，提高供应链的协调性。

第三节 供应链激励问题

一、供应链激励问题的提出

上一节提出了缓解牛鞭效应现象对供应链的不良影响的主要措施，这些措施对提高供应链运作的协调性具有重要的意义。但是，供应链的理论与实践研究表明，即使减少牛鞭效应现象对供应链的不利影响，也并不能保证供应链整体绩效实现最大。一般情形下，供应链企业成员总是首先考虑优化自身的绩效，然后采取考虑供应链整体的绩效，这种自我优化意识导致了供应链的低效率与不协调。这正是"双重边际效应"的表现。因此，如何消除"双重边际效应"又成为供应链管理的一项重要任务。解决"双重边际效应"需要供应链企业之间的密切合作和信息共享。但是，由于在供应链成员间缺乏组织机构进行有效的监督，传统的控制机制无法在供应链关系中发挥作用，不能通过行政手段解决"双重边际效应"问题。在这种情形下，只有通过在供应链企业之间建立激励机制，以确保成员企业之间形成更加密切的战略伙伴联盟，使合作伙伴共担风险、收益共享，企业利益与供应链的整体目标协调一致，从而提高供应链的整体优势。

【例4-1】考察一个简单的供应链系统。该系统由一个制造商与一个零售商组成，如图4-2所示。

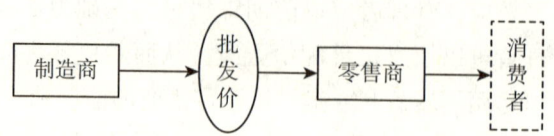

图4-2 由一个制造商和一个零售商组成的供应链

制造商生产的产品按 122 元/件批发给零售商,该产品的市场零售价格为 180 元/件。如果零售商订货过多,每一件没有卖出去的产品只能按 18 元/件的残值价格处理掉。制造商的生产成本为 44 元/件。市场对该产品的需求分布如表 4-1 所示。

表4-1　　　　　　　　　　市场需求概率分布

需求量(件)	需求概率密度	需求量(件)	需求概率密度
300	0.00	900	0.22
400	0.01	1000	0.12
500	0.04	1100	0.05
600	0.10	1200	0.01
700	0.20	1300	0.00
800	0.25		

从上面描述的制造商与零售商之间的交易方式不难看出,当制造商以一定的批发价格将产品交付给零售商后,制造商的收益就得到了保证,因为一旦产品出厂以后,所有权就属于零售商了,至于能否销售出去,制造商是不会关心的。由于这种批发价格交易机制只能保证供应链上游企业的利益,风险都集中到了零售环节,所以,零售商为了保证自己的利益,在向制造商订货时,就会按照最有利于自己的订货策略发出订单。根据【例4-1】的数据,不难看出,在零售商订货决策的临界状态,如果零售商多订一件产品并卖出去了,他的收益是 58 元;但如果多订了一件产品且没有卖出去的话,他的损失是 104 元。假定销售出去与否的概率相同,零售商的期望风险将大于期望收益。于是,零售商就会把订货的数量向减少一件的方向移动,于是整个供应链也就减少一件的收益。据此不难计算,零售商的期望利润最大的订货量为 800 件,当然也就能够确定制造商的利润水平,如图 4-3 所示。此时,零售商的期望利润是 43494 元,制造商的利润是 62400 元,整个供应链的利润是 105894 元。

站在制造商的角度,他一定希望零售商尽可能多地订货,但是,在上述传统合作机制下,零售商没有任何动力让自己冒着承担整个供应链的风险来增加订货量。制造商应该如何说服零售商尽可能多地增加订货量呢?这就需要有一个对零售商进行激励的机制,这就是供应链运作协调的激励问题。

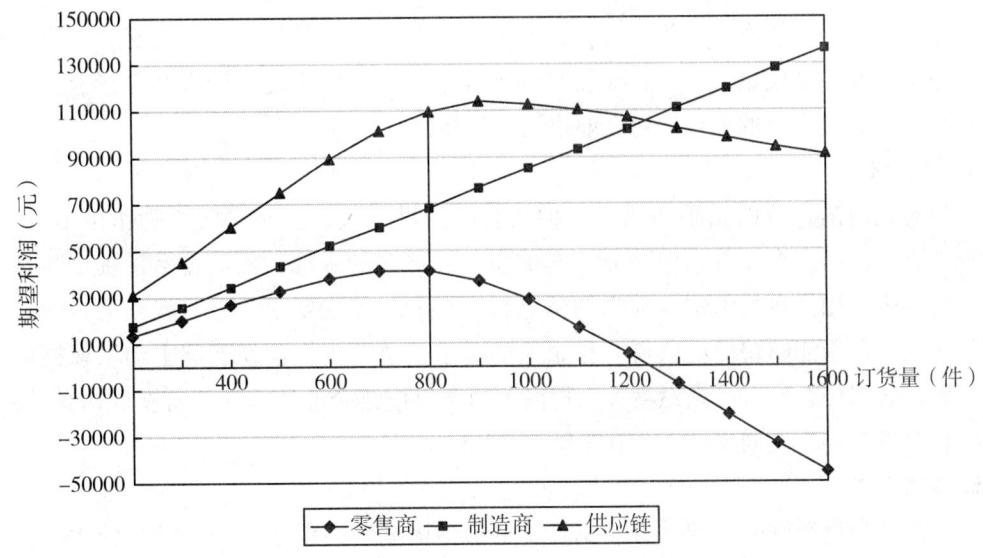

图 4-3 传统批发价契约下的期望利润示意

二、供应链激励手段的运用

供应链管理模式下激励手段多种多样。从激励理论的角度理解的话,有正激励和负激励两大类。正激励和负激励是一种广义范围内的划分。正激励是指一般意义上的正向强化、正向激励,是鼓励人们采取某种行为;而负激励则是指一般意义上的负强化,是一种约束、一种惩罚,阻止人们采取某种行为。

对于激励手段,现实中主要采用物质激励、精神激励和感情激励三种模式。物质激励是采用物质的手段调动人们的积极性;精神激励是采用精神的手段来调动人们的积极性;感情激励则既不以物质为刺激,也不以精神理想为刺激,而是以企业与企业之间的感情联系为纽带、为手段来调动人们的积极性,主要有沟通思想式、排忧解难式等。

在具体运用上,一般采用如下几种激励手段:

1. 价格激励

在供应链环境下,各个企业在战略上是相互合作关系,但是各个企业的利益不能被忽视,供应链的各个企业间的利益分配主要体现在价格上。价格包含供应链利润在所有企业间的分配、供应链优化而产生的额外收益或损失在所有企业间的均衡。

2. 订单激励

供应链如果能够获得更多的订单是一种极大的激励,供应链内的企业也需要更多的订单激励。如果一个上游企业能够获得更多的订单,这些订单对上游企业来说就是一种激励。

3. 商誉激励

商誉是一种无形资产,对于企业来说极其重要。商誉来自供应链内其他企业的评价和在公众中的声誉，反映了企业的社会地位（包括经济地位、政治地位和文化地位）。优秀的企业都极为看重自己的商誉，为了商誉，其实也是为了未来的利益，企业努力提高自己的顾客服务水平及产品质量。一个企业较高的商业信誉是经过市场长期洗礼而形成的无形资产，也是一个企业实力的表现，对企业也是一种激励。

4. 信息激励

信息对供应链企业的激励，属于一种间接的激励模式，但是它的激励作用不可低估，企业获得更多的信息意味着企业拥有更多的机会、更多的资源。前面曾多次提到，在供应链企业群体中利用信息技术建立起来的信息共享机制，其主要目的之一就是为企业获得信息提供便利。如果能够快捷地获得合作企业的需求信息，本企业就能够主动采取措施提供优质服务，必然使合作方的满意度大大提高。由于供应链企业始终保持着获取信息的欲望，所以信息对供应链企业同样可以起到激励的作用。

5. 淘汰激励

淘汰激励是负激励的一种。为了使供应链的整体竞争力保持在一个较高的水平，供应链系统必须建立起对成员企业的淘汰机制。对于优秀企业或供应链来讲，淘汰弱者，可以使其获得更优秀的业绩；对于业绩较差者来说，为了规避被淘汰的危险，则必须积极进取，努力改善自己的工作。淘汰激励是在供应链系统内形成的一种危机激励机制，使所有合作企业都有一种危机感，这样一来，企业为了能在供应链管理体系中获得群体优势的同时自己也能得到发展，就必须承担一定的责任和义务。

6. 新产品/新技术的共同开发

新产品、新技术的共同开发和共同投资也是一种激励机制，它可以让供应商全面掌握新产品的开发信息，有利于新技术在供应链企业中的推广和开拓供应商的市场。传统的管理模式下，制造商独立进行产品的研究与开发，只将零部件的最后设计结果交由供应商制造。供应商没有机会参与产品的研究与开发过程，只是被动地接受来自制造商的信息。这种合作方式最理想的结果也就是供应商按期、按量、按质交货，不可能使供应商积极主动地去关心其他合作企业。因此，供应链管理实施好的企业，都将供应商、经销商甚至用户结合到产品的研究开发工作中来，按照团队的工作方式展开全面合作。在这种环境下，合作企业也成为整个产品开发中的一分子，其成败不仅影响制造商，而且也影响供应商及经销商。因此，每个人都会关心产品的开发工作，这样就形成了一种激励机制，发挥着对供应链上企业的激励作用。

7. 组织激励

在一个较好的供应链环境下，企业之间的合作愉快，供应链的运作也通畅，少有争执。也就是说，一个组织良好的供应链对供应链内的企业也是一种激励。减少供应商的数量，并与主要的供应商和经销商保持长期稳定的合作关系，是以制造商为核心企业的供应链实施组织激励时所采用的主要措施。

第四节 供应链契约的设计

一、供应链契约的含义

在供应链激励机制中,供应链契约(supply chain contract)是最为有效的手段之一。帕斯特纳克(Pasternack,1985)最早提出了供应链契约的概念,给出了易腐败商品的最优批发价格和退货政策。供应链契约是指通过合理设计契约,减少合作双方的机会主义行为,促进企业之间的紧密合作,确保有效完成双方的订单交付,保证产品质量,提高用户满意度,降低供应链成本,提高整条供应链的绩效及每一个成员企业的绩效。在设置了相应的契约参数之后,供应链契约通过与调整供应链成员之间的关系来协调供应链,使分散控制的供应链整体利润与集中系统下的利润尽量相等。即使达不到最好的协调,也要尽量使每一方的利润至少不比原来的少。

一般而言,判断一种契约是否有效,除了考虑它是否拥有良好的协调条款和利润分配条款,能否提高供应链的利润之外,还应该分析契约是否易于管理和操作。如果契约的设计非常复杂,执行成本相当高,那么即使这种契约能够实现利润最大化,也会因其执行时管理成本的增加超过利润的增加值而被弃用。与之相比,管理者宁愿选择一种简单的契约,尽管它并不能使供应链达到最优,但只要供应链运作水平比较高,那么管理者也会选择这种简单的契约。

根据供应链契约的研究现状,可以将供应链契约主要分成以下四种主要类型:定价契约(pricing contract)、回购契约(buy back contract)、收益共享契约(revenue sharing contract)、数量弹性契约(quantity flexibility contract)。其中定价契约与回购契约是最早被研究的,也是最为常见的契约类型,而收益共享契约与数量弹性契约则分别研究了供应链中的核心内容——成员收益和产品数量。当然,除了上述四种契约模型以外,还有两步收费契约(two-part tariff contract)、数量折扣契约(quantity discount contract)、数量承诺契约(quantity commitment contract)、延迟补偿契约(pay to delay contract)、预购契约(advance purchase contract)等契约模型。但是,这些契约模型都可以由上述四种契约演变而成,或者是由其中的两种或者是几种契约组合而得。

二、供应链契约参数

随着对供应链契约的研究日益重视,人们不断建立新的契约模型,深挖原有契约模型的潜在意义,并致力于将供应链应用到实际管理中。

究其本质,对供应链契约的研究离不开契约参数。通过设置不同参数,可以建设出多种不同的供应链契约模型。例如,在契约的研究中研究超储库存的退货问题,就形成了回购契约；在契约中研究供应链的利润分配问题，即为利润收益共享。因此，以不同的契约参数为出发点，就能够以不同类型的供应链契约为研究对象展开研究。

此外，契约参数的设定会影响到供应链契约的作用。例如，数量折扣契约中折扣百分比的设计、最低购买数量契约中最低购买数量限度的确定，以及利润贡献契约中利润分享参数大小的设定等，都会影响供应链契约的效果。在供应链合作中，缔结供应链契约的目标是优化供应链绩效，提高供应链竞争力，并确保供应双方共同获利。为了实现上述目标，必须在供应链合作双方的谈判过程中设计合理的契约参数，从而影响双方的行为和动机。

因此，契约参数是管理供应链契约要解决的主要问题，参数的设计已经成了供应链契约中最为重要的一个环节。

一般而言，供应链契约参数有以下几种：

1. 决策权的确定

在传统合作模式下，契约决策权的确定并不是一个非常重要的因素，几乎每个企业都有自己的一套契约模式，并且按照该模式进行日常的交易活动。但是在供应链管理环境下，供应链契约决策权的确定却发挥着相当重要的作用，因为在供应链契约模式下，合作双方都进行风险共担以及利润共享。

2. 价格

价格是契约双方最关心的内容之一，价格可以表现为线性的形式或者非线性的形式。合理的价格使双方都能获利。卖方在不同时期、不同阶段会有不同的价目表，一般都会随订货量的增大和合作时间的延长而降低，以激励买方重复订货。

3. 订货承诺

买方一般根据卖方的生产能力和自身的需求量提出数量承诺。订货承诺大体有以下两种方式：一种是最小数量承诺；另一种是分期承诺。对于单个产品，最小数量承诺意味着买方承诺期累计购买数量必须超过特定数量，即最低购买数量；对于多品种产品，进行最小数量承诺则要求购买金额超过某最低量，即最低购买价值承诺。使用分期承诺时，买方会在每个周期开始之前提出该期的需求量。

两种数量承诺方式有着明显的区别。从一定意义上说，前者给出总需求量，有利于卖方做好整个契约周期内的生产计划，然后一旦市场发生变化，绝大部分市场风险便转移到卖方身上。后者则要求买方在各个期初给出当期的预订货量承诺，进行风险共担，使得卖方的风险有所降低，同时也迫使买方加强市场决策的有效性。

4. 订货柔性

任何时候买方提出数量承诺，卖方一般都会提供一些柔性，已调整供应数量。契约会细化调整幅度和频率。这种柔性包括价格、数量以及期权等量化指标。这样，一方面，卖方在完成初期承诺后，可以提供柔性所决定的服务补偿；另一方面，买方也从中获得收益，当市场变动影响其销售时，就可以使用柔性机制来避免更大损失。同时柔性也提供了强有力的约束，使合作双方在契约执行过程中，更多地考虑到自身利益，改善经营，从而使双方长期受益。

5. 利润分配原则

所有企业最根本的目标都是实现自身利润最大化，因此，在设定契约参数时，利润分配原则通常是企业协商的重点。因此，在高度合作的情况下，如何能够维护合作双方自身的经济利益不受侵害，同时又可以尽可能努力扩大渠道利润，就成了利润分配所要考虑的问题。

6. 退货方式

从传统意义上讲，退货似乎对卖方很不利，因为它要承担滞销产品带来的风险和成本，但事实上，实施退货政策能有效激励买方增加订货，从而扩大销售额，增加双方收入。从某种意义上讲，如果提高产品销售量带来的收入远大于滞销产品所带来的固定成本，或者买方有意扩大市场占有率，退货政策给卖方带来的好处就会远远大于其将要承担的风险。

7. 提前期

在质量、价格可比的情况下，提前期是买方关注的重要因素之一。同时，提前期导致需求信息放大，产生牛鞭效应，这对卖方而言也很不利。因此，有效地缩短提前期，不仅可以降低安全库存水平，节约库存投资，提高客户服务水平，很好地满足供应链时间竞争的要求，还可以减少牛鞭效应的影响。

在传统的库存模型中，提前期或被设定为固定值，或用随机变量来表示。其实，将提前期作为变量来调整供应链契约，能够为供应链带来利润。

8. 质量控制

在基于供应链的采购管理中，质量控制主要由供应商进行，企业只在必要时对质量进行检查。因此，关于质量控制的条款不仅应该明确质量职责，还应激励供应商提高其质量控制水平。对供应商实行免检是对供应商质量控制水平的最高评价。契约中应该指出实行免检的标准和对免检供应商的额外奖励，以激励供应商提高其质量控制水平。

质量问题是双方谈判的矛盾所在。对于卖方，提高原材料或零部件的质量，意味着成本的增加；而对买方而言，只有在价格不变的情况下，保证原材料或零部件的质量，才能提高成品的合格率，才能增加收益。为此，买方需要在契约设计中，针对质量条款采取某些激励措施，如进行质量方面的奖励或惩罚等，已达到双赢的目的。

9. 信息共享机制

供应链企业之间任何有意隐瞒信息的行为都是有害的，充分的信息交流是基于供应链的采购管理良好运作的保证。因此，契约应对信息交流提出保障措施，例如规定双方互派通信员和每月举行信息交流会议，防止信息交流出现问题。

10. 激励方式

对节点企业的激励是使节点企业参与供应链的一个重要条件。为节点企业提供只有参与此供应链才能得到的利益是激励条款必须考虑的。此外，激励条款应包含激励节点企业提高质量控制水平、供货准时水平和供货成本水平等内容，因为节点企业业务水平的提高意味着业务过程更加稳定可靠，同时费用也会随之降低。一般来说，激励方式有本章第三节中提到的 7 种。

三、几种常见的供应链契约

如前所述,供应链契约中有许多参数,将这些参数单独列出或经过组合,就可以形成多种不同类型的供应链契约。一般而言,较常见的供应链契约包括以下几类。

1. 批发价格契约

批发价格契约是最简单的契约类型,其形式就是上游制定批发价格 w,下游以此价格购买产品,并以零售价格 p 出售。但是由于"双重边际效应"的存在,批发价格契约无法协调供应链。不过,批发价格契约因为其形式简单,而且不需要额外的监控手段,所以得到了广泛的应用。

2. 回购契约

回购契约是指上游企业除了批发价格之外,还要确定一个回购价格,当销售期结束而零售商的商品还有剩余时,零售商可以将剩余产品以回购价格卖回给供应商。供应商可以通过回购契约激励零售商多订货,而如果批发价格和回购价格设置的合理,回购契约可以协调经典报童模型下的供应链。

回购契约的基本过程为:将零售价格 p 看作常数,供应商和零售商的交易过程为:首先,供应商公布批发价格 w 和回购价格 b;然后,零售商决定订购量 q;最后,制造商生产或采购 q 单位产品(边际成本为 CS)运送给零售商,在销售季节末,制造商以回购价 b 回购零售商未能销售的产品。如果实际需求低于零售商的购买量,则零售商将未售出产品返回给制造商(假设不考虑回购处理、运输等费用)。

3. 收益共享契约

收益共享契约就是供应商制定低于其成本的批发价格。此时零售商为了弥补供应商的损失,将自己销售收入按照一定比例(由双方共同商定)返还给供应商,最终确保双方的收益水平高于分散控制状态,达到供应链最优绩效。

供应商生产一种短周期类型的产品,并把这类产品以低于产品单位生产成本 c 的批发价格 w 提供给零售商,以换取零售商 $(1-\varphi)$ 部分的收益。零售商面临着随机市场需求,因为这种类型的产品是短周期的,所以零售商必须决定产品市场价格和订货量以达到收益最大化的目的。

4. 数量折扣契约

按照契约规定,在一定时期内,供应商根据零售商承诺购买的数量,按照一定的比例对价格进行调整。

数量折扣契约在实际交易中非常普遍,通常使用的方式有两种:全部单位数量折扣和边际单位数量折扣。使用前者时,供应商按零售商的购买数量,对所有产品都给予一定的价格折扣;而后者只对超过规定数量部分给予价格折扣。研究发现,数量折扣契约适用于风险中性和风险偏好的零售商。

5. 最小购买数量契约

在最小购买数量契约下,零售商在期初做出承诺,将在一段时间内至少向供应商购买一定数量产品。通常供应商会根据这个数量给予一定的价格折扣,购买产品的单位价格将随着数量增加而降低。通常零售商承诺在未来一个年度里的最少购买数量,供应商同意以折扣价格提供产品。这种契约在电子产品行业尤为普遍。

6. 数量柔性契约

交易双方拟定契约,规定每一期内零售商订货量的波动比率。使用这种契约时,零售商承诺一个最小的购买数量,然后可以根据市场的实际情况,在最低和最高订货量之间确定实际的订货量。按照契约规定,供应商有义务提供低于最高采购上限的产品数量。这种方式能够有效地遏制零售商故意高估市场需求,而导致供应链库存增多的不利现象。

7. 带有期权的数量柔性契约

这种契约模式下,零售商承诺在未来各期购买一定数量的产品,同时他还向供应商购买一个期权。这个期权允许零售商可以在未来以规定的价格购买一定数量的产品,从而获得调整未来订单数量的权利。

8. 销价契约

这是一种经过改进的回购契约,供应商为了避免零售商将未出售的产品返还给自己,会采取一定的价格补贴措施,激励零售商继续保留那些未售出的产品。价格补贴虽然对供应商来说实施起来比较方便,但可能会给予零售商套利的机会,因此必须建立在买卖双方充分信任的基础之上。目前,销价契约也被广泛地应用于IT产品销售中。

9. 备货契约

零售商和供应商经过谈判后,双方拟定契约,为零售商提供一定的采购灵活性。备货契约的流程为:零售商承诺在销售旺季采购一定数量的产品,供应商按零售商承诺的数量某一比例为其保留产品存货,并在销售旺季到来之前发出预存的产品。在备货契约中,零售商可以按原始的采购价格购买供应商为其保留的产品,并及时得到货物,但要为没有购买的部分支付罚金。

10. 质量担保契约

质量问题构成了零售商与供应商谈判的关键。供应商知道自己产品的质量水平,拥有信息优势,而零售商则处于信息劣势。由于信息不对称,会产生两个问题:第一,供应商由于不具备提供某种质量水平的能力,可能会做出错误的质量承诺,零售商不能正确辨别供应商的能力而产生错误的选择;第二,供应商可能恶意的欺骗行为,导致严重的道德问题。为了保证零售商和供应商自身的利益不受损失,并保证供应链绩效最优,签订契约的谈判双方必须在一定程度上实现信息共享,运用合理激励机制,设计质量惩罚措施,当供应商提供不合格的产品时对其进行惩罚。

本章小结

本章首先对供应链失调的现象进行分析,详细分析了牛鞭效应产生的原因、对供应链管理经营业绩的负面影响及如何缓解牛鞭效应。接着,分析了供应链协调的激励障碍、信息传递障碍、运作障碍、定价障碍和行为障碍因素，并在此基础上给出了五种协调方法。然后，分析了供应链的激励问题，提出了价格激励、订单激励、商誉激励、信息激励、淘汰激励、新产品/新技术的共同开发、组织激励七种激励手段。最后，详细探讨了供应链契约设计，详细介绍了供应链契约的含义，并分析了决策权的确定、价格、订货承诺、订货柔性、利润分配原则、退货方式、提前期、质量控制、信息机制共享、激励方式十种契约参数，在此基础上给出了批发价格契约、回购契约、收益共享契约、数量折扣契约、最小购买数量契约、数量柔性契约、带有期权的数量柔性契约、销价契约、备货契约、质量担保契约十种常见的契约。

自我测试

一、简答题

1. 简述供应链失调的原因。
2. 什么是牛鞭效应，它对供应链管理有什么危害？
3. 如何缓解牛鞭效应？
4. 什么是供应链契约，常见的供应链契约有哪些？
5. 举例说明供应链契约如何协调供应链。
6. 为什么要对供应链进行激励？常用的激励手段有哪些？

二、案例分析

S公司的供应链协调

S公司对供应链管理的重视可以追溯到其手机部成立伊始，当时，由于一些部件紧缺，S公司无法及时供货，令网络运营商和其他客户大为光火，并且还错过了圣诞节促销的大好机会，损失惨重。这件事刺痛了S公司的掌权者，此后相当长一段时间里，S公司都把供应链管理作为重中之重，确保供应链的顺畅。现在，S公司强大的供应链管理能力，正因为其独特的"S公司模式"而广为人知。

S公司根据产品的不同特性和市场的竞争需求情况设计不同的供应链管理模式。例如其手机事业部采取众所周知的"S公司模式"工业园；而笔记本电脑则实施区域代理商制，向扁平化发展，并尝试采用直销模式，发展了一种名为"区域级直控分销"（area level）的混合渠道模式。下面详细介绍S公司笔记本电脑最新提出的渠道拓展激励计划（channel development program plan，以下简称CDP Plan）：

CDP Plan是指S公司电子笔记本电脑事业部为了鼓励代理商提高自身渠道广度和深度，同时鼓励代理商积极拓展二级渠道和地市级渠道所实施的引导和奖励措施。具体措施包括以下两个层面：

（1）在原有渠道维护方面，为了最大限度地调动各级经销商和代理商的积极性和主动性，S公司笔记本电脑将施行详细的渠道奖励计划，覆盖到了一级代理商、二级代理商以及零售终端等整个渠道体系；对各级代理商进行台阶式奖励，通过考核，分阶段、分层次地把丰厚的奖金奖励给优秀经销商。同时还将实行周密的价格保障体系，稳定价格，免除经销商的后顾之忧。

（2）在新渠道开拓方面，S公司笔记本鼓励各区域代理商吸收新代理商，并向三四级区域市场拓展；同时鼓励并协助组建代理商联盟；并向大型连锁商场开拓。对于以上各项，S公司笔记本都将给予支持和奖励，具体实施措施包括店面建设、举办活动、加强终端、加大培训、行业拓展和渠道监督6个方面。

此外，S公司笔记本电脑在全国率先实施区域代理商制，即一个区域或一个省份由1~2家代理商代理全系S公司笔记本电脑，在相应的区域内进行销售。在全国设立5个分公司：北京、上海、广州、成都和沈阳，各分公司再根据覆盖区域的特点确定区域总代和一、二级代理商，并对零售终端和店面进行支持与管理，各分公司统一执行市场部制定的销售政策。

为了加强对供销渠道的控制，鼓励分销商、零售商增大订货量，以提高产品的市场占有量、增加S公司的利润，达到双赢的目的。S公司根据不同的系列产品与分销商、零售商签订契约。其主要契约类型有：

（1）订货量契约：对于分销商，需要他在每次契约签订时要承诺每年的订货额，承诺每年应完成一定数额的订货量，当然这个数额视分销商所在城市的发展情况而定，但其最低数额要求分销商完成在签约时所承诺的金额。

（2）价格契约：签约双方共同遵守S公司制定的市场价格体系。

（3）数量折扣契约：S公司根据市场上同类产品的批发价制定一个标准价格，当然这个价格会根据分销商的订货数量的增大而有所折扣。

（4）回购契约：当分销商、零售商在销售季节未能全部销售所定购的产品时，S公司会提供一个回购价格购买这批剩余的产品，以减少下游成员的风险。

（5）备货契约：在销售旺季来临之前，S公司会与分销商谈判签订这样的契约：分销商承诺在销售旺季采购一定量的产品，S公司按其承诺数量以一定比例为其保留存货，并在销售旺季到来之前发出其余所有的产品。分销商可以按原始的采购成本采购供应商保留的商品并及时得到货物，但要为未采购的部分支付罚金。

（资料来源：http://www.360doc.com/content/14/0924/11/1751130_411965412.shtml，有删改）

问题：

1. S公司如何通过渠道拓展激励计划，以协调其整个供应链？
2. 除了案例中给出的协调契约，你能否再给出其他能够协调供应链的契约呢？

第五章 供应链控制

[引例] **CS 公司的供应链风险管理体系**

CS 公司的硬件、软件和服务产品都是组建互联网的基石。为提高整体灵活性并预防各种可能的灾难事件发生,CS 公司创建了一个供应链风险管理体系,其中包括一个灵活的指标表和一组与事件和危机恢复有关的阈值。CS 公司供应链中的每个"节点"(供应商、制造合作伙伴和物流中心)都有责任跟踪和报告其"恢复时间",并确保在实际灾难发生前所有恢复计划和能力建设都准备到位。

CS 公司的解决方案是该行业的首个供应链解决方案。最初的设想是一个由多种流程和最佳实践构成的"开源"库,而所有参与的公司都可以利用其中的内容来确定可能的风险并进而制订弹性计划,例如,备用货源、备用场所条件和风险规避方案。它起源于"业务应急计划",目的在于了解供应链中的弱点和弹性。2008 年中国发生了严重的地震,CS 公司通过其颇具前瞻性的业务应急流程确定出可能的威胁,并及时在发生会导致客户或收入损失的异常事件之前就启动了风险规避计划。CS 公司可以确定哪些节点受到影响,亦可以评估事件发生前后几小时内可能会带来的影响。通过这种影响评估,CS 公司可以与其供应商和制造伙伴协作以避免任何环节出现异常情况。

(资料来源:https://www.360kuai.com/pc/99487f49a50daf0de?cota=4&kuai_so=1&tj_url=so_rec&sign=360_57c3bbd1&refer_scene=so_1)

第一节 供应链绩效评价

供应链绩效评价一直被看作是企业计划与控制的有机组成部分。随着工作性质、企业角色及外部需求的变化、竞争的加剧,全面质量管理(total quality management,TQM)、世界制造(world class manufacturing,WCM)等具体改进方案的引入与实施,以及国内外设置的各种质量奖项的鼓励和信息技术飞速发展所带来的革命性影响,企业绩效评价受到了越来越广泛的关注和日益深入的讨论,并逐步融合到供应链管理中。供应链管理是通过前馈的信息流和反馈的物流将供应商、制造商、分销商直到最终用户联系起来的一个整体的管理模式,因此它与企业管理模式有较大差别,在绩效评价上也有所不同。

一、供应链绩效评价特点

近年来,随着全球制造(global manufacturing)的出现,供应链逐步被人们关注,并在制造业中得到普遍应用,成为一种新的管理模式。在供应链管理中,为了使供应链能够健康地发展,如何科学地、全面地分析和评价供应链的运营绩效,是一个迫切需要解决的问题。

(一)供应链绩效评价的内涵

20世纪六七十年代,供应链在世界范围内已经开始受到广泛关注。到80年代末提出了供应链的概念,进入90年代供应链管理成为各国学者和企业家研究的一个热门领域。为了使供应链能够更好地发展下去,必须对供应链的绩效进行科学、有效、全面、客观的评价。

从系统分析角度来看,绩效评价是整个系统分析的一个有机组成部分。该作业活动是系统分析与决策活动的结合点。绩效评价的目的主要有两个:一是判断各方案是否达到了各项预定的性能指标,能否在满足各种内外约束条件下实现系统的预定目标;二是按照预定的评价指标体系评出参评方案的优劣,做好决策支持,为进行最优决策,选择系统实施方案服务。

供应链绩效评价是供应链管理的重要内容,对确定供应链目标的实现程度和提高决策支持具有重要意义。一般认为,供应链绩效评价是指围绕供应链的目标,对供应链整体、各环节(尤其是核心企业)运营情况以及各环节之间的营运关系等所进行的事前、事中和事后分析评价。供应链的绩效评价,从着眼点来看,应服务于供应链的目标;从客体来看,应包括供应链整体及各组成成员;从空间来看,涉及内部绩效、外部绩效和供应链综合绩效;从内容来看,涉及反应运营状况和运营关系的各种指标;从时间来看,包括事前、事中和事后。

(二)供应链绩效评价的特点

供应链运作绩效评价是一个复杂而困难的任务,我们知道,供应链管理的核心在于,在满足顾客需求的情况下,追求从原料采购、产品设计制造、分销,到顾客手上的各个环节的总成本最小化。这种整体成本最优化既涉及各企业内部各部门的协调,也要求平衡供应链的各企业的经营行为。供应链绩效评价的复杂性在于以下三点:第一,企业内部各部门的利益和目标经常是相互冲突的,没有一个指标能够反映企业内部供应链的效率。第二,供应链上各企业的利益和目标是相互冲突的,很少有跨企业的绩效指标能反映整个供应链的状况。第三,供应链是一个动态系统,它随时间和地点变化而变化。市场需求在变,供应商的能力和关系在变,企业内部各部门的能力和协调也在变。因此,供应链运作绩效评价也必须是动态的和经常性的。

由于上述原因,供应链运作绩效评价系统具有以下四个特点:

(1)全面性。它必须既能描述企业供应链的整体情况,又能刻画供应链各具体环节的运作。供应链的整体指标用来反映企业供应链的整体绩效，而供应链环节分解指标则为诊断供应链问题提供工具。

（2）综合性多指标体系。它运用多个不同的指标来反映供应链不同的绩效。这些指标还具有相互冲突的性质。企业在运用这些指标时，需要根据自己的战略目标有所侧重。

（3）可量化，而不是定性的、不可测量的。常见指标有财务的和非财务的，只有量化的指标才有助于不断地测量和监视。

（4）这个系统应包含一些最佳供应链实践和技术手段。最佳实践指的是在某些供应链环节上能采用最好的做法。技术手段指的是最佳实践中采用的技术和工具，如特定的信息系统等。

在供应链管理环境下，企业的管理思想和管理重点都发生了巨大的变化，传统的重视独立部门绩效评价的方法已不能适应注重整体绩效及内外协调的供应链绩效评价的要求。

二、供应链绩效评价指标体系设计

建立合理的绩效评价指标体系，是有效地进行供应链绩效评价的前提。供应链评价过程中所建立的指标体系应该能够最大限度地揭示供应链的运作绩效，而且应该容易收集数据或量化。同时，供应链绩效评价指标体系本身是一个收集、整合、交流资料的过程，有其自身的建立步骤。

（一）供应链绩效评价指标的选择准则

同选择单个企业的绩效评价指标一样，对供应链绩效评价指标的选择也应该遵循一定的原则。

1. 目标一致性

绩效评价指标的目的和使命是为了支持实现企业短期目标，积累组织长远发展能力。其作用重在牵引，即在给予经营者应有的经营权而得到短期利益的同时，通过关键绩效，将其经营行为与企业的长期发展结合起来，明晰员工的工作方向和目标，牵引出组织所需要的行为，达成组织绩效，使企业获得持续健康发展。

2. 可衡量性

绩效衡量指标必须定义明确且可衡量。定义不明确或不可进行实质性衡量的指标将不具有操作层的意义。可衡量包括定量和定性两类。

3. 可靠性

可靠性主要指量化指标能否保证误差和噪声最小。

4. 战略相符性

指标的设计应该包括确保企业战略实现的核心成功要素和关键驱动要素，考虑企业内外部必须关注的问题，并把企业的战略转化为部门及客人的行动目标，与具体的日常工作联结起来。

5. 动态性

绩效评价指标应于企业竞争策略相结合。当企业采用低成本策略时，绩效评价指标一般侧重于内部制造效率、质量及交货效率；若采用产品差异化策略，则新产品的上市时间、新产品收入占全部收入的比率等指标应被列入指标体系。当企业的竞争策略与经营环境改变时，指标体系也应随之改变，即应随时关注评价指标体系的适用性。

6. 平衡性

指标体系应做到短期效益与长期效益相结合，尤其要注重设计反映长期效益的非财务性指标。绩效评价指标体系的构成不能是单一标准的财务指标，否则经营者容易产生短视效应，侧重于短期利益。不考虑企业未来价值的增长，缺乏长期的指导性和企业价值增值的培育性，不利于战略目标的实现，并有可能促使经营者为完成短期目标而对现有企业资源造成破坏，影响企业的持续健康发展。

7. 内在逻辑性

各绩效评价指标体系的内涵不能相互覆盖，出现多向牵引的状态。以制造业为例：在买方市场条件下，同时考核销量、产量违背了以市场为导向的原则，容易造成企业资源的浪费；由于市场的客观性，经营者为获得更多的利润，必须降低成本费用，而将生产成本、运输费用、存货占用费与利润同时列入考核之列，降低了经营者的主观能动性及灵活应对市场的能力，同时降低了把握市场的能力，不利于企业的长期发展。

8. 激励与约束相结合

激励程度在分权经营状态下，由于经营权的下放，对经营者进行有效约束的同时必须实施强有力的激励。由于激励程度等于期望概率（完成目标的概率）与效价（完成目标的回报）的乘积，若其中一项等于零，则激励程度为零。因此，在对指标体系的定性及定量设计时要权衡这两方面，并找到有机的结合点。否则，经营者的积极性将会大打折扣，并有碍企业的快速、健康、持续发展，继而影响整个供应链。

（二）供应链绩效评价指标体系的建立过程

供应链绩效评价本身就是一个收集、整合交流信息的过程，它整合供应链关键绩效的各个方面，有效地分析问题，并用这种分析结果指导实际的运作。建立合理有效的供应链绩效评价体系需要遵循一定的步骤，具体包括以下几个方面。

1. 确定供应链的核心竞争力

供应链环境中绩效评价的建立，首先就是确定供应链的核心竞争力，这对于供应链的运作和管理是至关重要的。供应链的核心竞争力不同，供应链的属性和资源配置方式就会有所不同，绩效评价的侧重点就有所不同。

2. 掌握供应链运作流程

了解和掌握供应链的运作流程是进行绩效评价的基础，所有的绩效评价指标都是对运作流程的反映。

3. 客户的需求和预期的确定

供应链的运作本质上是以客户需求为导向的，应该建立供应链的客户化评价体系，从客户的需求角度确定供应链运作的方向和出发点。

4. 确定供应链的战略导向

供应链战略是供应链运作的导向，是供应链上的企业进行决策的重要依据。所以，进行绩效评价所设计的指标体系必须与供应链的整体战略一致。

5. 指标的确定和分类

有了前几步的基础，就可以进行绩效评价指标的设计，所设计的绩效指标应该能够全面地展示供应链的实际绩效。同时为了方便地进行，应该将指标进行归类，将性质和特点相同的指标归为一类。

6. 确定指标的取值范围和量化方法

确定取值范围涉及各个企业的实际利益和责任的大小，是非常重要的一步。而且，评价方法要求我们必须将其中的许多指标进行量化，这就需要建立统一的量化方法。

7. 绩效评价体系的建立

经过上面的这些步骤，一套供应链绩效评价体系就被建立起来了。管理者所要做的就是收集相关运作数据，选取合适的评价方法，从而对供应链在某个期间内的绩效进行评价，并对下一步的决策提供依据。

(三) 供应链绩效评价常用指标

如前所述，供应链绩效评价的内容可以分为内部绩效衡量、外部绩效衡量和供应链综合绩效衡量三个方面，与此相对应，可以将供应链评价指标分为内部绩效评价指标、外部绩效评价指标和供应链综合绩效评价指标。

1. 供应链内部绩效评价指标和外部绩效评价指标

内部绩效评价指标和外部绩效评价指标包括以下三个方面：

(1) 准时交货率。准时交货率是指上游供应商在一定时间内准时交货的次数占其总次数的百分比。供应商准时交货率低，说明其协作配套的生产能力达不到要求，或者是对生产过程的组织管理跟不上供应链运行的要求；供应商准时交货率高，说明其生产能力强，生产管理水平高。

(2) 成本利润率。这是指单位产品净利润占单位产品成本的百分比。在市场经济条件下，产品价格由市场决定，因此，在市场供需关系基本平衡的情况下，供应商生产的产品价格可以看成是一个不变的量。按照成本加成定价的基本思想，产品价格等于成本加利润，因此产品成本利润率越高，说明供应商的盈利能力越强，企业的综合管理水平越高。在这种情况下，由于供应商在市场价格水平下能获得较大利润，其合作积极性必然增强，必然对企业的有关设施和设备进行投资和改造，以提高生产效率。

(3) 产品质量合格率。这是指质量合格的产品数量占产品总产量的百分比，它反映了供应商提供货物的质量水平。质量不合格的产品数量越多，则产品质量合格率就越低，说明供应商提供产品的质量不稳定或质量差,供应商必须承担对不合格的产品进行返修或报废的损失,这样就增加了供应商的总成本,降低了其成本利润率。因此,产品质量合格率指标与产品成本利润率指标密切相关。同样,产品质量合格率指标也与准时交货率密切相关,因为产品质量合格率越低,就会使得产品的返修工作量加大,必然会延长产品的交货期,使得准时交货率降低。

2. 供应链综合绩效评价指标

供应链综合绩效评价指标包括以下几项:

(1) 产销率指标。产销率是指在一定时间内已销售出去的产品与已生产的产品数量的比值。产销率指标又可分为以下三个具体的指标:

① 供应链节点企业的产销率,反映供应链节点企业在一定时间内的经营状况。

② 供应链核心企业的产销率,反映供应链核心企业在一定时间内的产销经营状况。

③ 供应链产销率,反映供应链在一定时间内的产销经营状况。

产销率指标除了反映产品和销售量的比率外,还反映供应链资源(包括人、财、物、信息等)的有效利用程度,产销率越接近1,说明资源利用程度越高。同时,该指标也反映了供应链库存水平和产品质量,其值越接近1,说明供应链产成品库存越小。产销率指标中所用的时间单位越小(如"天"),说明供应链管理水平越高。

(2) 平均产销绝对偏差指标。该指标反映在一定时间内供应链总体库存水平,其值越大,说明供应链成品库存量越大,库存费用越高。反之,说明供应链成品库存量越小,库存费用越低。

(3) 产需率指标。产需率是指在一定时间内,节点企业已生产的产品数量与其上游节点企业(或用户)对该产品的需求量的比值。具体分为以下两个指标:

① 供应链节点企业产需率。该指标反映上下游节点企业之间的供需关系。产需率越接近1,说明上下游节点企业之间的供需关系协调,准时交货率高;反之,则说明下游节点企业准时交货率低或者企业的综合管理水平较低。

② 供应链核心企业产需率。该指标反映供应链整体生产能力和快速响应市场能力。若该指标数值大于或者等于1,说明供应链整体生产能力较强,能快速响应市场需求,具有较强的市场竞争能力;若该指标数值小于1,则说明供应链生产能力不足,不能快速响应市场需求。

(4) 供应链产品出产(或投产)循环期或节拍指标。当供应链节点企业生产的产品为单一品种时,供应链产品出产循环期是指产品的出产节拍;当供应链节点企业生产的产品品种较多时,供应链产品出产循环期是指混流生产线上同一种产品的出产间隔。由于供应链管理是在市场需求多样化经营环境中产生的一种新的管理模式,其节点企业(包括核心企业)生产的产品品种较多,因此,供应链产品出产循环期一般是指节点企业混流生产线上同一种产品的出产间隔期。它可以分为以下两个具体的指标:

① 供应链节点企业(或供应商)零部件出产循环期。该循环期指标反映了节点企业库存水平以及其上游节点企业需求的响应程度。该循环期越短,说明该节点企业对其上游节点企业需求的快速响应性越好。

②供应链核心企业产品出产循环期。该循环期指标反映了整个供应链的在制品库存水平和成品库存水平,同时也反映了整个供应链对市场或用户需求的快速响应能力。核心企业产品出产循环期决定着各节点企业产品出产循环期,即各节点企业产品出产循环期必须与核心企业产品出产循环期合拍。该循环期越短,说明整个供应链的在制品库存量和成品库存量都比较少,总的库存费用都比较低;同时也说明供应链管理水平比较高,能快速响应市场需求,并具有较强的市场竞争力。

(5)供应链总运营成本指标。供应链总运营成本包括供应链通信成本、供应链库存费用及各节点企业外部运输总费用。它反映供应链运营的效率。具体分析如下:

①供应链通信成本。供应链通信成本包括各节点企业之间的通信费用。如:EDI、互联网的建设和使用费用;供应链信息系统开发和维护费等。

②供应链总库存费用。包括各节点企业在制品库存和成品库存费用、各节点之间在途库存费用。

③各节点企业外部运输总费用。各节点企业外部运输总费用等于供应链所有节点企业之间运输费用的总和。

(6)供应链核心企业产品成本指标。供应链核心企业的产品成本是供应链管理水平的综合体现。根据核心企业产品在市场上的价格确定出该产品的目标成本,再向上游追溯到每个供应商,确定出相应的原材料、配套件的目标成本。只有当目标成本小于市场价格时,各个企业才能获得利润,供应链才能得到发展。

(7)供应链产品质量指标。供应链产品质量是指供应链各节点企业(包括核心企业)生产的产品或零部件的质量,主要包括合格率、废品率、退货率、破损率、破损物价值等指标。

三、平衡计分卡法在供应链绩效评价中的应用

自罗伯特·S. 卡普兰和大卫·P. 诺顿于1992年在《哈佛商业评论》上发表了第一篇关于平衡计分卡的开创性文章以来,平衡计分卡的概念就引起了广泛的注意,它打破了传统的绩效评估体系,建立了一个全新的绩效评估体系,为管理人员提供了一个全面的框架,用以把企业供应链协同管理的战略目标转化为一套系统的绩效测评指标。平衡计分卡法用于供应链协同管理绩效评估与控制,可以将财务测评指标和业务测评指标结合在一起使用,从而能够同时从几个角度对供应链协同管理绩效进行快速而全面的考察。

平衡计分卡的基本思想是:存在着一些关键的绩效指标(key performance indication, KPI),其中大多数指标是非财务的,与传统的财务导向指标相比,它们为管理者提供了实现战略目标的更好的方法。如果能识别与供应链系统发展战略目标的实现相关的关键绩效指标,以这些指标为基础,我们可以建立相应的绩效衡量的平衡计分卡系统。

(一)供应链系统协同运作的 KPI 选取

供应链协同管理绩效评估经常遇到的一个很实际的问题就是,很难确定客观、量化的

指标体系。其实，对所有的绩效指标进行量化并不现实，也没有必要这么做。通过行为性的指标体系，也同样可以衡量企业绩效。

供应链协同管理的关键绩效指标，是通过对整个供应链协同运作中一些关键的环节，尤其是需要对多方协调共同完成或交叉完成环节的关键参数，进行设置、取样、计算、分析，衡量流程绩效的一种目标式量化管理指标，它是供应链协同运作绩效管理的基础。

确定关键绩效指标有一个重要的 SMART 选择。SMART 是 5 个英文单词首字母的缩写：S 代表具体（specific），指绩效考核要切中特定的工作指标，不能笼统；M 代表可度量（measurable），指绩效指标是数量化或者行为化的，验证这些绩效指标的数据或者信息是可以获得的；A 代表可实现（attainable），指绩效指标在付出努力的情况下可以实现，避免设立过高或过低的目标；R 代表现实性（realistic），指绩效指标是实实在在的，可以证明和观察；T 代表有时限（time bound），注重完成绩效指标的特定期限。

建立 KPI 指标的要点在于流程性、计划性和系统性。首先明确供应链系统协同运作的战略目标，找出供应链协同运作的业务重点，也是供应链协同管理价值评估的重点。然后，用头脑风暴法找出这些关键业务领域的关键业绩指标，即供应链系统协同运作的 KPI。

接下来，供应链核心企业的主管部门需要依据供应链系统的 KPI，对相应环节的 KPI 进行分解，确定相关的要素目标，分析绩效驱动因数（技术、组织、人），确定实现目标的工作流程，以确定评价指标体系。

然后，需要将 KPI 进一步细分，分解为更细的 KPI 的业绩衡量指标。这些业绩衡量指标就是供应链系统中各合作企业考核的要素和依据。这种对 KPI 体系的建立和测评过程，本身就是统一供应链各合作伙伴朝着供应链整体战略目标努力的过程，也必将对环节管理者的绩效管理工作起到很大的促进作用。

善用 KPI 考评供应链协同管理流程，将有助于企业供应链系统的集成化，提高供应链协同运作的效率，精简不必要的流程。

(二) 平衡计分卡系统的建立

平衡计分卡法侧重于从四个方面来观察供应链协同管理的状况：客户满意度——如何更好地满足客户要求；供应链协同运作水平——如何提升供应链系统服务能力；创新和学习——持续的提升与价值创造；财务状况——反映盈利要求。

管理者可以通过以下五个步骤建立一个平衡计分卡系统：

(1) 为重要的财务绩效变量设置目标和衡量指标。典型的财务目标涉及生存、成功和繁荣。生存用现金流量来衡量，成功用收入来衡量，繁荣用市场份额的上升和股权报酬率来衡量。财务目标与可衡量的指标是不可缺少的。虽然传统的财务指标的测评体系存在着很多的不足之处，但不能对财务指标予以全盘的否定。如果能使供应链协同运作战略转化为具体的、可以测度的目标，却不能在财务指标上反映出物流绩效的改善，那么所有的工作都失去了存在的价值。

(2) 为客户服务绩效变量设置目标和衡量指标。应用平衡计分卡法时，要明确客户服务所应达到的目标，然后把这些目标转化为具体的测量指标。供应链客户服务的目标是最大限度地满足现有顾客所要求的服务水平，即满足要求的次数、数量、时间和交货的完好率，转化成具体指标是：

$$次数要求 = 满足要求次数 \div 客户要求的次数$$
$$数量要求 = 满足要求数量 \div 顾客要求数量$$
$$时间要求 = 按规定时间完成作业次数 \div 总作业次数$$
$$完好率 = 交货时完好货物量 \div 货物流总量$$

同时追踪企业供应链在现有的和潜在客户身上创造客户满意度和忠诚度的能力。因此供应链系统客户评价指标可以归纳为客户端满意度、客户印象和客户忠诚度。

一个有效的供应链发展战略是以独特的价值含量对目标市场客户的吸引力为基础的。供应链系统的价值含量变量可分为三类，如图 5-1 所示。

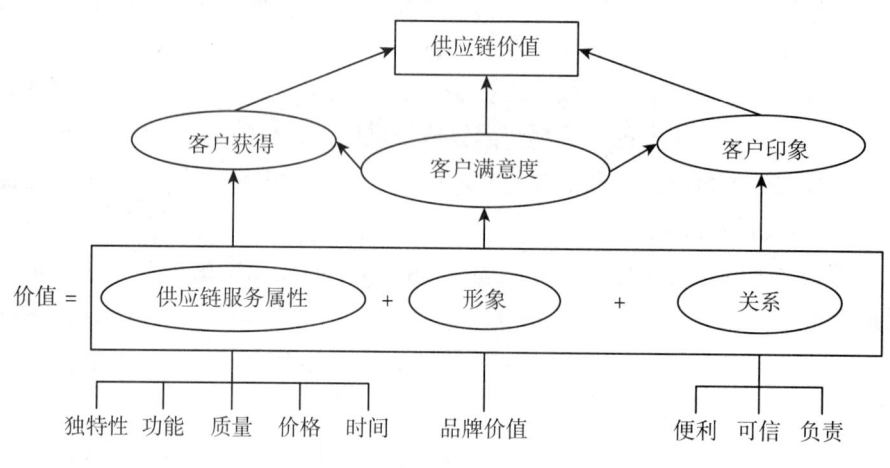

图 5-1 供应链价值变量体系

（3）为重要的供应链作业绩效变量设置目标和衡量指标。顾客服务目标的实现，是以良好的供应链系统作业流程为基础的。因此供应链系统测量指标应来自对顾客满意度有最大影响的作业流程。在前面进行供应链系统 KPI 分析时，我们列出了运输、库存管理、信息活动和订单处理等作业流程，这些作业活动对于客户服务目标的实现是至关重要的，找出相对应的测评指标就可对其进行评价。在后面对单项的供应链功能进行绩效评估时再详细论述。

（4）为重要的创新与学习绩效变量设置目标和衡量指标。激烈的全球性竞争，需要我们不断学习与创新，与时俱进，这样才能实现持续发展。创新与学习绩效指标主要包括三个方面：

①评价供应链上各企业供应链协同管理能力指标。

②评价供应链系统信息共享能力的指标，如信息覆盖率、信息系统反应的时间、接触信息系统的途径、当前可能取得的信息与期望所需要的信息的比例等。

③评价供应链核心企业对合作伙伴的激励、授权与协作的指标。

（5）使用平衡计分卡来传达供应链协同运作战略目标信息。使用平衡计分卡法，供应链的管理者可以衡量供应链协同运作管理在创造现有和未来客户、建立和增强供应链协同能力、对供应链系统的资源优化配置、供应链系统协同运作程序、未来绩效的投资等方面是否有效。平衡计分卡抓住了隐藏在传统的损益表和资产负债表之后的关键的价值创造活动，揭示了长期财务业绩与竞争能力的价值驱动，平衡计分卡法与绩效测评指标的联系如图 5-2 所示。

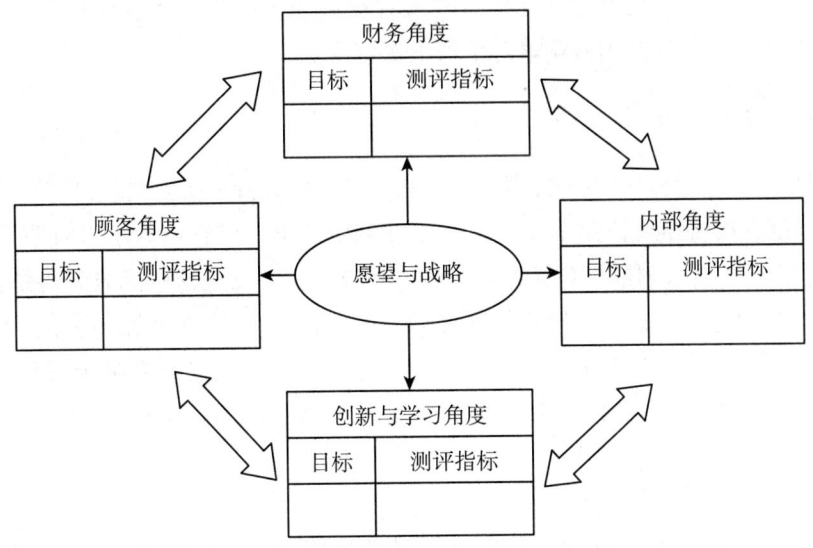

图 5-2 平衡计分卡法与各种绩效测评指标的联系示意

平衡计分卡衡量指标源于供应链系统的发展战略目标和竞争需要，把供应链系统发展战略和远景（而非控制）置于中心地位。它确定了目标，并假定各合作企业会采取一切必要的行动来努力实现这些目标。这与供应链协同管理所采用的许多组织策略是一致的，如供应链物流一体化、顾客与供应商之间的伙伴合作关系、持续发展等。

四、标杆管理

在现代企业管理方法体系中，标杆法（benchmarking）得到了越来越多的应用。标杆法广泛应用于建立绩效标准、设计绩效过程、确定度量方法及管理目标上。绩效标杆法认为传统的建立绩效目标的方法是不全面的，利用理论建立的指标、过去的标准或者企业内部标准比较的方法，都不能对引导企业了解竞争对手、为企业制定提高绩效能力的计划提供充分的信息。在供应链管理环境下，一个节点企业运行绩效的高低，不仅关系到该企业自身的生存与发展，而且影响到整个供应链的其他企业的利益。因此，建立绩效度量指标和方法只是手段，目的是激励各个企业都要创造一流绩效，通过树立标杆促使其他企业采取措施迎头赶上。标杆法对那些没有处于领先地位的企业是非常有用的。但是，许多企业并没有认识到这一点。平时不注意这方面的工作，一旦发现竞争对手推出更有竞争力的产品时再去采取行动时，总是一种被动行为。例如，一个企业发现竞争对手推出一种新产品，然后赶紧分析为什么它的产品那么有竞争力，这就是一种反应性的标杆法。尽管反应性标杆法比较被动，但一旦通过标杆的实施过程找到了竞争对手的优势，企业就可以利用在标杆过程中获得的知识，创造各种方法，超过竞争对手。行业领先者企业也应该经常开展标杆活动。一个企业如果不注意其竞争对手的发展，虽有可能在一时一事占据一定的优势，但不可能在市场中始终处于领先地位。大量曾红火一时的企业走向衰退就是很好的例证。作为一种信息来源，特别是当建立标杆过程或者对不同企业的功能活动具有共有性时，从合作伙伴获得标杆信息往往比从竞争对手那里更容易。

（一）标杆法的特点

标杆法是美国施乐公司确立的经营分析手法，以定量分析自己公司现状与其他公司现状，并加以比较。该方法将出类拔萃的企业作为企业测定基准，以它们为学习对象，迎头赶上，并进而超过它们；除要求测量相对优秀公司的绩效外，还要发现这些优秀公司是如何取得这些成就的，并利用这些信息作为制定企业绩效目标、战略和行动计划的基准；作为企业测定基准的优秀公司也并非局限于同行业中的佼佼者，也可以是各种业务流程中已取得出色业绩的企业；标杆法也并不总是一定要与竞争对手比较，也经常与非竞争对手比较。

（二）绩效标杆的种类

标杆法有三种基本的绩效标杆。第一种是战略性标杆（strategic benchmarking）。战略性标杆使一个企业得以获得占领优先地位企业的市场战略，是一个企业的市场战略与其他企业的市场战略的比较，针对的主要问题是：竞争对手强调什么样的市场面？什么是竞争对手的市场战略？第二种是操作性标杆（operational benchmarking）。操作性标杆以职能性活动的各个方面为重点，找出有效的方法，以便在各个职能上都能取得最好成绩。第三种是支持活动性标杆（support activity benchmarking）。企业内的支持活动应该显示出比竞争对手更好的成本效益，通过支持活动性标杆控制内部间接费用和预防费用的上升。

（三）标杆法的实施过程

标杆法是供应链绩效管理的基本方法，它融合了目标管理和供应链管理的基本思想，并强调了供应链成员企业间的协调与合作。标杆法的实施一般可以划分为五个阶段（见表5-1）。

表5-1　　　　　　　　　　　标杆法的基准实施阶段

阶段	工作内容
（1）计划	• 确定哪些产品、过程或者职能要实施标杆 • 确定实施标杆的目标 • 确定对数据和信息的要求
（2）分析	• 怎样使标杆的目标更好 • 怎样把标杆企业的做法应用于本企业

续表

阶段	工作内容
（3）整合	• 主要负责交换标杆实施过程中的新情况 • 建立运作层的工作目标和具体的职能目标
（4）行动	• 确定具体行动的负责人 • 制定一套对标杆计划和目标进行评审和修改的程序 • 建立标杆进程的沟通机制
（5）正常运作	• 在企业的各个层次继续坚持标杆活动 • 坚持绩效的持续改进

（1）计划阶段。在计划阶段，企业提出在哪些产品、职能或过程实施标杆法，选择哪个企业作为标杆目标，需要什么样的数据和信息来源等。标杆计划应集中精力解决标杆法实施过程中的过程和方法问题，而不是追求某些数据指标。

（2）分析阶段。主要收集、整理和分析数据资料，分析被定为标杆企业优秀方面的关键内容，发现本企业与标杆企业的差距，研究怎样运用标杆企业的成功经验改进供应链管理。

（3）整合阶段。将标杆法实施过程中的新发现在组织内进行沟通、交流，使有关人员了解并接受这些新发现。然后，基于新发现建立企业的运作目标和操作目标。

（4）行动阶段。确定目标、子项目负责人，具体落实绩效标杆计划和目标，建立一套报告系统，能够对计划和目标进行修改更新。

（5）正常运作阶段。当企业的标杆能够成为制订绩效计划、绩效目标的方法时，标杆法实施就进入了正常运作阶段。

根据标杆法的特征，赫格斯（Jon Hughes）等人总结出了一套标杆实施的程序，如图5-3所示。将坎普的5个实施步骤与赫格斯的实施程序相结合，可以构成一个体系相对完整的标杆实施方法。

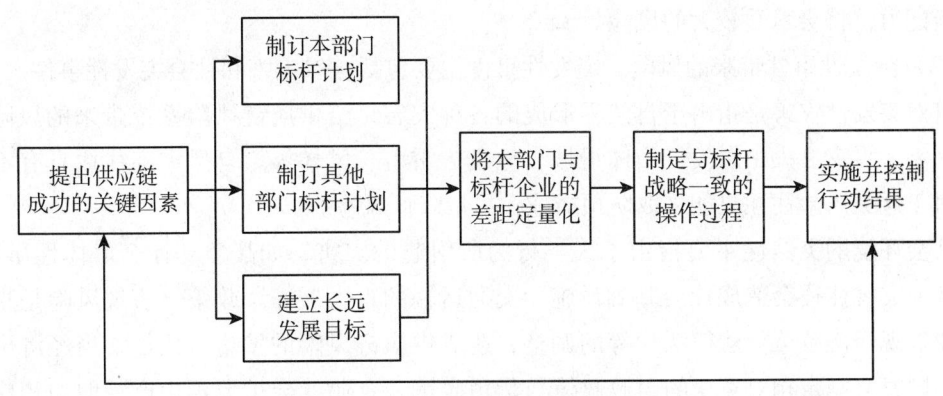

图5-3 标杆法实施过程示意

第二节　供应链风险控制

在企业的经营管理中充满了各种风险，如筹资风险、投资风险、市场风险、生产风险、产品研发风险等，关于企业经营风险的研究已成为学术界与企业界的关注点，但由于供应链管理发展起步较晚，专门针对供应链领域的风险管理研究尚不成熟。在实践中，由于供应链上某个企业风险导致整个供应链上企业损失的案例已经较为常见，如曾经震惊全国的"苏丹红事件"除了以苏丹红为食品添加剂的生产商造成了重大损失外，同在供应链上的原料供应商、产品分销商、零售商都遭受了重大损失。与企业其他风险相比，供应链管理风险不仅仅是由内部原因造成的，也会由供应链上的其他企业造成"多米诺骨牌效应"。

供应链风险管理是指运用风险管理办法和工具，采取有效地识别、评估、监控、防范、化解等风险管理措施，协调供应链上各成员，在平衡成本、效率等绩效基础上，力图降低供应链风险事件或不确定性发生的概率和不利影响，或在风险发生后最大限度地减少损失并尽快恢复到原状。

一、供应链风险的分类

有效的风险分类是企业进行供应链风险管理的前提条件，只有对风险进行了有效的分类，企业才能对风险进行有效的识别。供应链作为一个由多个组织共同构成的系统，应该将供应链风险划分为外部供应链风险、内部供应链风险和网络风险。

1. 外部供应链风险

（1）由市场带来的风险。市场风险是指由于产业变更、新技术的发展、客户需求的不确定性等因素所带来的供应链风险，尤其是人类在进入 21 世纪后，随着科学技术的发展，产品更新换代的速度不断加快，消费者个性化的需求也越来越强，若企业不能够提高产品的创新能力，将会承受较大的风险。

（2）突发性事件带来的风险。突发性事件主要包括自然灾害和社会突发性事件。

自然突发性灾害是指由于自然界形成的各种灾害，给供应链风险系统带来的风险，主要有水灾、雪灾、火山爆发、山体滑坡、地震、雷击、风暴等。自然灾害往往具有不可抗性，对于这类风险往往只能采取防预措施，尽量降低风险。

社会环境的突然性主要指由于人类行为所引起的灾害，如战争、社会群体性事件等。社会环境灾害往往会造成社会基础设施、交通运输的重大破坏。政策、法规风险是指国家对企业宏观经济政策、法律法规等的调整，造成供应链风险的发生。比如，当经济出现疲软时，国家会制定相对宽松的财政政策与货币政策，企业就会扩大再生产、增加相应的固定资产投资，刺激企业进行筹资活动，从而导致企业信贷风险的增加。

2. 内部供应链风险

(1) 策略风险。策略风险是在供应链的建立和合作中需要考虑的重大问题。如供应商选择策略（包括战略合作伙伴、重要合作伙伴关系、一般合作伙伴关系等）、采购策略（如采购方式的选择：招标管理、框架＋订单采购、定向采购等）、下游分销商的选择策略（包括产品定价、渠道选择、促销策略等）。

(2) 采购风险。采购活动在供应链管理活动中起着至关重要的作用，企业必须要以合适的成本、在合适的时间将产品或服务采购给需求部门，而采购的各个环节都包含着风险，比如，采购需求计划的审批若未结合企业库存和消费者需求就会造成库存风险，若采购效率过低不能按时将需求部门所需产品达到指定地点，就会造成停工待料的风险。

(3) 库存风险。库存风险包含有两个方面。一方面是库存积压风险。若企业库存过多而库存周转率过低，就会造成大量库存积压，不仅占用大量的库存资金，还会造成库存物资的过期、变更等，给企业造成重大损失。另一方面，若企业库存过少，容易造成需求物资短缺，尤其是面临多变的需求市场，若不能有效地满足消费者需求，会极大地影响客户忠诚度，造成企业市场占有率的下降。

(4) 财务风险。供应链合作企业在实现成本、库存等方面的信息共享后，会降低企业的议价能力，同时也会将风险分摊给供应链成员。例如，企业在推行供应商库存管理的过程中，生产企业要求供应商在制造基地附近建立相应的库存点并进行库存管理，这样就会增加供应商的管理成本，若制造商常给供应商带来库存风险和库存成本，则不利于供应链合作关系的长期发展。

(5) 制度风险。供应链管理包含错综复杂的运作流程，必须有一套完备的制度流程规范来对供应链管理活动进行约束，尤其是在招标的组织、招标的决策等环节，若缺乏明确的规定，则极易发生供应链风险。另外企业应加强供应链各环节流程之间的接口管理，这些流程包括需求流程管理、采购流程、生产计划流程、出入库流程、发运流程、供应商管理流程等。

3. 网络风险

(1) 组织与管理风险。由于各个伙伴有各自不同的企业文化和管理模式，因而在相互协作中可能会出现一些在管理和组织方面的冲突，这些冲突如果解决不好，有可能使得组织协调失衡，管理失控，最终导致供应链组织的失败。同时，供应链模式要求在快速多变的供应链环境下，供应链成员企业能根据需要灵活快速调整，如果供应链成员企业，特别是核心企业的组织结构，不能与整个供应链的要求相适应，也将会影响供应链组织的运作。

(2) 信用风险。供应链的成员，尤其是一般性供应商，往往具有较强的逐利性，供应链成员间主要是一种合同关系，若在供应商选择的过程中未能有效地识别供应商的资信水平，会导致供应链合作伙伴出现违约、弄虚作假、欺骗其他供应链成员或泄露合同机密等行为的发生，这些情况都将给供应链带来无法挽回的损失。

(3) 信息风险。当供应链上成员企业越来越多，网络结构会越来越复杂，会对供应链造成多重影响。

①信息传递的时效性和信息传递的准确性会受到较大的影响,用户的需求从下游企业不断地传递到上游企业的过程中,会造成各个环节需求信息的逐级放大,形成牛鞭效应,在牛鞭效应的影响下,上游企业为了满足下游企业的需求,总会持有比下游企业更多的库存,从而造成较大的库存风险。

②供应链信息接口风险。供应链成员企业要实现信息的有效传递和共享,就必须建立统一的信息技术平台或信息接口,但实际中不同的供应链成员之间所使用的硬件、软件工具、信息技术标准等都存在较大差异,信息共享性较差。另外,信息的传递过程中也会涉及数据的加密、解密、病毒防御等安全问题。

二、供应链风险的评估

风险评估的目的是对风险识别出来的风险重要性进行评定,风险的重要性一般可以从发生的可能性和影响程度两个方面进行评估,通过风险的评定实现对供应链风险的分类,为企业资源配置、实施差异化的风险管理奠定基础。供应链风险评估一般包含确定评估指标、确定评分标准、专家打分、对风险进行分析等步骤,如图5-4所示。

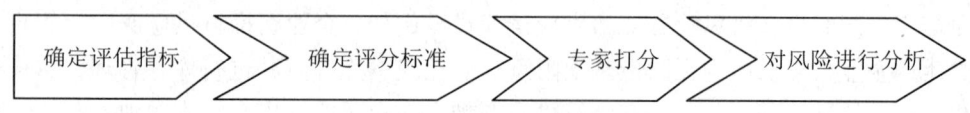

图5-4 风险评估步骤

1. 确定评估指标

在开展风险评估时,首先要分别确定评估其发生的可能性和影响程度的合适指标,能定量的情况下尽量选择定量指标。如对于资产安全风险,其发生的可能性指标可以用发生概率,影响程度指标可以用影响税前利润。不同的风险,衡量其发生的可能性和影响程度的指标可能不同。常见的评估指标如表5-2所示。

表5-2 风险评估指标

指标类型	风险的可能性	风险影响程度
定性指标	• 发生的难易程度	• 影响企业社会形象 • 影响人身安全 • 影响日常运营
定量指标	• 发生概率 • 发生频率 • 发生数量	• 影响收入 • 影响税前利润

2. 确定评分标准

为减少不同的评估人员由于主观因素造成的评估偏差,针对风险评估指标设定统一的评分标准,保障不同的评估人员得出的分数的可比性。

可以采用统一的 5 分制风险度量标准,即 0 分代表发生可能性或影响程度最低,5 分代表发生可能性或影响程度最高,在 0~5 分中的不同评分区间各个指标的标准可能不同。在正式进行风险评估前,风险评估人员应该就每个风险的可能性指标和影响程度指标确定其评分标准。其中可能性指标的评分标准可以参考表 5-3。

表 5-3　　　　　　　　　　　风险可能性评分标准

		评分	0~1.0	1.1~2.0	2.1~3.0	3.1~4.0	4.1~5.0
风险可能性		等级划分	极低	低	中等	高	极高
	定性	文字描述	一般情况下不发生	极少情况下发生	某些情况下发生	较多情况下发生	频繁发生
	定量	一定时期风险事件	<20%	20%~40%	40%~60%	60%~80%	>80%
		风险事件发生的概率	1次/2年	1次/1年	1次/半年	1次/3月	1次/1月
		风险事件的数量	≤1	2~5	6~9	10~14	≥15

影响程度指标的评分标准可以参考表 5-4。

表 5-4　　　　　　　　　　　风险影响程度评分标准

		评分	0~1	1~2	2~3	3~4	4~5
风险影响程度		风险影响程度描述	极低	低	中等	高	极高
	定性	对企业形象的影响	负面信息在企业内部流传,声誉影响小	负面信息在当地局部流传,声誉影响较小	负面信息在多省内流传,对企业声誉影响达到中等程度	负面信息在多个省流传,对企业声誉影响较大	负面信息在全国范围内流传,声誉影响恶劣
		安全方面的影响程度	短暂影响员工健康	严重影响一位员工的健康	严重影响多位员工的健康	导致一位员工死亡	导致多位员工死亡
		企业日常运营	不受影响	轻度影响	中度影响	严重影响	重大影响
	定量	对收入的影响(本单位)	<0.05%	0.05%~0.5%	0.5%~1%	1%~2%	>2%
		损失或费用占税前利润比(本单位)	<0.1%	0.1%~1%	1%~3%	3%~5%	>5%

3. 专家打分

制定供应链风险评分表,并向风险评估人员发送。评估人员可以是外部专家,也可以是一线的员工；只要对风险发生的原因、流程及影响有一定的认识和判断的人员，都可以作为专家。每位专家依据上述评分标准对每个风险的发生可能性和影响程度打分，然后把每个风险的所有专家打分进行算术平均，分别得到发生可能性总分和影响程度总分。专家打分，如表 5-5 所示。

表 5-5　　　　　　　　　　　　专家打分表

日期：							公司：						部门：
编号	风险名称	发生可能性						影响程度					
		专家1	专家2	专家3	专家4	……	平均	专家1	专家2	专家3	专家4	……	平均
1													
2													

4. 风险分析

将风险发生可能性和风险影响程度作为两个维度建立风险评估模型。与 5 分制评分标准相对应，供应链风险评估模型中的横轴、纵轴也分别按 1 分、2 分、3 分、4 分、5 分划分网格线，形成 5×5 的方块矩阵。从风险评估模型中可以清晰地识别出风险发生的可能性和影响程度大小，该模型将风险分为了 3 种类型，分别是：风险发生可能性和风险影响程度都较大的为关键风险；风险发生可能性与影响程度都一般的为一般风险；风险发生可能性和风险影响程度较小的为低风险。

根据专家打分的结果，将各项供应链风险列表名称与供应链评估模型各类风险相对应。尤其是针对关键风险，企业应予以重点关注，基于谨慎性原则，往往认为每个企业的关键风险应为 2～5 个，当专家打分评估出来的关键风险太少时，可以升级其他相对重要的风险进入关键风险；当关键风险之间的相关程度非常密切时，可以对关键风险进行合并管理。在对风险进行分级后，还应对关键风险进行针对性的深入分析，主要分析其发生的流程、环节、动因、影响、管理现状，提出针对性的解决措施，包括风险态度、策略和具体解决方案，对风险管理状态进行持续性的监控与改进（见表 5-6）。

表 5-6　　　　　　　　　　　　风险分析内容与方法

分析内容	分析方法	作　　用
动因分析	分析风险来源于哪个业务、物流、主要的负责人或责任部门、风险的动因或引发风险事件的关键因素等	使企业清晰完整地认识到这些风险为什么会产生，怎样产生；同时找到关键性驱动因素，对其进行重点管理，以持续提升风险管理水平
涉及流程	分析供应链风险产生于供应链运作中的哪个环节	便于将来将风险责任、职责落实到岗位及人员

续表

分析内容	分析方法	作　用
风险的影响	分析风险对于公司战略目标、绩效考核指标、部门或流程等的影响和影响线路	作为判断该风险重要程度的基础
风险管理现状	已经采取了哪些管理措施，效果如何	判断风险应对效果，是否需要制定新的应对措施
初步解决方案	往往融合在具体业务方案中，也可以专门制订，需要明确风险偏好、承受度、管理策略、时间、资源、措施和期望的效果等	监督风险管理实施过程的依据

三、供应链风险的防范

1. 根据企业风险偏好程度制定差异化的风险管理策略

针对企业所能够承受的风险程度不同，可以将企业风险偏好分为风险厌恶、风险中性和风险偏好三种类型。

（1）风险偏好企业。对于这种供应链企业来说，对风险的承受能力较高，尽管知道某项决策活动会带来较大的风险，但仍会选择执行。其行为特征是更偏向于通过承担高风险来获得高收益。

（2）风险厌恶企业。通常也被称作风险规避企业。这种企业通常更愿意选择更加保守的决策方案。风险厌恶意味着，失去一定量的收入所减少的效用比增加同样数量的额外收入所增加的效用要小，因而该企业更愿意对风险进行有效的规避。

（3）风险中性企业。这种企业是介于风险偏好和风险厌恶之间的，既不冒险也不保守。该类企业往往会选择承担适度的供应链风险。

企业的风险偏好与风险承受度一般与企业所处行业、企业规模、企业性质等密切相关。通常而言，传统的制造、服务行业都偏向风险厌恶型，风险承受度较低；而对于金融、风险投资及高科技企业，一般倾向于风险偏好型，风险承受度也大。此外，除了行业，在企业内部，不同的业务、流程、岗位也会有不同的风险偏好和承受度。

根据企业风险偏好程度制定差异化的风险管理策略，常用的风险管理策略包括风险规避、风险控制、风险转移、风险承担与风险利用。企业针对供应链运作过程中的具体风险点，选择合理的风险管理策略。

一般情况下，对供应链内部风险和供应链网络风险如策略风险、采购风险、库存风险、财务风险等风险，更多地采取积极应对的方式，如风险承担、风险转换、风险控制等管理策略；而对外部风险，如自然风险、法律法规风险、市场风险等应尽可能采用风险转移、风险回避策略。

2. 制定有针对性的风险管理措施

（1）突发性事件风险管理。尽管现代科学技术和管理技术越来越发达，但由于自然灾害和社会突发性造成的风险，企业仍然无法避免，只能尽可能降低该类风险的损失。供应链企业应建立应急管理机制。首先，应根据发生或可能发生的突发性事件事先组建风险应急小组，研究应对计划和方案，制定供应链风险应急预案；其次，要在风险事件出现后有较强的时间观念，做到迅速收集各种信息，确保在事件发生后第一时间开展应急救援工作，促使其尽快恢复；最后，要建立供应链成员间的协作机制，突发事件的发生不仅仅只涉及一个企业，更多情况下都存在大范围、多领域的交叉，供应链企业内部各部门及供应链成员间都应该建立起良好的沟通与协作意识，共同应对供应链风险。

（2）市场风险管理。加强市场信息的收集与分析，建立信息收集中心，开展对消费者的需求调查，及时掌握消费者需求的偏好和消费者个性化需求，为市场提供有针对性的产品，满足不同类型消费者需求，另外加强对竞争对手的动态跟踪和分析，尤其是在竞争性比较强的传统领域，只有提供比竞争对手更好的产品，才能有效提高市场占有率。

（3）政策法规风险管理。针对政策层面，应加强与信息机构和咨询机构合作，增强预见性；应加强与政府部门的沟通，增加社会和政府的支持和重视。充分利用对本企业发展有利的政策，预防和规避对本企业不利的政策。

针对强制性法规，企业应树立较强的法律意识，一切供应链活动都应以遵守法律为前提，持续加强对合法合规性认识的宣传贯彻和培训力度，使员工充分认识和理解合法合规性的重要性，强化员工知法、遵法、守法意识，降低法律风险。

3. 供应链内部风险管理

（1）供应链策略风险管理。通过制定年度采购策略，有效地应对策略风险。年度采购策略是指在企业每年年末时，结合企业业务发展需要和资源配置情况，针对采购需求、供应商管理、物流等制定相应的策略，明确采购策略的重点。

（2）加强年度采购需求分析，通过有效承接前后端部门的专业规划、预算计划，掌握业务发展方向和重点，汇集历史采购数据，将业务需要转换为可能的物资需求，明确重点物资，明确年度工作重点，尤其是预计采购金额大的物资、需求量爆发式增长物资、新业务所需但从未采购过的物资，并实现采购需求的预测，包括采购需求数量估计、质量与技术要求、历年的采购情况、需求的波动情况。

（3）开展供应市场分析，对需采购的物质展开供应市场分析，尤其是物资重要程度较高并且供应链风险较大的物资，通过供应市场分析，明确各类物资采购的风险程度，进行重点管理控制。供应市场分析应遵循"从大到小，从粗到精"的原则。分析内容如表5-7所示。

表5-7　　　　　　　　　　　　　供应市场分析维度

分析范围	分析因素
宏观分析	产业生命周期、产业政策与发展方向、人工成本变化趋势、可能引起原材料价格变化的因素
中观分析	行业产能与效率、行业增长状态、市场供应结构、供应商的数量与分布等
微观分析	供应商行业地位、质量体系与水平、具体产能、交货周期与准时率、服务水平、成本结构与价格水平、产品研发能力等
内部因素分析	产品成熟程度、标准化程度、采购数量、采购市场份额、采购的时间延续性

对供应市场分析后，应编制年度供应市场分析报告，年度供应市场分析报告得出的供应商情况、成本结构等结论作为供应商选择、采购价格确定的依据。对年度策略编制时未完成的分析，在具体工作中进一步开展分析。

①制定有效的采购策略。首先，应明确采购方式策略，区分采取公平招标、邀请招标、竞争性谈判及定向采购的物质种类；其次，应制定有效的物资采购周期，对间隔宜短和宜长的物资制定差异化的采购周期策略；最后，应依据成本构成分析，明确定价机制，应用性能分析，优化价格组成。

②供应商寻源策略。根据供应市场分析结果，针对与新产品供应商进行寻源合作意向接触；对存在更优质供应商的产品引入新供应商；对产能短期不足的产品扩大寻源范围；对产能过剩的物资应适度引入竞争性供应商，实施优胜劣汰；而对于供应风险较大的物资应与供应商建立稳定的合作伙伴关系。

③制定合理的物流策略。加强物流资源管理，根据库存需求预测与库存策略规划仓储资源，包括仓储层级与仓储面积；加强库存策略管理，明确年度需要开展供应商管理库存的产品；研究库存控制策略，减少物资库存。

（4）采购风险管理。采购是企业内部控制链的起点，加强采购管理对提高供应链的运作效率，降低供应链成本具有重要意义，同时采购作为连接生产和供应的纽带，一旦发生风险，则极易导致整个供应链风险向上下游的传递，因而必须加强采购风险管理。

首先，加强采购需求管理。通过建立需求与采购联合预测机制，提高需求预测准确性；建立需求计划与采购计划、库存计划、交付计划的衔接协同机制，避免过大库存风险和停工待料风险；规范采购需求的申请与决策机制，提高需求的准确性；加大对需求准确性和需求变更的考核机制。

其次，加强采购过程管理。包括以下四点：

①应加强采购组织规范性管理，对符合招标条件的必须采取招标，并严格按照招投标法在公开渠道进行采购信息的发布，并组织科学合理的评标委员会，招标前进行完整备案，在谈判或评标的过程中应保持开标、评标过程的公开、公平、公正性，并在中标后对采购结果进行备案。

②需加强对采购结果的决策,对采购最终的价格、采购的供应商,都应该制定严格的审批决策权限与决策流程。采用公开招标的,严格按照招标法,事前对方案进行决策,招标完成后,按评标委员会确定的中标结果进行采购。

③应加强合同环节的规范性管理。制定统一规范的合同模板,制定规范的合同拟订、审批和备案制度,保证合同签订、审批版本的一致性。

④应加强采购订单的管理。受传统采购观念的影响,很多企业采购部门认为采购仅仅负责采购商务的谈判活动,在签订采购合同结束后不再负责采购订单的管理,因而容易出现采购订单职责难以落实的现象。企业应明确采购活动与物流活动的分界点,建立订单跟踪机制,实施有效的到货管理。

(5) 库存风险管理。

①库存过大风险管理。首先应详细掌握企业各种库存的数量信息,避免后面的盲目采购带来的压力;其次,企业应对市场做出科学的判断,制定有针对性的解决措施。若市场状况无法好转,应该对现有的库存进行未来生产产品价值的预测,是迅速处理原料还是继续生产,是继续生产还是停产或减产,都必须权衡利弊迅速制订解决方案。

②缺货风险管理。一方面应制定好经济订货批量,尽可能降低采购费用,及时补货,避免缺货,推行供应商管理库存;另一方面应把握市场形势,做好市场预测,市场管理人员应具备敏锐的市场判断力,加大对市场的拓展。

③建立科学高效的库存日常管理制度,并随着企业的发展不断完善,一方面可以采用库存归口分级管理责任制,即制定指标部门应参照历史数据,结合本期实际情况,分解库存资金计划指标,由企业各有关职能部门进行管理;另一方面,制定科学的库存管理策略,实施定量订货与定期订货手段相结合的库存管理手段。

④加强库存信息管理。通过库存信息系统的建立,实现对库存物资的实物监控,建立补货预警自动提醒,同时实现对库存数量和物资库存状态的监控,另外需加强库存信息系统与采购信息系统、ER系统、财务系统等系统的接口,实现库存信息的共享,为供应链整体运营决策提供参考。

(6) 流程制度风险管理。通过科学的流程制度梳理方法,进行业务流程制度的优化,实现流程制度的完整性与科学性。所谓完整性是指供应链的业务流程制度应涵盖企业所涉及的一切供应链管理活动,实现供应链管理职责、业务活动与流程制度的全面对应。所谓科学性,是指企业的每一流程制度的负责人、执行的时间、业务活动的操作步骤等都安排得科学合理。常见的业务流程优化方法有PDCA循环法、ECRS(取消、合并、重排、优化)分析法等。

4. 供应链网络风险管理

(1) 组织与管理。由于供应链成员企业通常来自不同的国家、不同的区域,具有不同的企业性质,因而企业文化背景都存在较大的差异,对很多问题的观点差异很大,这些都会影响到供应链体系的组织与管理,为了克服这种差异,必须重构企业文化。一要加强供应链管理过程中的管理移植,将供应链内部或标杆企业的成功管理模式、管理思想与管理办法转移到供应链系统中,以达到类似的管理效果;二要建立虚拟企业,重构供应链文化,逐步实现供应链企业之间的文化大融合,相互吸收各自优秀的企业文化,形成虚拟的供应链系统文化,从而促进整个供应链企业的融合;三是提高合作伙伴的核心竞争力,核心竞争力的提高很大程度上取决于人才的竞争,供应链企业之间应通过不断地学习和交流提高供应链企业人员的管理水平以及专业化技能,从而提升各自的核心竞争力。

(2)有效地激励与监督机制。供应链的发展是一个互利共赢的合作性组织体系,供应链企业之间应该建立紧密的战略合作伙伴关系来保证供应链体系的稳定性。通过战略合作伙伴关系建立企业之间的利益联盟,从而实现企业之间的信任。建立有效激励机制的目的是防范"逆向选择"和道德风险现象的发生,通过该机制鼓励供应商提供优质的服务。由各个企业人员或者外部专家共同组成供应链风险监督和防范机构,通过建立该机构,对供应链合作企业的行为进行监督,从而实现防范风险的目的。

(3)加强企业之间的信息共享。供应链成员之间的信息共享对供应链的运作起着重要的作用,通过信息的高度共享,可以提高供应链企业间的协同性与合作效率,同时有利于及时识别上下游企业间的潜在风险,便于及时进行风险防范和风险控制。

第三节 供应链成本控制

一、供应链成本的构成

任何制造业都是根据客户或市场的需求,开发产品,购进原料,加工制造出产品,以商品的形式销售给顾客,并提供售后服务。物料从供方开始,沿着各个环节(原材料—在制品—半成品—成品—商品)向需方移动。每个环节都存在"需方"和"供方"的对应关系,形成一条首尾相连的长链,成为供应链。各种物料在供应链上移动,是一个不断增加其市场价值或附加值的增值过程。因此,供应链从另一个角度来看也就是一条价值链。在供应链上,除了物料的流动外,还有资金的流动和信息的流动。信息流和资金流在链中产生作用,也就相应会产生成本。在供应链中,各链节成员企业间的交易成本和各链节成员企业内部的作业成本的管理是供应链中成本管理的主要对象。其一,交易成本。交易成本包括所有与供应商和客户处理信息和通信的所有活动而发生的费用,旨在协调、控制和适应彼此的交易关系,因此,这些成本随着供应企业之间的相互作用共同受到影响。其二,作业成本。供应链作业成本主要是供应链成员中单个企业内部为完成一定的任务所发生的费用。供应链作业成本依据成本动因不仅可以对产品,也可以对供应商和客户进行分配。

二、交易成本的控制

(1)建立以电子计算机为中心的网络信息系统,解决供应链中企业间的信息交互问题。

在传统的手工信息处理的环境下，由于信息传递方面的困难，制造商不能及时了解供应商原材料的生产状况，因此一次只好采购较多的原材料，从而造成原材料库存量过多，引起储存成本的上升及影响企业的资金周转和资金使用效率，从而导致制造商成本的增加。而供应商由于信息渠道的不通畅，也不能即时了解客户（制造商）原材料的使用量情况，为了能足够地提供制造商的原材料使用量，供应商也只好多生产，由此也可能造成库存积压，影响资金周转。上述情况主要是由于双方信息交流不畅而导致的。为了解决供应链中信息交互问题，降低和控制交易成本，建立以电子计算机为中心的网络信息系统非常必要。供应链各成员企业间信息交互的重要性随着网络经济的到来日益凸现，由于供应链在物流、资金流过程中也伴随着信息流，供应链各成员企业之间便构筑了一张信息网，信息网帮助实现企业间信息交互和共享。如制造商利用 EDI 系统可以即时了解供应商的供应情况，供应商利用该系统也可以即时了解制造商物资耗用情况，便于其准时将物料送到制造商手中，这样既保证了制造商原材料的及时供应，也降低了制造商的原材料的存储费用，同时也减少了制造商的材料资金占用成本。又如制造商利用客户关系管理系统（CRM）可以对客户的详细资料进行深入分析，为其提供快速和周到的优质服务，不断加强与顾客的交流，了解顾客的需求以对产品服务进行改造和提高，提高客户的满意度，实现客户价值最大化。因此，信息不但在单个企业内部创造竞争优势，而且通过供应链提升整个系统的竞争优势。

（2）采用 ERP 系统可实现对供应链的有效管理，降低交易成本。目前，企业采用一种先进的管理系统——ERP 系统可实现对整个企业供应链的管理，它是以顾客驱动的、基于时间的、面向整个供应链管理的企业资源计划。它把经营过程中的有关各方如供应商、制造工厂、分销网络、客户等纳入一个紧密的供应链中，能够有效地安排企业的产供销活动，满足企业利用全社会一切市场资源快速高效地进行生产经营的需求，帮助企业进一步提高效率和在市场上获得竞争优势。它最大的功能在于，能够以最快的速度提供产品或劳务以满足顾客的需要，同时也加强了供应链中各成员企业之间的信息交互，缩短了响应时间，提高了效率，也降低了供应链中各成员企业之间的交易成本。

三、作业成本的控制

1. 目标成本的分解及供应链作业预算的形成

现代企业应树立为顾客创造价值的全新观念，在此观念下改变传统的以产品成本的大小来作为产品定价依据的模式，构建新的企业成本管理模式。各成员企业首先根据买方效应确定顾客愿意支付的价格，由价格减去预计的目标利润后推导出目标成本，进行目标成本管理。企业确定了目标总成本之后，应根据经济责任制的要求将成本控制的总指标层层分解至各项作业，形成各项作业成本预算，以此作为各项作业成本控制的目标。成本目标分解可根据作业管理的思想，将企业的各项生产经营活动根据成本动因的不同划分为各项不同的作业，将成本目标按成本动因分解至各项作业，以形成各项作业的成本预算。以供应链中制造商为例，具体的做法是：按资源动因将成本总额分解到各项作业，形成各项作业的成本预算；参照制造商编制作业预算的方法，供应链其他成员企业也可以编制自身的作业预算，而且供应链各成员企业之间的作业预算是相互依存的，从而形成整个供应链的作业预算体系。如销售商根据消费者的买方价值，确定其商品的售价，商品的售价减去其目标利润后，确定成本目标，将此成本目标按成本动因分解至商品采购、销售等作业，形成采购、销售等作业的成本预算指标。制造商根据销售商商品采购的成本控制指标，确定其产品的销售价格，采用上面提到的方法，将其成本目标分解至采购、生产等作业上，形成采购、生产等作业的成本预算。供应商根据制造商的采购成本控制指标，确定自身的原材料售价，根据原材料售价减去其自身的目标利润后，形成供应商成本控制的目标，采用与上述相同的分解方法，形成供应商各项作业的成本预算。因此，这种预算体系是由后向前拉动的一种环环相扣的整个供应链的成本预算体系。

2. 作业成本的控制方法

为了更好地达到供应链目标成本控制的要求，有效地控制成本，提高整个供应链的效率，供应链各成员企业及企业内部各个作业部门应对照自己的成本控制目标（即责任预算指标），采取切实可行的方法和措施，使成本控制在目标范围内。

具体的成本控制可以采取以下方法和措施：

一是消除不增值的作业。对企业生产经营活动中的各项作业进行分析，根据各项作业对顾客的贡献，将其分为增值作业和不增值的作业。由于不增值的作业耗费成本且其又对产品增值无益，应将其予以消除，这样可以节约成本。如一些企业从外部购入原材料，如果条件允许可直接由供应商将原材料运到企业生产场地，这样就可以减少原材料由供应商运到企业仓库以及再从仓库搬运到生产地点的这些不增值作业，缩短了运输距离，从而达到了降低成本的目的。

二是改善低效的增值作业以降低成本。在增值的作业中，有些是高效的作业，有些则是低效的作业。对于那些低效的增值性作业则应该进一步优化，提高这些作业的效率，进一步降低企业成本。企业可以采用作业分享的方法，利用规模经济增进作业的效率。例如，新产品在设计时如果考虑到充分利用其他产品已使用的零件，就可以免除新产品零件的设计作业，从而降低新产品的生产成本。

三是改变作业之间的联系以及通过作业再造降低成本。企业的生产经营活动可以分解为相互联系的各项作业，这些联系是一种作业与另一种作业之间的关系。改变作业之间的关系，可以改变效率和成本。

此外，还可以对各项作业进行全面、彻底地改造，通过这种对作业的再造，形成比原来更有效率的作业，从而从整体上降低企业的作业成本。如当企业某项作业和企业外部的相同作业相比不能拥有成本优势时，企业可以通过资源外包、战略联盟等形式，将其他企业的作业转移到企业内部，与企业内部作业进行整合，这样做有利于提高作业的效率，优选作业，淘汰成本高的作业，从而达到降低成本的目的。

本章小结

本章介绍了供应链绩效管理的有关内容。通过案例我们知道良好的供应链设计与控制对供应链绩效管理起着关键作用。第一节介绍了供应链绩效评价及供应链评价体系。供应链绩效评价是连接计划与实施结果的桥梁，供应链绩效评价是对供应链运行整个过程中各个环节的运行结果进行的全面评价与分析，因此，为了供应链绩效评价的全面性，我们有必要建立一套综合的供应链评价体系，而指标的建立与确定则是最基础的内容，因此我们介绍了在选取指标时应遵循的原则以及一些常用的评价指标，并且介绍了目前比较常用的两种供应链评价体系，即平衡计分法和标杆管理，在供应链绩效评价中的应用。第二节介绍了有关供应链风险控制的相关内容，风险控制的前提是要明确供应链风险的来源，并对这种风险做出准确的评估，在做出具体的风险评估后提供一些防范特定风险的具体管理措施，并使我们意识到供应链风险防范与控制是供应链管理的重要内容。第三节介绍了有关供应链成本控制的相关内容，主要介绍了供应链成本构成、交易成本控制和作业成本控制等内容，以使我们在成本方面能够对供应链进行更好的管理控制。

自我测试

一、简答题

1. 什么是供应链绩效评价？供应链绩效评价的特点有哪些？
2. 供应链绩效评价指标体系的建立过程是什么？
3. 供应链绩效评价的指标有哪些？
4. 供应链绩效评价的方法有哪几种？并做出简要概述。
5. 供应链风险的来源有哪些？供应链风险评估的步骤有哪几步？请做出简要分析。
6. 对供应链风险管理的措施进行简要叙述。
7. 供应链的成本主要包括哪些方面？
8. 如何降低供应链的交易成本？

二、案例分析

供应链风险管理案例——拯救 A 汽车公司

2018 年 5 月 2 日，A 汽车公司的一家关键零部件供应商 Meridian 在密歇根州的工厂发生火灾，直接导致 A 汽车公司三家工厂停产，其中影响最大的车型是 F-150 系列皮卡。

在美国，F-150 是 A 汽车公司旗下的最经典皮卡，是 F-Series 系列中销量最高的车型，并高居美国的十大畅销车榜首，连续多年获得美国最佳汽车称号，它的销量超过了其他任何一种大型卡车品牌。

在 2017 年，A 汽车公司 F-150 销售了近 90 万辆车，平均售价为 4.6 万美元，全年创造了 410 亿美元的销售额，占 A 汽车公司总销售额的 28%。这款车每天能够贡献超过 1 亿美元的销售额，也就是每一秒钟实现了 1300 美元的销售，折合人民币 8300 元。2018 年 1～4 月，F-150 销售额比去年同期增长了 4%，表现相当抢眼。F-150 系列是 A 汽车公司的爆款车型，承载着汽车公司太多的希望，是集团销售和利润最稳定的来源，是绝对不能停产的生命线。

面对这场突如其来的供应危机，A 汽车公司立即展开行动，力图恢复零部件供应。

在找遍了美国、加拿大、英国、德国和中国的各种资源以后，A 汽车公司和 Meridian 很快地找到了生产替代方案。

随着零部件的供应回到正轨，A 汽车公司宣布，F-150 的生产于 5 月 18 日和 21 日，分别在迪尔伯恩和堪萨斯城的工厂恢复，超级载重卡车的生产也在 21 日复工。在停产 10 天以后，A 汽车公司终于可以恢复 F-150 系列的生产，也为此次的断供事件画上一个句号。

对于 A 汽车公司这样的情况，把如此关键的零件供应仅仅放在一家供应商生产，而且需求量又是如此巨大，供应风险评估应该是在做战略采购的时候就要谨慎考虑的。

供应商工厂起火引起的停产，这本身是一个小概率事件，但是镁压铸的工艺又比较特殊，Meridian 是 A 汽车公司在美国的唯一供应商，换句话说这种特殊工艺零件对于 A 汽车公司的战略重要性很高，根据卡拉杰克供应矩阵，是否应该考虑开发培养备选的供应商？

在如此短的时间内，A 汽车公司能够采取最合适的方案，恢复供应链，这已经是一个巨大的成功。A 汽车公司能够快速地分解任务清单，用手术般精确的方式来执行物流操作，这充分体现出其供应链的敏捷性和强大的执行力。

在全球范围内，A 汽车公司能够迅速地调度各种供应商资源，包括替代工厂、运输资源，这说明其供应链管理团队成熟度很高。汽车行业的供应链有着极其成熟的体系，美国的汽车工业行动小组（Automotive Industry Action Group，AIAG）成立于 1982 年，是由美国三大汽车公司通用、福特和克莱斯勒共同创建，为全球汽车整车制造商和零部件供应商提供了一个平台，用以共同处理和解决影响全球汽车供应链的问题，目前已有超过 1000 多家的成员公司。AIAG 的通用标准和工具有助于提高其成员的质量管理和供应链管理水平。

A 汽车公司依靠其全球供应伙伴以及内部团队成功克服这次的挑战，这突显出供应商关系的重要性。供应商关系管理是采购与供应商品或服务的组织之间全面的管理，目标是使企业和供应商之间的流程更加合理有效。供应商的关系需要不断维护，为的就是防止一旦遭遇到"黑天鹅"，企业能够立即获得各种援助，渡过难关。从这次事件里可以看出 A 汽车公司在汽车行业里的关系网还是很给力的。

（资料来源：http://www.sohu.com/a/233350073_168370）

思考：

1. 引发 A 汽车公司停产的主要原因是什么？
2. 根据这个案例阐述一下我们应如何进行供应链风险控制。

第三篇

业务运作篇

第六章　供应链管理环境下的采购管理

[引例]　　　　　　**H 公司的采购管理战略**

作为网络管理倡导者、实践者和领先者的 H 公司为了建立国际竞争力，不惜高价从知名的跨国公司 IBM 请来顾问帮助建立起自己的采购系统，以求更好发展。

H 公司采购部建立了物料专家团（commodity expert groups，CEG），各 CEG 负责采购某一类或一族的物料满足业务部门、地区市场的需要。按物料族进行采购运作的目的是在全球范围内利用 H 公司的采购杠杆。每个 CEG 都是一个跨部门的团队，通过统一的物料族策略、集中控制的供应商管理和合同管理提高采购效率。CEG 和 H 公司的技术和认证中心，在 H 公司研发和供应商之间架起了沟通的桥梁，推动供应商早期参与 H 公司的产品设计。

H 公司的工程采购部（customer solution procurement，CSP）与 H 公司销售部一起积极地参与客户标书的制作。参与市场投标将使采购部了解到客户配套产品的需求，在订单履行过程的早期，充分了解 H 公司向客户做出的承诺，以确保解决方案满足客户需求并能够及时交付。

生产采购和行政采购负责日常采购运作以及与供应商和内部客户的沟通，及时处理采购请求和解决双方的问题，从而提高供应商的表现和内部客户满意度。同时，H 公司也关注于不断提高采购履行流程的自动化程度，让采购执行人员有更多的机会积极地参与物料族采购策略的制定。

H 公司致力于向所有潜在供应商提供合理、平等的机会，让大家都能够展示自己的能力。潜在供应商的垂询都将转给采购部门进行回复。如果 H 公司和供应商都有意开拓业务关系，H 公司采购部会要求潜在供应商完成调查问卷。在接到调查问卷并进行评估后，H 公司将知会供应商评估结果。如果 H 公司有兴趣和供应商进行合作，将启动后续的认证步骤。后续认证可能需要和供应商面谈，讨论供应商对调查问卷的回复。根据面谈的结果，决定是否需要现场考察。然后可能需要进行样品测试和小批量测试，确保供应商的产品满足规格要求，产能满足需求。认证的结果将知会供应商。在发生采购需求时，通过认证的供应商将作为候选供应商进入供应商选择流程。

（资料来源：http：//www.sohu.com/a/316243000_818836，资料有删改）

第一节 采购与采购管理

一、采购的概念

不同行业、不同企业由于其所处环境的不同,对采购有不同的理解,采取的运作方式也不尽相同。各学者的采购概念存在以下共性:

(1) 从企业外部获得物资。
(2) 通过有偿交换获得物资。
(3) 采购的物资用于满足企业的业务活动。

因此,本书认为采购是在市场经济条件下,商品流通过程中企业或个人为获得商品而对相应的渠道、价格、数量、质量、时间等进行选择并以交换、租赁等方式获得满足企业经营所需商品的过程。

二、采购管理的概念

由于各行业、各企业受外部环境的影响,对采购活动的管理不尽相同,对采购管理的概念尚无定论。一些学者认为采购管理是计划下达、采购单生成、采购单执行、到货接收、检验入库、采购发票的收集到采购结算的采购活动全过程。另一些学者认为采购管理是企业为了完成生产和销售计划,确保可靠质量的前提下,从适当的供应厂商,以适当的价格,适时购入必需数量的物品或服务的一切管理活动。

国内外学者目前对采购管理的定义体现的特点包括以下两方面:

(1) 采购管理是对采购活动从计划下达到结算的全过程管理。
(2) 采购管理涉及的部门不仅包括采购部门,还包括与采购活动相关的其他协调部门。

因此,本书综合管理学中对管理的定义认为,采购管理是指为保障企业的业务正常进行而对采购活动全过程进行的计划、组织、协调和控制。

三、采购与采购管理的作用

采购是人类经济活动的基本环节,无论生产领域还是流通领域,都离不开采购活动。生产领域没有了采购活动,生产企业会失去生产所必要的物资,生产过程就将停滞;流通领域失去了采购活动,就失去了能够获得商品交换的机会,流通业将停止。对采购过程有效的计划、组织、协调和控制是提高采购效率、降低采购成本、提高采购质量的必要管理过程。

采购管理是企业管理的重要组成部分,高效的采购管理能够为企业构筑效率"高地"、成本"洼地"奠定坚实的基础，使企业获得竞争优势，而低效率的采购管理直接影响企业的经营绩效，甚至直接导致企业在竞争过程中被淘汰。采购管理的具体作用可以归结为以下五点：

（1）保障生产过程。任何企业的生产过程都由供、产、销三个环节构成，缺少了采购供应环节，企业就会失去原材料、工辅料等生产必需物资的供应，生产就将停滞。高效的采购管理能够及时供应生产所需的各种物资，保障生产顺利进行。

（2）降低采购成本。据统计，在全球范围内，工业企业产品构成中，采购的原材料和零部件成本占总成本30%~90%不等，平均水平保持在60%左右；国内目前采购成本占总成本的70%左右（徐二明，2002）。显然对采购成本的管理是企业管理中的重要组成部分。采购管理中通过合理的采购计划、有效的采购组织、准确的市场信息预测、稳定的客户关系能够有效降低采购成本，提高采购效率。

（3）保障产品质量。采购活动中采购的原材料、工辅料等物资质量将会对产品质量产生直接影响。2008年震惊全国的"三鹿奶粉事件"就是采购原材料问题所造成的产品质量问题，三鹿集团也因此直接走向了破产。由此可见，采购物资的质量会对企业生产经营产生直接影响。

（4）加速资金周转。在企业经营过程中流动资金是企业的"血液"，没有充足的流动资金企业便难以正常经营。在企业经营过程中，原材料等物资占用了大量的企业流动资金。过度采购、重复采购、物资积压会造成企业"贫血"，直接威胁企业的经营活动。正确高效的采购管理能够在一定程度上减少企业的流动资金问题。

（5）提高资源利用率。在企业经营过程中，尤其是制造企业，节约和合理的利用物质资源，是开发利用物质资源的头等大事。例如，不同类型的煤炭在燃烧过程中产生的热能是不相同的，而生产过程中一般对煤炭产生的热能有一定要求，这就需要进行配煤（即将高热能煤炭与低热能煤炭按一定比例配比）作业。在采购管理过程中可以通过合理的管理和控制来避免资源的浪费。一般在采购管理中要注意：

①通过合理采购，防止优料劣用、长材短用。
②严格管控采购质量，防止以次充好等现象。
③与生产部门建立沟通机制，避免因采购物资问题而造成的资源浪费。
④对采购人员严格管控，避免可能产生的贪污腐败现象。

第二节 传统的采购模式与供应链下的采购模式

随着信息技术的不断发展，供应链理念深入企业经营的方方面面，新的采购模式逐渐兴起。每一种采购模式各有利弊，不能一概而论，且不同企业适合的采购模式也不尽相同。本书中对传统采购与供应链采购模式的分类依据是，该类采购模式是否有利于稳固供应链、强化双方合作关系。

一、传统采购模式

传统采购模式是一种议价采购模式,即采购者通过采购物资的品种、数量、质量等方面要求与一家或多家供应商进行谈判,最后采供双方达成一致,完成交易的采购模式。传统采购中采购人员一般更关心商品的质量、价格、交货期等因素,在市场上出现新的供应商时对双方的合作关系冲击较大,通常情况下传统采购双方合作关系持续时间较短,很多采购都只持续一次交易便告终结。

一般认为传统采购模式包括招标采购、询价采购、联合采购、分散采购等。

(一)招标采购

招标采购是指由采购方作为招标方,提出采购要求和条件,并邀请多家供应商进行投标,并按照规定的程序和标准一次性地从中择优选择交易对象,并与中标供应商签订协议的过程。招标采购分为竞争性招标采购和限制性招标采购。竞争性招标采购面向全社会,只要满足招标方提出的条件与要求即可参与投标活动。限制性招标采购是面向几个特定供应商进行的。招标采购要求全过程公开、透明,并择优选择中标供应商。招标采购流程如图6-1所示。

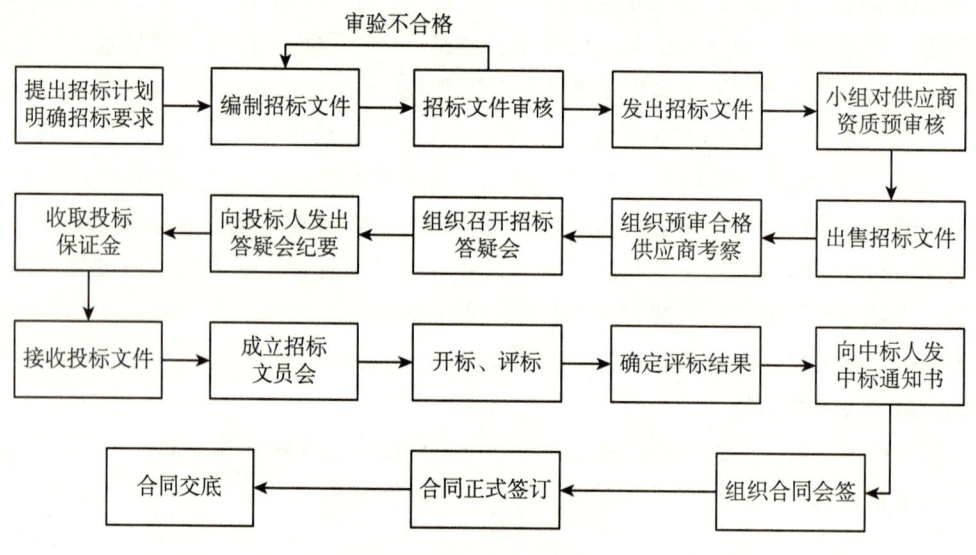

图6-1 招标采购基本流程

1. 招标采购注意事项

招标采购目前是采购活动过程中最常见的一种采购模式,其组织实施过程应严格按照《中华人民共和国招标投标法》进行,该法详细地规定了招标采购适用条件、招标、投标、评标、中标、投诉等方面。在进行采购招标过程中应注意:

(1)参与投标企业不少于三家,投标企业少于三家的应重新招标。

(2)评标组不少于五人(含五人且为单数),专家人数不少于总人数的2/3。

(3) 招标方在截止日期前同一时间接收投标人投标文件。

(4) 投标文件在公开唱标前必须密封，在公开唱标时会统一进行检查，投标书未密封合格的供应商不得参加评标过程。

(5) 在公开评标时，应具备完善的评标标准，保证评标过程公正客观。

(6) 在评标结束时会按次序产生三个中标人分别称为第一、第二、第三中标人，当第一中标人放弃签订合同，可由第二中标人补入，以此类推。

(7) 国有资金占控股或者主导地位的依法必须进行招标的项目，应当公开招标；由于技术复杂或采用公开招标方式的费用占项目合同金额比例过大的情况下可由相关部门做出认定后进行邀请招标。

2. 招标采购的优点

(1) 公平、公正、透明。招标采购中全程要求公开、透明，按照规定招标企业必须在投标截止日期前同一时间接收各供应商招标文件，且在开标过程中当众唱标，这就在很大程度上保证了招标采购的公平、公正。

(2) 拥有一套完整、规范的操作流程。我国相关法律法规对招标采购流程做了详细的规定，所有招标采购均需按照规定流程进行。

(3) 在一定程度上扩大供应商范围。公开招标中允许所有符合条件的供应商投标，这在一定程度上扩大了选择供应商的范围。

(4) 有效提高采购质量。在招标采购的评标阶段，招标组对每位供应商提供服务或货物的价格、质量、交货期等进行了综合评估，能够在一定程度上提高企业的采购质量。

3. 招标采购的不足之处

(1) 手续烦琐。招标采购具有法定程序，所有招标采购必须按照相关法律法规进行。

(2) 采购费用较大。每次招标过程均需经历招标书编制、组织供应商现场踏勘、公开评标等过程，这些过程都会产生一定的费用。

(3) 有可能出现串标等情况。虽然招标采购具有法定流程，但在实际操作中一些投标单位之间或投标单位与招标单位相互串通骗取中标，这对招标采购的质量产生了极大的负面影响。

（二）询价采购

询价采购是指由采购方对市场上该类产品供应商进行询价，并对几个供货商的报价进行比较以确保价格具有竞争性的一种采购方式。询价采购只考虑价格因素，采用"价低者得"的原则。询价采购是针对一些通用性高、价格变换小、市场货源充足的物资所采用的一种采购方式。询价采购中由询价方成立询价小组，询价小组负责选定被询价对象并组织进行评比。

1. 询价采购注意事项

(1) 询价对象不少于三家。

(2) 询价组专家人数不少于总人数的2/3。

(3) 询价对象选取应尽可能客观。

2. 询价采购的优点

询价采购也是企业采购活动的一种常用模式，目前，市场上的询价采购多集中于固定品牌的询价采购。一些知名度较高的品牌其产品质量、售后服务都具有一定保证，价格因素就成了采购方考虑的主要因素，询价采购的价值也就被体现了出来。询价采购的优点包括：

(1) 采购过程简单、采购费用低。询价采购相比招标采购其采购过程更为简单，有时只需要在询价小组决定询价对象后，通过电话等方式联系供应商即可决定最终供应商。在简化采购过程的同时产生的费用也大大降低。

(2) 采购速度快。询价采购可以依据企业需求快速组织，在招标采购中从标书发出到评标往往需要一个月左右，而询价采购往往只需要几天时间。

3. 询价采购的缺点

询价采购在简化采购流程的同时也为询价采购带来了很多负面影响。其缺点总结为以下几点：

(1) 询价信息获得难度较大，难以寻求到最佳供应商。采购人员在进行询价时一般只局限在少数几个供应商中，在实际操作中很多企业没有在政府指定媒体上公布询价讯息，这就造成了采购活动中排外现象较为严重。很多询价项目信息不公开，外地供应商很难获得相关的采购信息，而且当地的供应商也会遭遇"信息失灵"，不少大额采购项目采购信息处于"保密"状态，一些实力雄厚的供应商因无法获知相关信息而丢失获得业务的机会。

(2) 询价采购超范围使用。我国相关法律规定，询价采购只适用于通用、价格变化小、市场货源充足的采购项目，但并未规定具体适用于哪一类物资的采购。在询价采购的实际操作中，很多企业则是以采购项目的金额大小来决定是否采用询价方式。这就为许多代理机构躲避招标采购提供了便利，容易出现"暗箱操作"的现象。

(3) 仅考虑价格因素，忽视其他因素的考察。询价采购中以最低报价供应商为成交供应商，这是询价采购的基本原则。在该原则下采购方仅考虑价格因素，而不考虑质量等其他因素，这就造成了在询价采购中采用"价格战"一味压低价格而降低产品质量，忽视产品的售后服务。

(4) 询价对象选取主观性大。通常询价对象由采购方询价组确定，选取过程中主观因素作用较大，难以客观寻求最佳供应商。此外，相关法律规定符合资格条件的供应商不少于三家，但在实际操作过程中，采购单位不愿意邀请过多的供应商，只执行法律规定的"管下限"，甚至在一些询价采购中只有一家或两家供应商。

(5) 询价采购流程不规范。相关法律规定在询价采购中应制作询价通知书，但往往在实际操作中询价方并未制作该通知书，而采用电话通知方式。在询价结束后未当场公布询价结果，询价公正性受到质疑。

(6) 询价小组构成不符合规范。相关法律规定询价小组构成中专家人数不少于总人数2/3，但实际操作过程中往往询价小组的构成不符合相关规范，代理机构趁机进入，造成询价小组往往对某一供应商具有一定的倾向性。

（三）联合采购

联合采购是采购方委托专业采购服务机构进行的采购活动。在社会经济活动中，采购成本由固定成本和变动成本构成。当采购量较小时，采购的每一件物资的分摊固定成本较高，且小规模采购难以获得供应商价格折扣。中小企业及零散户往往采购量较小，难以形成规模效益，采购成本居高不下。联合采购正是在这样的背景下产生的，在联合采购中采购方委托专业采购服务机构进行采购活动，采购服务机构将一个地区的采购需求进行汇总，统一向供应商进行采购，以此获得供应商价格折扣，产生规模效应降低采购方的采购成本。专业化采购机构长期进行采购活动，拥有正规的采购机制、灵敏的市场信息，比中小企业拥有专业化程度更高的采购人员。联合采购在欧美国家已广泛使用，在国内使用率还相对较低，专业的外包服务商还不是很多。

1. 联合采购注意事项

（1）联合采购应在项目开始前进行。联合采购过程中采购外包服务商将需求量积攒到一定程度才进行一次性采购，其采购提前期较长，不适用于需求紧迫的物资采购。

（2）联合采购中采购方应寻求信誉度高、专业性高的采购外包服务商。在联合采购中采购方全权委托采购外包服务商负责采购活动，采购价格的高低、采购质量的好坏、采购提前期的长短都会对采购方的正常经营产生重大影响。

（3）联合采购中还应注意结算方式。目前，国内采用联合采购运作中一般存在两种结算方式。第一种是在采购外包服务商提出采购申请时支付一部分的货款，在采购完成后再支付余款。对于采购外包服务商来说就存在一个免费的资金使用期，这也是物流金融中的一种操作模式。第二种是由采购代理机构进行垫资，待收货时由采购方一次性支付，该结算方式下，采购代理机构资金压力相对较大，且面临较大风险。

（4）在联合采购中采购方要特别注意交货地点。实际运作中一部分联合采购供应商交货地点为联合采购服务商指定的仓库，另一部分则是由供应商直接交货到采购方的指定仓库。所以使用联合采购时要注意交货地点，避免因交货地点选取失误造成额外的物流费用。

2. 联合采购的优点

（1）获得规模效益和供应商价格折扣。供应商一般会设置一定的价格折扣，即采购量大时，能够获得更低的单价。当单个企业采购量较小时，其单位物资分摊的固定成本较大，无法获得规模效益也无法获得价格折扣。联合采购能够有效解决这一问题。

（2）获得专业采购服务。在中小企业采购中，往往采购人员业务能力较弱，联合采购中，采购外包服务商具有灵敏的市场信息、更专业的采购人员，这能够使采购方在付出较低成本的同时获得更专业的采购服务。

3. 联合采购的缺点

联合采购也存在固有的缺点：

（1）联合采购往往采购时间较长。联合采购中一般只有在采购外包服务商积攒到一定采购量时才统一向供应商提出采购申请，这就造成采购方采购周期较长，有的联合采购采购周期达半年之久。

（2）联合采购不适合于个性化较强的物资。联合采购一般适用于通用性较强的物资，个性化物资由于其采购量小不能达到降低采购成本的目的。

（四）分散采购

分散采购是相对于集中采购的一种采购模式，主要针对在企业集中采购名单以外的物资的采购。在企业采购活动中一般将大规模、高价值以及对企业正常经营活动影响重要的物资采取集中采购，而对于采购量小、低价值产品采用分散采购的策略。分散采购一般具有比较强的主观性，采购人员在相应的货物市场进行质量、价格等评比，进行讨价还价后即可成交。因此分散采购通常作为集中采购的一种补充形式出现且一般采购量、采购金额较小，所以分散采购没有一个统一的流程，也没有严格的采购标准。

1. 分散采购的优点

分散采购作为集中采购的一种补充形式，其优点主要是采购过程简单、运用灵活。分散采购中采购人员能够根据市场信息及时调整采购策略，从而获得更优质的产品或服务。

2. 分散采购的缺点

（1）只适用于采购金额较小、对产品影响度较低的物资采购。

（2）分散采购中采购人员个人权限较大。在分散采购中有时采购人员能够独立决定采购某供应商产品，这就有可能出现一些违规、违法现象。

（3）分散采购过程中缺少对供应商的管理。

（五）集中采购

集中采购是指在采购过程中将部分商品列入集中采购目录中去，并且由专门的采购单位负责采购。集中采购多用于带有政府性质的采购，例如我国的很多国有企业采购过程中实行集中采购制度。集中采购是相对于分散采购的一种采购制度。

1. 集中采购的特点

（1）集中采购通常由专门的采购单位负责，在采购活动完成后将采购所得物资分配给其他部门使用。

（2）集中采购可以在很大程度上降低因采购人员腐败问题造成的损失。

（3）集中采购目录通常由相关法律法规确定。通常集中采购目录也分为若干等级，不同等级目录中物资采购所需的审批手续不同。

2. 集中采购的优点

集中采购作为目前一种常用的采购方式，其优点主要体现在以下四个方面：

（1）有利于提高资源利用率。集中采购能够实现各部门间通用物资的相互调配，避免重复采购、过度采购等情况发生，从而提高资源利用效率。

（2）提高谈判中的议价能力，降低采购成本。在企业经营中，供应商往往比较看重采购量大的客户，集中采购能够整合各部门的需求，使整个企业成为供应商的大客户，有利于在谈判中获得更强的议价能力，从而降低采购成本。

（3）有利于获得优质产品及服务。采购方成为供应商大客户后，供应商会争取以更优质的产品与服务来稳定与大客户的合作关系。

（4）有利于各部门专注于自身核心业务发展。集中采购使各部门不必花费大量人力、物力用于采购活动，而可以更加专注于自身核心业务的发展。

3. 集中采购的缺点

（1）采购时效性差。集中采购中，采购过程需要进行层层审批，这在很大程度上降低了在集中采购的时效性。

（2）零星及紧急采购状况难以适应。集中采购由于其需求部门与执行采购部门的不统一，造成采购过程具有一定的延迟性，难以适应紧急采购。零星采购由于其采购量较小，采用集中采购模式所产生的固定成本较高，因此也不适用。

（3）非共同性物料集中采购无价格折扣。非通用物资的采购中，集中采购无法扩大一次的采购量，无法获得价格折扣。

（4）采购与使用单位分离，采购绩效较差。在集中采购中采购人员与物资使用人员处于不同的部门，双方信息传递误差、理解误差可能造成采购效率降低，甚至出现所采非所用的现象。

二、供应链下的采购模式

自20世纪90年代以来，随着经济全球化发展、信息技术的不断进步及世界经济整合过程的加快，越来越多的企业认识到发展自身的核心竞争力、外包以及提升创新和协调能力等的重要性，从而导致了供应链管理模式的诞生。在供应链管理模式诞生的同时，基于供应链背景的采购模式也随之产生。到目前为止，典型的供应链背景下采购模式共有3种：准时制（JIT）采购、供应商管理库存（VMI）采购以及全球采购。

（一）准时制采购

准时制采购又称JIT采购，它是一种典型的供应链背景下的采购模式。JIT生产是日本丰田汽车在20世纪60年代开发并实行的一种先进生产模式，70年代以后，这种生产模式为丰田渡过第一次能源危机做出突出贡献，自此引起了全世界对该生产模式的广泛关注，并逐渐在欧美的公司日资企业及日本本土企业中推行开来。

JIT生产在20世纪70年代末由日本引入我国。80年代初，中国企业管理协会开始推广先进的企业管理方式，JIT生产作为一种先进的生产管理方式，被很多国内的企业采用。近年来，随着我国企业对JIT生产有了更深入的理解，JIT生产在各个行业中被广泛使用，取得了显著的经济效益，促进了一大批制造业企业的发展。

JIT生产的一个核心就是即时采购，制造企业通过其在供应链上的主导地位将库存量转移到供应链上游或下游企业。这就要求上游企业按照生产节拍进行工位的物料配送，以及下游企业及时提取产品来维持自身的零库存。零库存并不是供应链上所有企业都达到零库存，往往只有供应链上的核心企业才能达到零库存。零库存或较低的库存量则是即时采购的主要目标。

JIT 采购中，生产部门提出生产计划；采购部门将生产计划中所需物料根据不同的供应商进行分类，并且分供应商下发不同的采购订单；供应商收到采购部门订单后迅速通知紧邻生产部门的仓库进行配送，通常配送为多批次、小批量配送；当紧邻生产部门仓库储量达到安全值时由供应商仓库向紧邻生产部门仓库进行补货，通常为大批量、少批次补货；财务部门结合生产部门的使用反馈及采购部门的结算信息为供应商进行结算。图 6 – 2 为 JIT 采购基本流程。

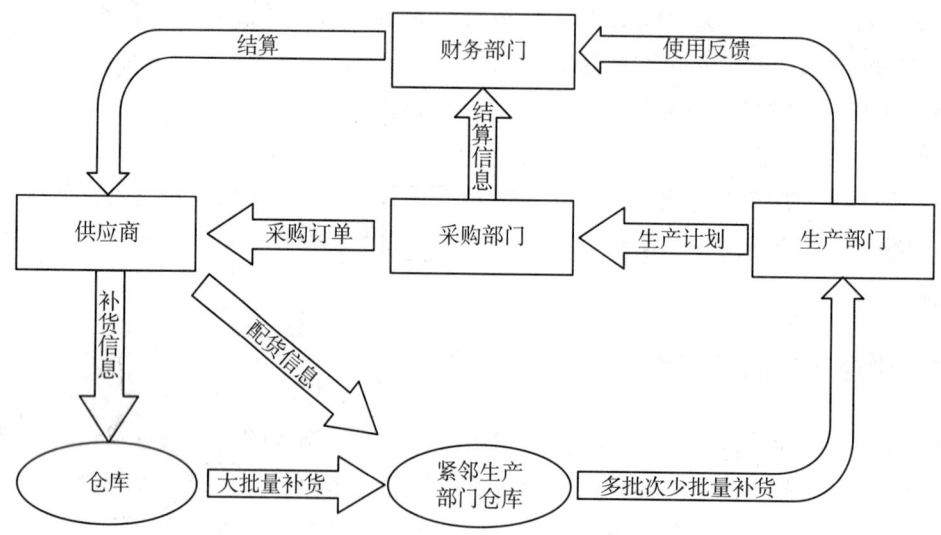

图 6 – 2 JIT 采购基本流程

1. 在 JIT 采购中应注意的问题

（1）生产部门编制的生产计划一般以日或周为单位，这就要求供应商准时补货以满足生产部门的生产需求。丰田汽车目前补货准时程度以分钟计算，补货过快造成生产线产生库存量，补货过慢导致生产线停滞，JIT 要求在合适的时间、合适的地点完成补货作业。

（2）采购部门依据生产部门提交的生产计划，分供应商编制采购订单，即对不同的供应商发出不同的采购订单，订单一般可以由电子数据交换（EDI）进行传输。生产部门在编制采购订单时应及时下发至供应商处，避免因信息延误带来补货延误最终造成生产停滞。

（3）供应商在接收到采购部门发出的采购订单后，按照订单要求通知紧邻生产部门的仓库进行配送，该配送过程往往具有多批次、小批量的特点。紧邻生产部门的仓库有时就位于生产部门内部，由供应商租用。在一些企业运营中采购部门与供应商进行生产计划信息共享，使供应商能够提前备货。在共享信息过程中应注意相关权限设定，避免重要信息泄露。

（4）当紧邻生产部门仓库储量降到一定水平，供应商将会对该仓库进行补货，补货过程一般具有大批量、少批次的特点。

(5) 在物资使用后财务部门根据生产部门使用反馈及采购部门的结算信息对供应商进行定期结算。在财务部门向供应商结算前资金仍可被生产企业使用,这对缓解生产企业的流动资金压力有一定帮助。与此同时,供应商往往承担一定的流动资金压力,在供应商与生产企业签订合同时结算周期往往是一项重点约定内容。

2. JIT 采购的优点

JIT 采购作为一种供应链环境下的新型采购模式,其也是优点与缺点并存的。其优点包括以下四个方面:

(1) 库存量低,降低库存持有成本。JIT 采购中采购方通过其在供应链的主导地位将原本应当自身持有的库存量转移到供应商处,从而维持了自身的低库存量,降低了自身的库存持有成本。

(2) 降低库存持有风险。JIT 采购中由于采购方不持有或少量持有库存量,大大降低了自身的库存持有风险。例如产品需求波动带来的库存风险、持有库存时的货物损坏风险等。

(3) 减少采购方流动资金占用。在 JIT 采购中采购方先进行货物的使用,再进行与供应商的货款结算,这在很大程度上减少了采购方的流动资金占用量。

(4) 可以促使企业柔性化生产。柔性化生产要求企业能够随时迅速调整生产计划,来适应市场需求的快速变化。这就需要采购活动能够很好地匹配生产计划的变更。JIT 采购能实现按需采购,把企业所需要的物资,在合适的时间将合适的数量送到需求处,从而降低库存持有量。从这个层面上讲,JIT 采购有利于企业实现柔性化生产。

3. JIT 采购的缺点

(1) 由于 JIT 采购中为产品返工预留的库存小或没有预留相应的库存量,因此一旦生产环节出错则弥补空间较小。

(2) 采购方对供应商的依赖性强。在 JIT 采购中往往同类产品只有一家供应商,一旦供应商出现问题则会对采购方所在企业产生较大影响,这是供应链中存在的一种风险传染现象。

(3) 加大了供应商责任。在 JIT 采购中,供应商为采购方承担了库存持有所带来的费用和风险,只有当供应商能力匹配这种需求时,这种合作才能够持续;当供应商业务水平下降,资金链断裂很有可能造成双方合作的破裂,甚至走向破产。

(二) 供应商管理库存采购

供应商管理库存采购也称 VMI 采购,其实质上是一种基于供应链的寄售模式。VMI 采购是实现生产企业低成本采购的较好选择,它很好地体现了供应链上各企业在共同利益目标下的一种创新采购模式。在 VMI 采购中,供应商将生产企业所需物资存放在生产企业的仓库中,并且由供应商管理库存量。当生产企业需要使用物资时,消费一件,付费一件;在消费该物资前,物资仍属于供应商所有。其具体作业流程如图 6-3 所示。

由图 6-3 可以看出,VMI 采购与 JIT 采购不同的是,VMI 采购是一种由供应商推动的采购模式,而 JIT 采购是由生产企业依据生产计划编制采购订单从而拉动供应商供应物资的采购模式。在 VMI 采购中需要供应商及时了解生产企业产品的市场需求量,为生产企业保

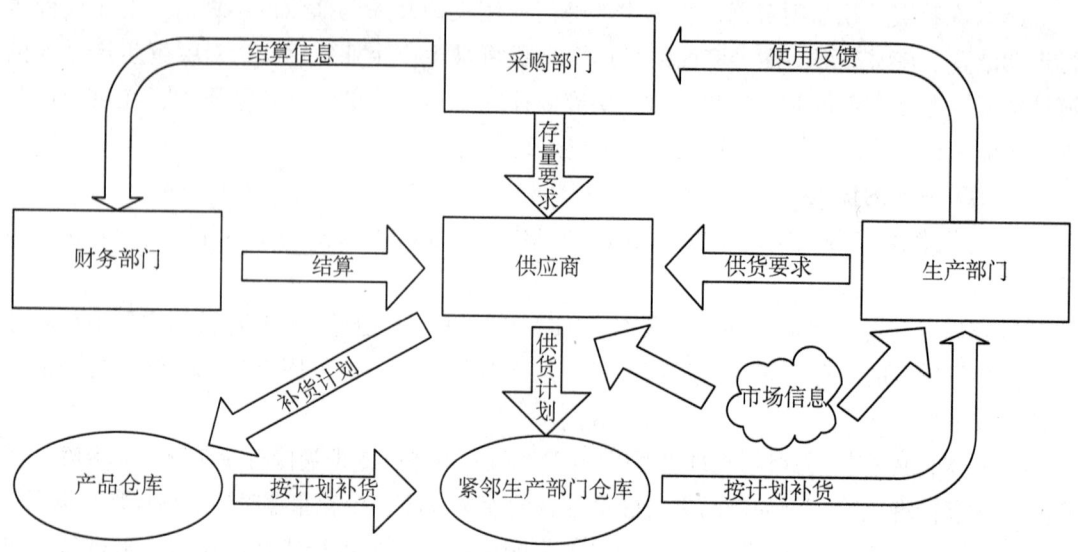

图 6-3 VMI 采购基本流程

持一个合理的库存持有量。对于生产企业，VMI 采购能够有效降低企业流动资金占用量。对于供应商，需要为生产企业持有一定量的库存量，在 VIM 采购中双方会约定供应商为生产企业持有库存量的上下限，通常持有量取决于对市场需求量的预测。

通常情况下，VMI 采购适用于需求量高且比较稳定的产品，因为在 VMI 采购中极大地简化了采购操作。当需求量高时 VMI 采购能够在很大程度上提高供应商的库存周转率。但当市场需求波动较大或需求量较低时，供应商为生产企业持有的库存数量应更加谨慎，过高会引起大量流动资金占用，过低则会影响生产企业的正常生产。例如，在 2000 年经济低迷时，半导体生产企业供应商就积压了大量库存，其中很大一部分就来自 VMI 采购的库存，最终导致许多供应商破产。

1. VMI 采购的优点

（1）增强了供应商对市场的预测，一定程度上抑制牛鞭效应。

（2）降低生产企业库存水平，减少流动资金占用。

（3）缩短订单响应时间，提高响应速度，增强供应链竞争能力。

（4）在 VMI 采购中将供应商与生产企业更加紧密的联合起来，促进供应商以主人翁的心态参与供应链的运行中，拉紧各方的利益纽带。

2. VMI 采购的缺点

（1）加大供应商风险。供应商将物资寄售在采购方处，自身承担了较大风险，其中包括：采购方企业产品市场需求波动、寄售过程中货物损坏等风险。当供应物资属于买方市场时，供应商为获得稳定客户愿意承担一定的风险与成本，最终的模式选择与利益出让程度是供需双方博弈结果。

（2）存在一定的道德风险。在 VMI 采购中供应商将物品寄售在采购方处，有可能存在供应商以次充好,而采购方在没有详细查看的情况下使用了该类物资,最终造成产品质量问题。而同样对于供应商来说,可能存在采购方将自身原因损坏的物资,以质量不合格的原因退回供应商处,造成供应商的损失。所以在双方合作中建立双方战略互信是十分必要的。

(三) 电子商务采购

电子商务采购是随着信息技术与电子商务的发展,产生的一种依靠电子商务而完成采购活动的新型采购模式。电子商务采购是一种适应经济发展的先进采购模式,具有公开、透明、快捷和低成本等特点。在电子商务采购中信息对双方较为平等,可以有效避免因买方信息闭塞造成的采购成本偏高。电子商务采购中供需双方依托电子商务平台完成广告宣传、商务洽谈、网上订购、在线交易、网上结算等过程。一些电子商务平台还配备了物流功能,能够将在电子商务平台上产生的交易直接通过第三方物流企业进行货物的配送。

电子商务平台依据其经营方式可分为自营电子商务平台和第三方电子商务平台。依据其业务对象可分为B2B(Business To Business)、B2C(Business To Customer)、C2C(Customer To Customer)以及O2O(Online To Offline)等模式。B2B模式是一种企业借助电子商务平台与企业间交易的模式,如阿里巴巴、环球资源、Directindustry等。B2C是指企业借助电子商务平台完成由企业对个人的电子商务模式,如天猫、京东等。C2C是指在电子商务平台上个人面向其他个人的一种电子商务模式,淘宝是典型的C2C平台。O2O是一种新型的电子商务模式,它是B2C的一种特殊形式,其主要特点是线上完成交易线下完成服务或取得商品的一种模式,团购网站是典型的O2O平台。

电子商务采购作为一种新兴的采购模式,还在不断的发展与完善。其优点包括以下几个方面:

(1) 扩大备选供应商范围。电子商务采购中采购方利用电子商务平台能够将备选供应商的范围扩大到世界范围内。

(2) 降低采购成本节约采购时间。电子商务采购中,供需双方可以减少会面次数,甚至不进行会面,这大大降低了采购成本、节约了采购时间。

(3) 信息对供需双方更加平等。采购方能够在电子商务平台了解更多的供应商产品质量、报价等信息,避免因供需双方信息不对称而产生价格欺诈的现象。

(4) 保障采购质量。大多数的电子商务平台都具有相应的质量保证措施,例如承诺几天内可无条件退款等。

电子商务采购中最大的风险来自安全问题与欺诈风险,这也是电子商务企业发展过程中必须解决的一个问题。其中安全问题包括:供需双方的信息、财产安全问题等。欺诈风险是一种道德缺失风险,目前电子商务平台的经营机制已经在一定程度上降低了这种风险。

(四) 全球采购

全球采购指利用全球的资源,在全世界范围内寻找最佳供应商的一种采购模式,它是供应链全球化发展的产物。全球采购在一定程度上是一种电子商务采购模式，其依托电子商务平台将其采购范围从一个地区、一个国家扩展到全世界范围内。21世纪以来，跨国公司降低采购成本成为经营过程中的首要任务，跨国公司积极寻找低成本国家供应商。中国成为全球采购中一大受益者。

在全球采购中跨国公司往往偏向于能源、资源以及低成本的产品，全球采购为低成本国家带来经济增长，就业机会增加的同时，也带来了一些负面影响。目前全世界公认的采购法则有四个：《联合国采购示范法》《WTO政府采购协议》《欧盟采购指令》《世界银行采购指南》。中国已经加入世界贸易组织，在全球贸易过程中必须遵守相关的法律法规。除此之外，在全球采购过程中也必须遵守相关国家的法律法规。

全球采购是跨国公司采购中一种主要的采购模式，其优点主要体现在降低采购成本、获得特色物资等。在全球采购中，采购方能够在全世界内寻找质量好、价格低的物资。往往低成本国家的劳动密集型产业商品供应价格低廉且质量有一定保证。全球采购中能够获得本国缺少的资源，例如石油的采购。其缺点主要体现在采购风险的增加。在全球采购中风险往往较大，例如物流过程中存在的风险、国家地缘政治风险等。

第三节 采购策略

采购策略是指为提高采购效率、降低采购成本而在采购活动中所采用方法的总称。

一、采购策略制定的意义

（1）降低采购成本。构建成本洼地是采购活动中一项重要目标，通过合适的供应商选择、正确采购模式选取、最优的订购批量可以有效降低采购成本。

（2）保障生产进行。采购活动是生产的必需环节，正确使用采购策略能够保障原材料、工辅料等物资及时供应，及时的物资供应是保障生产顺利进行的基础。

（3）降低库存持有成本。通过正确的采购策略运用，能够有效降低库存持有量，从而降低库存持有成本与库存持有风险。如JIT采购模式就是采购方降低库存持有量的典型模式。

（4）应对市场需求波动。供应链信息闭塞，市场需求的不确定性造成了供应链企业在经营过程中风险加大，通过正确的采购策略能够在保障生产的条件下应对可能存在的风险。

（5）保持供应链活性。现代企业竞争是供应链之间的竞争，只有在正确的时间、以适宜的成本满足顾客需求的供应链才能够获得竞争优势。正确采购策略的选取和应用能够在供应链内部形成竞争机制，使供应链总体利益最大化。

二、采购策略的内容

通常采购策略可分为采购模式选取策略、成本控制策略、质量控制策略、过程控制策略等,有效的采购策略制定与执行能够有效提高采购效率、降低采购成本、保障采购质量。

(一) 采购模式选取策略

1. 物资类型

不同的物资种类适用于不同的采购模式,如原材料采购与其他物资采购模式的选择具有明显差异。一般情况下不同的物资类型所适用的采购模式可如表6-1所示。

表6-1　　　　　　　　　　　不同类型物资适用采购模式

物资类型	适用采购模式	原因	举例
需求量大且稳定性强	JIT采购 VMI采购	供应量大且稳定,供应商愿承担更多义务以获取相关业务	原材料
需求量大且稳定性较弱	招标采购 集中采购 联合采购 询价采购	供应量大但需求不稳定,供应商一般更倾向于保持稳定的业务关系,但往往也对供应成本比较重视	工辅料
需求量小且稳定性强	分散采购 电子商务采购	供需双方更加重视成本、质量、交货期等因素,供应商不可替代性较弱	办公用品
需求量小且稳定性较弱	分散采购 电子商务采购	供需双方往往倾向于一次性合作或短期合作	劳保用品

2. 企业实力

不同类型的企业由于其企业实力具有较大差距对供应商或客户所采取的策略也不相同。一般而言,采购方实力越强则越容易适用供应商责任更大的采购模式,如JIT采购、VMI采购等。当供应商实力较强而采购方企业实力较弱时一般更多采用询价采购、联合采购等模式。

3. 外部环境

外部环境指供应链整体外部环境,通常外部竞争越激烈则采购模式中越容易适用双方紧密合作的模式,如JIT采购、VMI采购。采用这种采购模式能够提升整个供应链的竞争能力,在竞争中取得优势。

4. 内部环境

内部环境通常指企业内部的规章制度等,如招标采购与询价采购有明确的适用范围,采购活动必须遵守相应的规章制度。

(二) 采购成本控制策略

1. 采用正确采购模式

采用合适的采购模式能够有效降低采购成本,如JIT采购能够通过降低库存持有量而降低采购总成本。采购方在进行采购模式的选择时采购成本是一项重要的考虑因素。

2. 提升采购活动谈判技巧

供需双方在合作中经过相应的谈判签订商业合同来约定双方的权利和义务。正确谈判技巧的使用能够使供应商出让更多利益，以一个较低的价格获得相应的产品和服务。

3. 与供应商保持良好合作关系

在采购活动中供需双方保持良好合作关系对降低采购成本是十分必要的。供应商在进行客户关系管理过程中更倾向于向能够保持合作关系的客户出让更多利益，同时与供应商保持良好的合作关系也能够保证获得更加完善到位的售后服务。

（三）采购质量控制策略

1. 制订联合质量计划

现代采购中往往采购的不仅仅是商品本身，其商品背后的服务能力与水平也是重要的考虑因素。制订联合质量计划是获得这种延伸性服务的重要方法，联合质量计划一般包括技术、经济、管理这三方面的内容。

2. 派遣人员进驻供应商

供需双方合作关系稳定时，采购方派遣人员进驻供应商企业对保障采购质量具有一定效果。派遣人员能够从供应商产品生产到销售实现全方位监控，从而保障采购产品的质量。

3. 监督与检查

采购方在双方合作过程中对供应商实行监督与检查是保障采购商品质量的一个重要手段。采购方通过检查结果对供应商进行评级，滚动式淘汰供应商，这样可以使供应商更加重视质量问题，从而提高采购商品质量。

4. 帮助供应商改善质量管理

改善供应商质量管理制度、完善质量管理体系能够在很大程度上提高采购质量。

（四）采购风险控制策略

采购风险与采购成本间存在一定程度的互斥性，投入较高采购成本往往可以降低采购风险，投入较低则会一定程度上导致采购风险的上升，寻求采购成本与采购风险间的平衡点是采购决策中的重要内容。

1. 完善企业内部风险控制

完善企业内部风险控制能够有效避免因采购流程不合理、采购人员素质较差、业务能力较弱等原因造成的风险。比如，制定标准化采购流程、制定严格审批程序等。

2. 建立供应商资格审查机制

在采购活动中进行供应商资质严格审查机制，如 ISO 质量认证等。此外，在合作过程中采购方应持续对供应商相应资质能力进行考核，及时淘汰不合格供应商。这对提高整个供应链抗风险能力具有重要意义。

3. 建立供应商信誉等级评定机制

信誉指供应商遵守相关法律法规、履行承诺的水平和能力。目前，世界主要国家基本都建立了供应商信誉等级评定机制。商业信誉往往能够激励供应商履行服务承诺，降低采购方采购风险。

4. 对供应商的业务能力进行考查

供应链中存在风险传染机制，即供应商存在的风险会通过供应链传导至下游企业。对供应商的业务能力考查能够提升整个供应链风险预防能力。

5. 尽量避免单一供应商

采用单一供应商虽然有利于降低采购成本但会增加采购风险，当供应商出现产品质量、供应问题时，采购方难以及时寻求到替代供应商而造成整个供应链瘫痪。采用多供应商能够提升风险应对能力。

第四节　供应商管理

从企业经营角度出发供应商管理可以理解为，对供应商进行鉴别、选取、使用、监督、考核、决策等活动的管理。

一、供应商管理的目的与意义

传统的观念中，供应商与采购方利益是相互冲突与矛盾的，供应商希望从采购方多获利一点，而采购方则希望通过最少的成本获得最大的商品与服务。双方为此产生许多矛盾。供应商有时甚至在货物上做文章，以次充好、缺斤少两、降低质量标准等，而采购方防范这些问题也付出了很大的代价。在现代管理理念中，供应商与采购方都属于同一供应链条，双方是相互依存、协同发展的，只有双方为供应链整体利益共同努力才能在供应链竞争的环境中占得先机。在双方合作过程中采购方一般对供应商进行相应的管理、协调，其作用体现在以下几个方面：

1. 构建效率"高地"、成本"洼地"

通过高效的供应商管理，能够使采购稳定上游供应链，使得供需双方以相同的利益目标进行合作。往往供应商在客户关系管理中倾向于与大客户处理好关系，通常会给大客户一定的价格折扣和更加完善的售后服务。采购方可以在很大程度上提升采购效率，降低采购成本。

2. 强化供应链竞争能力

随着供应链理念不断深入企业经营与发展的各个方面，传统的单枪匹马的竞争模式已经不再适用。现代企业竞争是一种供应链之间的竞争，只有供应链上各企业协同运作，才能以最高的效率响应客户需求，获得竞争优势。供应商管理是强化供应链上各企业关系的重要措施，通过有效的供应商关系管理可以稳定上游供应链，提高上游供应链运作效率，从而提升整个供应链运作效率，强化供应链竞争能力。

3. 降低供应链风险

有效的供应商管理能够在供需双方间建立一种战略互信，拉紧双方的利益纽带，这可以有效降低由上游供应链的供应问题引起的供应链风险。

二、供应商的类型与管理的要求

根据供需双方合作时间的长短、合作的紧密程度可以将供应商分为一次性合作供应商、短期合作供应商、长期战略合作供应商。针对不同类型的供应商，设置不同点内容能够有效提高采购活动效率。

1. 一次性合作供应商

企业采购活动中，许多采购是一次性的或在短期内不会再进行采购的，针对这些商品供应商应从价格、质量、交货时间、售后服务等维度进行考量。采购活动中采购方在保证质量、服务的条件下，尽可能地压低供应价格以获取最大收益。同时对该类型供应商供应的货物实行严格检查制度，以保证最终产品质量。

2. 短期合作供应商

短期合作供应商一般合作时间在 1 年以上，采购方应对短期合作供应商进行重点考察，一般从产品质量、服务质量、供应商能力这几个方面进行考察。对于短期合作供应商，应根据企业实际需要及考核结果决定将其发展成为长期供应商或将其淘汰。

3. 长期合作供应商

长期合作供应商一般合作时间在 3 年以上，供需双方在 3 年的合作过程中相互磨合，相互了解，彼此已经产生了信任。此时，供需双方应尽可能从长期合作发展为战略合作，达到供应链利益共享、风险共担，从而增强整个供应链的竞争能力，稳固产品市场地位。

三、供应商管理措施

（一）供应商的选取

不同环境、不同类型的企业对供应商的要求是不同的。

1. 选取一次性合作供应商的考虑

（1）质量：能否满足生产需求。

（2）价格：等于或低于市场平均价格。

（3）交货时间：供应商能否按照规定时间准时供应。

（4）服务：达到采购方对服务的预期。

（5）信誉：达到承诺的质量与服务。

2. 选取短期合作供应商的考虑

（1）供应商企业在以往合作中的考核结果。

（2）供应商企业实力。
（3）供应商的供应业务水平。

3. 选取长期合作商的考虑

对长期合作供应商的选取，更多考虑其对供应链风险的处理能力、对市场变化的应变能力等方面。具体包括：

（1）供应商对于市场需求变化应对能力。
（2）供应商对于未来合作的预期。
（3）供应商的服务扩展及技术创新能力。

（二）供需双方的关系发展

供需双方在合作过程中其合作关系的密切程度会不断发生变化，部分供应商由于质量过关、价格合理、服务到位，会逐渐从短期合作发展为长期合作，再发展为战略合作伙伴，但是一部分供应商可能由于价格原因、质量原因、风险原因逐渐被其他供应商所取代。其变化趋势如图6-4所示。

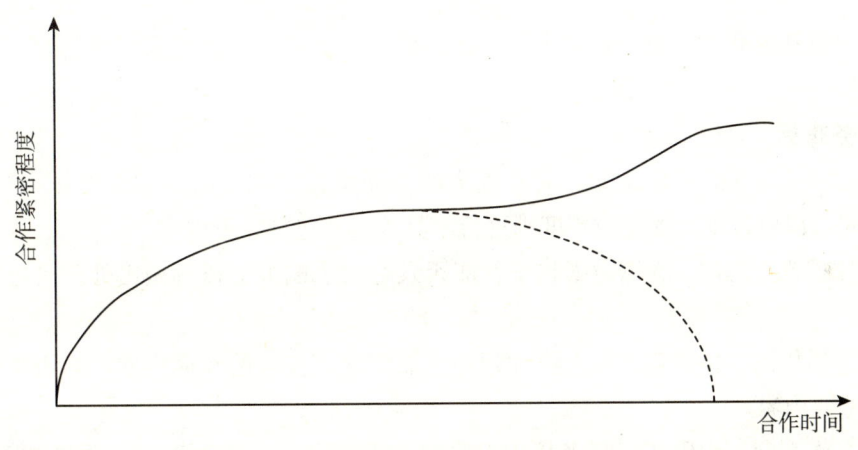

图6-4 供需双方合作关系变化趋势

如图6-4所示，在经历一段时间的合作后，一部分供应商由于良好的业务表现发展成为合作关系更密切的供应商，而另一部分供应商则逐步被其他供应商取代，最终双方结束合作。一般情况下，决定供应商能够长期合作的因素取决于质量、价格、售后服务、风险应对、合作意愿、开发能力、生产柔性、技术革新等。

（三）供应商考核指标体系

供应商考核指标体系一般包括四个方面的内容：

1. 质量指标

$$来料批次合格率 = \frac{来料合格批次}{来料总批次} \times 100\%$$

$$批次缺陷率 = \frac{抽检缺陷总数}{抽样总数} \times 100\%$$

$$批次报废率 = \frac{报废总数}{来料总数} \times 100\%$$

2. 供应指标

$$批次供应准时率 = \frac{准时批次}{总批次} \times 100\%$$

供应时间是自订单下达到实际交货所经历的时间。

3. 经济指标

经济指标是定性与定量相结合的指标，定量指标可以计算出实际效益的具体数量，而定性指标则是对供应商的指标的主观判断。主体指标包括以下内容。

（1）价格水平。供应商提供货物及服务的价格和市场价格的比较。

（2）报价行为。主要包括供应商报价及时性、报价客观程度、付款要求等。

（3）降低成本意愿及行动。主要是供应商对合作意愿的评估，以及供应商出让价格折扣的水平。

（4）付款接收程度。供应商对采购方提出的付款条件、付款要求以及付款方法的接收能力。

4. 服务指标

服务指标是典型的定性指标，对其优劣的判断是以采购方的满意程度作为判断标准。其考核时间可以以月度、季度或年度来进行。具体考核包括以下内容：

（1）处理投诉态度。在服务考核中，能否及时对采购方的投诉做出处理是考核的重要方面。

（2）沟通机制。供需双方在合作过程中，需要建立完善的沟通机制，能否执行沟通机制是考核重要内容。

（3）合作态度。在服务指标考核中，采购方需考察供应商是否对合作抱有积极态度，这是将短期供应商发展为长期供应商的必要条件。

（4）售后服务。售后服务是采购商的重要考核方面，也是保障生产正常进行的重要因素。

（5）参与开发能力。将短期供应商发展为长期供应商时，参与开发能力是重要考察方面，只有供应商具有一定开发能力才能有效应对市场需求的波动，保持供应链活力。

本章小结

本章首先明确在供应链环境下现代企业管理中，采购管理是构建效率"高地"、成本"洼地"的重要内容，并提出，采购管理是指为保障企业的业务正常进行而对采购活动进行的计划、组织、协调和控制。只有正确使用采购模式、采购策略才能够使企业在供应链竞争的条件下获得竞争优势。

此外，本章着重讨论了传统采购模式及供应链环境下的新型采购模式的运作方式、运作要点以及每种采购模式的优缺点。传统采购模式或供应链背景下新型采购模式均有自身存在的必要性，企业经营过程中往往多种采购模式并存，相互补充、相互协调。基于每种采购模式的分析，依据不同的环境、不同企业实力、不同物资种类给出了相应的适宜模式。最后给出了在供应链环境下采购活动中涉及质量控制、成本管理、风险控制以及供应商管理等相应策略。

自我测试

一、简答题

1. 采购及采购管理的含义是什么？
2. 采购管理的作用是什么？
3. 简述招标采购的流程。
4. JIT采购的优缺点是什么？
5. 简述采购策略制定的意义。
6. 供应商管理中对供应商考核指标一般有哪些？

二、案例分析

YDGS的采购物流流程优化

YDGS每年度需采购约200亿元实物支撑集团的网络建设及市场营销工作，其中实物运营中90%的比例以网络建设为主，涉及21个分公司数千个建设项目，实物申领近千万条，物资领用需求具有广泛的分散性。面对每年投资项目数量大、金额高的现状，公司一直以来投资计划性项目的管理非常严格，同时各分公司管理标准又不一致，导致多年来物资采购在集中化、标准化方面存在不足。

为解决集团供应管理集中性和分公司实物需求分散性现状，YDGS借助物流信息化系统，建设了一套完整的标准化通用产品物资采购全链条信息化管理的业务系统，建设步骤如下：

第一，建设集团标准化通用产品库产品目录。根据集团公司提供的通用物资目录及相关框架协议，利用公司与厂家签订供货VMI协议，制定及更新标准化通用物资的产品目录，并通过LIS系统的标准化通用产品库系统进行信息管理与维护，供所有实物需求人进行规范申领，同时引导分公司在工程设计阶段采用集团统一标准化通用产品库目录中的物资。

第二，建立集团标准化通用产品物资申领统一机制。标准化通用产品库统一的物资申领机制主要包含"采购需求计划申报"和"物资实际申领"两大主要业务流程：各单位每月向集团采购物流中心填报1次下个月度的标准化物资使用计划需求，集团汇总并审核集团次月使用物资计划需求后创建采购订单，并通知相关部门开展实物备货工作。每个单位在上个月填报的计划需求基础之上，根据本月施工计划，可向集团采购物流中心申领两次（上半月、下半月）既定标准化通用产品物资。为满足公司对不同资金采购实物风险管控业务要求，标准化通用物资申领流程区分投资和成本两种资金属性进行。

第三，集团配额集中系统管理。为确保标准化通用产品物资的顺畅供应，提升公司与供应商约谈供货能力，集团将对纳入标准化通用产品库的物资配额进行集中管理，配额将不配发至分公司。分公司在申领标准化通用产品物资时，仅申报物资种类、型号及数据等关键信息，集团负责具体产品订单的执行与监控。

第四，集团集中柔性订单管理。柔性订单主要指集团将分散的订单集中为统一大订单，从不同的供应商进行配额调控，具有支撑分公司紧急特殊领用需求服务作用，同时仍具备对社会供应紧缺的战略性物资进行调控申领需求等功能。集团汇总标准化通用产品需求计划后，根据产品配额计划开展供应商产品配额的具体分配工作，并统一在SCM系统和MIS执行采购柔性订单流程，并将相关SCM订单号、MIS订单、合同管理系统框架协议子合同号信息反馈至LIS系统，实现LIS、MIS、SCM及合同管理系统4个系统的供应信息互通。

第五，集团集中配送信息化管理。在集团完成集中采购订单执行工作后，由采购物流中心将采购标准化物资的MIS清单接收入集团的库存，启动集团对需求单位的集中配送工作。

第六，集中高效结算管理系统模式。为保证甲乙双方的合法权益，优化双方结算模式，YDGS新制定了标准化通用产品库业务两种新型结算模式，交由相关供应商自愿选取。例如，为供应商先行缴纳质量保证金或保函，根据物流实际到货情况、实行单批采购单全额结算，货物质量保证期结束后，公司将退还供应商货物质量保证金。

第七，建立订单与配送作业监控机制与物资银行信用体系，保障流程有效实施。

（资料来源：http://www.chinawuliu.com.cn/xsyj/201906/24/341535.shtml，有删改）

思考：

1. YDGS采购优化前面临的主要问题有哪些？
2. YDGS是如何解决集团供应管理集中性和分公司实物需求分散性的矛盾的？

第七章　供应链管理环境下的生产管理

[引例]　　　　H 公司互联工厂的数字化实现

在数字化转型浪潮中，制造业无疑是其中感受最深的行业之一。智能制造、工业互联网等概念，都是依托企业的数字化变革而实现。在这场大潮中，H 公司始终站在行业最前端，通过建立一套完整的智能制造体系，应对行业发展的颠覆式变革挑战。

对于制造业来说，数字化变革带来的最大变化是业务模式的转变，而对于 H 公司来说，这种变化是通过搭建智能制造体系来实现的。H 公司在智能制造上的核心思想就是"互联工厂"——与传统的订单生产模式不同，H 公司希望通过与用户共同建立一个基于网络的生产模式，让完全不懂技术的用户和苦恼于不了解需求的设计师、供应商，在 H 公司提供的共享设计平台上互动协作，实现真正的客户个性化订单生产。

JZ 空调工厂就是 H 公司在此模式之下建设的互联工厂，JZ 空调工厂产品的颜色、外观、性能、结构等全部由用户决定。借助互联网技术，用户可以与工厂生产线直接对话，个性化需求可以在第一时间反馈到生产线，整个流程包括需求、交互、设计、预售、制造、配送、服务等，循环迭代升级，实现从线上用户定制方案，到线下柔性化生产的全定制过程。例如，用户下单后，订单送达互联工厂，互联工厂随即开始定制所需模块，通过模块化的拼装，可以实现用户对不同功能的选择，并且最大限度缩短产品制造所耗时间，在整个制造过程，用户可以通过各种终端设备获取订单进程，了解定制产品在生产线上的进度和位置。

这种以用户需求为中心的业务模式是工业制造水平发展到一定高度之后的必然结果。当产能足够时，企业通过业务模式的数字化变革，提高用户体验，可以在竞争中博取更多用户的青睐。

（资料来源：http://www.dostor.com/p/55715.html，有删改）

第一节　供应链管理环境下生产管理概述

一、概念与特点

(一) 供应链管理环境下生产管理的概念

供应链管理环境下的生产管理主要是针对供应链中的生产商进行的。在供应链中从事生产活动的生产商通过采购、生产、配送等环节，将原材料加工为消费品或工业产品，在这个过程中得到了价值增值。生产商通过为下游厂商或客户提供产品或服务来创造价值，获得利润。而零售商通过向生产商购买产品并出售给消费者，获得相应利润。供应链的所有企业包括原材料供应商、生产商、销售商，任何一个环节出现差错将导致整个供应链效率的降低甚至瘫痪。因此要实现供应链的有效运作，就需要供应链上下游的各个环节密切配合。

供应链环境下的生产管理是指生产商对供应链中的其他合作伙伴进行组织生产和协调的各项活动，以解决供应链环境下的生产计划与控制的问题。

(二) 供应链管理环境下生产管理的特点

1. 决策信息多元化

生产计划的制订离不开对基础数据的收集。传统的生产计划的决策信息主要来自两方面：一是需求信息；二是资源信息。需求信息主要来自用户订单和需求预测；由于资源的有限性，资源信息常常被视为生产计划决策中的约束条件，将需求信息和资源信息进行综合得到制订生产计划所需的信息。决策信息的多元化不仅体现在决策信息种类的多元化，还体现在决策信息对象的多元化。供应链中的决策信息分别来自企业内部、供应分销商和用户。来源广泛的决策信息，可以扩大供应链生产计划的优化空间，提高计划的质量。

2. 决策过程群体化

与传统生产的集中式决策模式不同，供应链中生产计划决策采用一种群体化的决策模式。各节点都作为独立的个体存在，可以独立做出决策和行使检测权。但各个节点间的生产计划决策又彼此影响。这就要求在供应链环境下的决策具有群体性，当一个节点企业的计划做出调整的时候，其他企业要做出同步响应。

3. 信息反馈机制并行化

为了生产计划能够有效执行，必须建立相应的反馈机制。在传统生产模式中，信息反馈机制是一种串行的反馈机制，即反馈信息由底层向高层按顺序进行传递，这主要是由企业的组织结构决定的。而供应链环境下的反馈机制则与传统的信息传递机制存在差别，其主要原因是供应链的组织结构采用网络化结构，并非层级结构或矩阵结构。在网络化结构中信息沿着网络的各节点方向进行信息传递。因此，为了保证信息在供应链各节点之间有效传递，要求各节点之间的信息传递速度较传统的信息反馈机制要快得多，需要采用并行化的信息传递方式。

4. 计划运行环境动态化

处在供应链中的各个企业，不仅要面对外部市场环境，还要面对供应链中各个节点之间的内部环境，这导致了企业在制订生产计划中的动态性和不确定性增加。企业计划运行环境的改变对企业生产管理提出了更高的柔性和敏捷性要求，主要表现在提前期的柔性、生产批量的柔性等。供应链节点企业大多涉及动态性更强的拉式生产，因此生产计划与控制需要考虑更多的不确定性和动态性的因素，使企业对市场的变化做出快速响应。

二、供应链环境下的生产系统

(一) 供应链环境下的生产系统概念及分类

供应链环境下的生产系统是指可以在不同地点完成供应链各项生产任务的所有部分组成的系统。按照生产地点是否集中在同一个企业，可以分为企业内部生产系统和企业之间的生产系统，本章主要涉及企业间的生产系统。企业间的生产系统一般由法律上独立的企业组成，在生产过程和物流过程等领域建立合作关系。通过整合各合作方的优势资源，取长补短，资源共享，使供应链的生产规模达到最佳。

供应链生产系统可以分为战略性生产系统、虚拟企业生产系统、区域生产系统、操作性生产系统和内部生产系统。

(1) 战略性生产系统。在该生产系统中，通常有一个最终产品制造商或者与最终客户关系密切的商业企业作为战略核心企业，由它来确定周围的系统组织，其他企业与核心企业建立合作关系。为了保持自身竞争力和独立性，核心企业也向系统之外的买主提供商品。战略性生产系统的目的在于有效地利用供应链资源，创造一个可预测的、相对平稳的良好市场。

(2) 虚拟企业生产系统。在这种系统中，各个具有核心职能的独立企业以共同的商业理念为基础，把握商机，共同生产。它们在信息交换的基础上完成各自的功能，因此适用于已经建设了大规模的信息技术框架，生产循环极短的"低技术价值创造"（如服装和玩具制造）、快速发展的高科技工业（如电子业、生化工业）及其价值创造过程。这种合作受时间点或相对较短的时间段（近似于短期项目的时间）限制。对客户来说，他们是一个整体单位。

(3) 区域生产系统。这种系统以中小企业空间上的聚集为基础，实现高度的专业化分工。系统内的企业与本地区其他企业保持着潜在关系，并根据具体情况选择合作伙伴，它们的价值创造活动几乎不受规模递减规律的影响，因此其"最小有效规模"也就变得非常小。如美国硅谷就是典型的区域生产系统。

(4) 操作性生产系统。由组织间信息系统支撑的企业，利用短期的生产能力特别是在生产和物流（仓储、运输和包装）方面的富余能力，与合作伙伴进行分工协作。操作性生产系统一般执行相对标准化的交易，涉及大多数价值创造程序的单个活动。在项目合作方面,它与虚拟企业类似,但更着眼于短期的个别交易,涉及大多数价值创造程序的单个活动。它具备"电子购物特征",但更注重实际产品生产能力的交换和 B2B 领域。

(5) 内部生产系统。一个企业在内部尽可能地自动组织市场合作机制,利用共同的、有限的集约资本和高度分类的资源协调组织经营。这种类型的系统代表着近似于商业领域的组织,它在一定条件下可以向其他系统类型转化。作为组织间分工和企业专业化的结果,各个企业在生产系统内还会扮演新的角色和承担新的任务。在供应链中,"系统设计师""系统开发者"和"经济人"(设计人、介绍人或协调者)这些新角色的职责是对系统内能力的选择和协调,以及对系统内其他企业职能的协调与集成。此外,生产系统内还应该有专门负责生产、物流和研究的企业或机构。

(二) 供应链环境下的生产系统结构及管理组织模式

在供应链的环境中,企业的生产系统结构和管理组织模式都发生了新的变化,具有了新的内涵。

1. 供应链环境下的生产系统结构

在供应链环境下的生产系统是以核心企业的业务流程为中心向上下游拓展的。一般来说,供应链环境下核心企业所承担的业务流程是自身具有竞争优势能力的流程,而非竞争优势的相关流程则由在该领域具有独特优势的合作伙伴承担。这样,供应链环境下的生产系统结构包含了两个以上的合作伙伴,他们作为核心企业不同的合作关系类型,匹配在合作关系矩阵中。他们使用具有相对优势的专业技能和方法,以一定的合作方式和范式协同完成自身所承担的业务流程。核心企业与合作伙伴企业全部业务流程有机集成形成了供应链环境下生产系统的流程结构。此外,供应链环境下还需要一些相关的关系结构的融合,从而形成完整的、动态的生产系统结构(见图 7-1)。

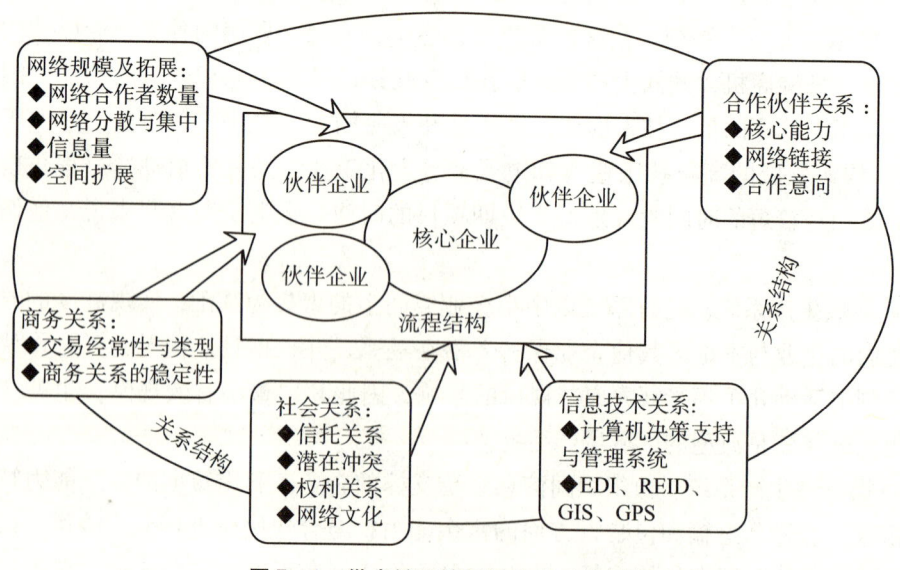

图 7-1 供应链环境下的生产系统结构

2. 供应链环境下的生产组织模式

在供应链管理环境下的生产管理组织模式是开放的、以团队为单位进行生产的多代理制，这与现有的生产管理组织模式是不同的。在供应链联盟中，企业之间以合作方式建立联系，建立一个合作公告栏，通过电子数据交换/互联网（EDI/internet）实时地向合作企业进行信息交流、沟通和协商。在供应链中要实现委托代理机制，对企业建立以下行为规则：自勉规则、鼓励规则、激励规则、信托规则、最佳伙伴规则。

在企业内部同样采取团队工作的多代理模式，团队之间的协调主要由团队主管负责。供应链的主要组成之一就是协调，供应链中的协调机制主要分为供应—生产协调、生产—分销协调、库存—销售协调。

(三) 供应链环境下的生产系统的合作前提

在供应链中，生产企业的市场能力更多地依赖于多个生产过程的综合和连续性的资源配置以及各个合作方的密切配合，而不是单个企业的职能，这就要求企业能够灵活地运用外部资源。

（1）与上下游企业的合作关系要透明公开，在制定决策之前要获得企业内部的广泛支持。

（2）各方的合作关系要建立在相互信任友好合作的基础上，同时也要与非合作企业乃至竞争对手保持良好的联系。

（3）对交换信息的内容和方式必须制定相应的规则、在一定的约束条件下进行。

（4）有一定的协调管理组织，负责生产系统合作措施与制度的实施。

第二节　供应链经典的生产计划

一、物料需求计划

物料需求计划（material requirement planning，MRP）是由美国著名生产管理和计算机应用专家欧·威特和乔·伯劳士在对多家企业进行研究后提出来的。MRP 被看作是以计算机为基础的生产计划与库存控制系统。它是依据主生产计划（MPS）、物料清单、库存记录和已订未交订单等资料，经由计算而得到各种相关需求（dependent demand）物料的需求状况，同时提出各种新订单的补充建议，以及修正各种已开出订单的一种实用技术。MRP 思想的提出解决了物料转化过程中的几个问题：何时需要？需要什么？需要多少？MRP 在企业的应用不仅解决了数量上的缺料问题，而且解决了时间上的缺料问题，实现了低库存和高水平服务的共存。

（一）MRP 的基本原理

MRP 的基本原理为基于市场需求预测和客户订单制订的主生产计划，首先根据市场需求推出相关物料（原材料、零部件、组件等）的需求量和需求时间，然后确定其生产（或订货）的时间和进度。一种产品往往由多种部件组装而成，每种部件又是由多种零部件和材料制造而成。产品、零部件及材料用品之间又组成了彼此依赖的需求关系。利用计算机系统根据此关系制订企业的物料需求计划。

（二）MRP 的基本结构

MRP 的基本结构如图 7-2 所示。

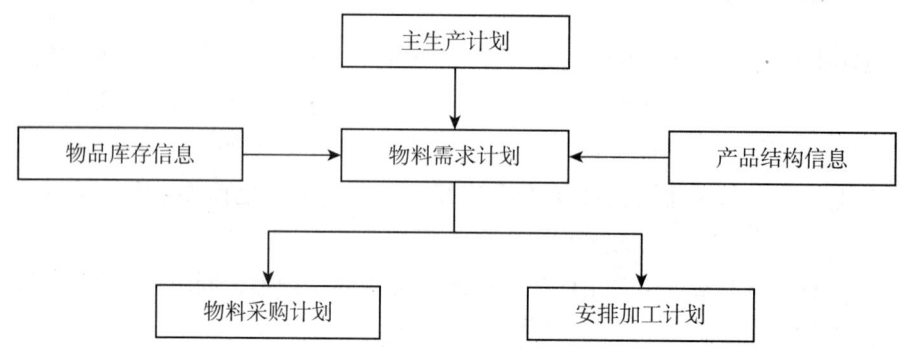

图 7-2　MRP 基本结构

MRP 可以按照有关数据计算出与物料需求有关的生产进度日程或外协、采购日程的准确时间和所需物料的数量，为企业的生产计划与控制提供便利。生产计划与控制中的许多更详细的图表都来源于此。可以把 MRP 的主要思想归纳为以下六点：

（1）打破了产品品种之间的界限，把企业生产过程中涉及的产品、零部件、原材料、中间件等，在逻辑上视为相同的物料。

（2）把所有物料分成独立需求（independent demand）和相关需求（dependent demand）两种类型。

（3）根据产品的需求时间和需求数量进行展开，按照实时物流原则，实现按需求准时生产。

（4）强调以物料为中心组织生产。

（5）MRP 处理的是相关需求。

（6）将产品制造过程看作从成品到原材料的一系列订货过程。

MRP 思想的不足之处在于：没有解决企业内部资源是否能够保证生产计划的顺利实施问题；不能保证完成计划过程中各种资源的有效配置；缺少计划实施过程的反馈机制，不能根据实际情况对计划进行调整。这就引发了 MRP 的进一步发展。之后人们在 MRP 的基础上考虑能力需求、车间生产作业计划和采购等方面因素，形成了有反馈功能的闭环 MRP，采用计划—执行—反馈的管理逻辑，计划和控制企业的各项资源（见图7-3）。

```
                    ┌──────────────────┐
                    │  生产规划需求信息  │
                    └─────────┬────────┘
         修改                 ↓              必要时修改
         ┌──────────→ 主生产计划（MPS）←──────────┐
         │                    ↓                  │
         │           产能负荷分析（RCCP）          │
         │                    ↓                  │
         │          ┌────── 可行 ──────┐          │
         └── N ─────┤                  ├──────── │
                    └────── Y ─────────┘         │
                            ↓                    │
                    物料需求计划（MRP）            │
                            ↓                  修改
         调整能力数据                              │
         ┌──────────→ 能力需求计划（CRP）          │
         │                    ↓                  │
         │          ┌────── 可行 ──────┐          │
         └──────────┤                  ├── N ────┘
                    └────── Y ─────────┘
                            ↓
              作业计划与控制（采购、车间加工）
                            ↓
                   投入与产出控制（I/O）
```

图7-3 闭环MRP工作逻辑

二、制造资源计划

从MRP到闭环MRP，虽然物料需求计划有了很大的改进和发展，但闭环MRP还存在一些不足，不能较好地反映企业的经济效益。接着，在MRP中添加了财务功能，有效反映了各个过程中的财务状况，形成了制造资源计划（manufacturing resources planning, MRPⅡ）。它是20世纪80年代初开始发展起来的一种新的生产管理思想，是一种资源协调系统。

（一）MRPⅡ的基本思想

MRPⅡ的本质是以企业计划控制为主体，面向整个企业信息集成的计算机化的管理信息系统，运用计算机技术反映企业的经营计划、销售计划、综合生产计划。与MRP的最大不同是增加了资金流的约束和限制，使企业在成本最低的情况下合理运用各项资源，获得最大产出。

(二) MRP Ⅱ 的基本结构

MRP Ⅱ 系统主要由 MRP 与生产管理、财务管理、供应商管理、销售管理、采购管理和工程技术等功能模块或子系统组成，各子系统具有特定的功能，彼此相互关联又相互制约。图 7-4 是 MRP Ⅱ 的基本结构和工作逻辑。

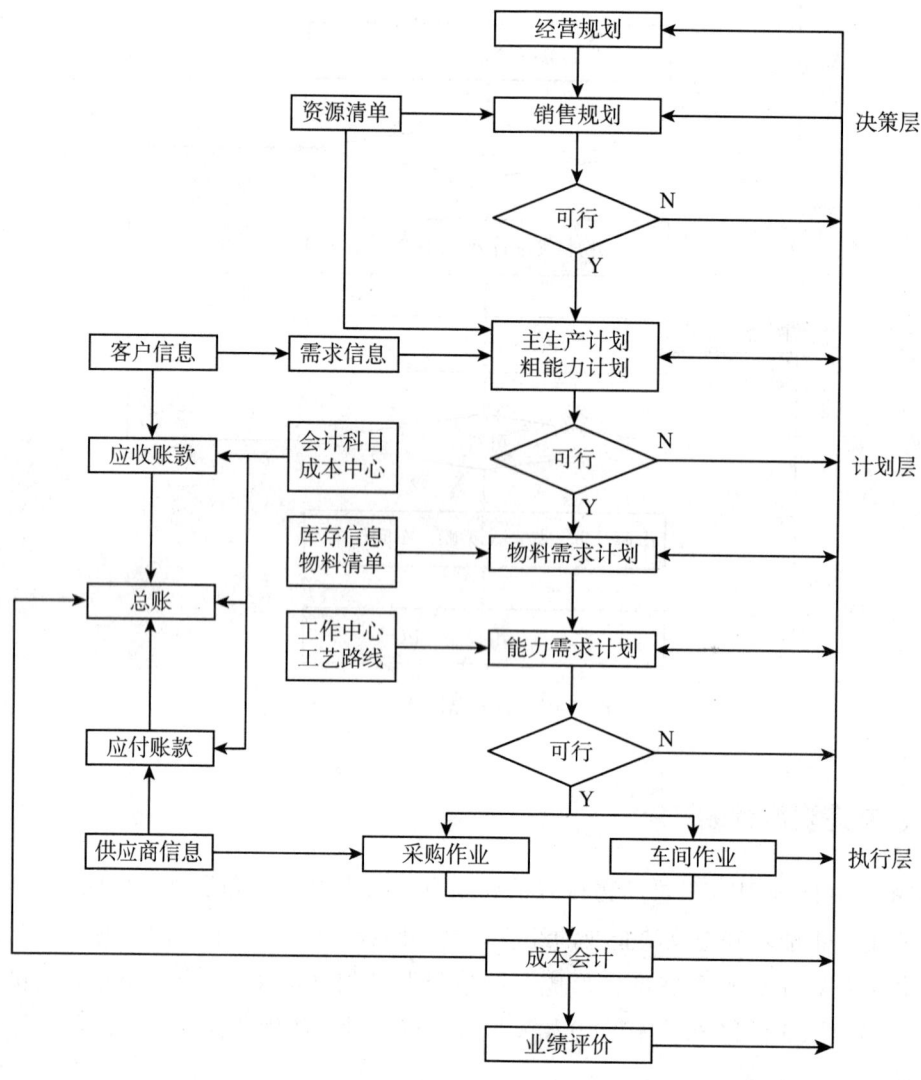

图 7-4　MRP Ⅱ 逻辑流程

(三) MRP Ⅱ 的特点

MRP Ⅱ 具有以下特点：

(1) 计划的一贯性与可行性，即 MRP Ⅱ 是一种计划主导型的管理模式，始终与企业经营战略保持一致，并具有可执行性。

（2）管理系统性，即在"一个计划"的协调下将企业所有与生产经营直接相关的各子系统有机联成一个整体。

（3）数据共享性，即各子系统实现了数据共享，消除了重复工作。

（4）环境适应性，即根据市场预测与客户订单确立生产计划，采用滚动计划以实现计划的衔接，适用于以销定产的商品经济环境。

（5）物流与资金的统一，即因生产和财务两个子系统的关系较为密切，保证了生产和财务数据的一致性。

（6）充分利用资源，MRP Ⅱ对制造企业的各种资源进行统一计划和控制，能充分利用和节约企业各种资源。

MRP Ⅱ的主要优点在于，实现了对企业制造资源的整体优化。制订详细的计划，在资金的约束和限制下，合理利用企业各项资源，获得最大利润。它同MRP的主要区别就是将"货币"的形式引入企业的物料计划中，在制订计划时考虑了资金的限制，实现了物料信息与财务信息的相互制约。MRP Ⅱ明显的缺点是，缺乏与外部的整合，适用于传统制造业。

三、准时制生产

准时制生产（JIT）是20世纪70年代在日本丰田汽车公司诞生并发展起来的，并在实践中获得了巨大的成功。JIT基于"任何工序只在需要的时候，按需要的量生产所需的产品或提供所需服务"的逻辑，按照产品的实际需求进行生产，其目的在于在原材料、在制品和产成品保持最小库存的条件下实现大批量生产。

其基本原理是：市场卖出一单位产品，就会在系统的终端（如总装线）形成一个商品订单，即拉动了一个单位产品的生产。这是总装线工人根据订单信息向上游工位领取生产产品的半成品，而上游工位则在半成品被领取后向更上游的工位进行补料，依次循环，直到原材料的投入工序。这就是说，JIT要使实际的生产周期等于对产品做必要加工的增值时间，消除非生产时间和一切无效活动，在生产中永无止境地追求尽善尽美。

准时制实现的方法包括以下三种：

（1）适时适量生产。即在需要的时候，按照需要的量生产需要的产品或提供所需要的服务，它强调的是"准时"和"准量"，其方法主要是生产同步化、生产均衡化和"看板"管理等。所谓生产同步化就是工序之间不设库存，每道工序保持相同的生产节拍，消除产品生产的等待时间。

（2）弹性配置作业人数。即根据生产量的变动，弹性地增减各生产线的作业人数，尽量用较少的人力完成较多的生产。

（3）保证质量。实施全面质量控制（total quality control），它是以零缺陷为目标，以生产过程的质量检测为核心，在生产操作过程中进行质量控制，将缺陷消灭在产品生产过程之中；制造单元内的生产工人同时也是质量检验和检测人员，及时发现生产中的残次品，保证只有合格品才能进入下道工序。

JIT 生产模式采用"拉动式"控制系统,有效避免传统生产模式中中间产品库存积压的问题,使信息流与物流有机结合,消除浪费。因此,JIT 生产模式与传统生产模式有很大的区别(见表 7-1)。

表 7-1　　　　　　　　　　传统生产模式与 JIT 生产模式的比较

项目	传统生产模式	JIT 生产模式
控制系统	推进式	拉动式
物流状况	上游加工,下游接收	下游向上游提出要求
信息流状况	工序与设计部门之间	工序与工序之间
物流与信息流的关系	分隔	结合
控制结果	容易造成中间产品的积压	真正做到"适时、适量、适物"生产

四、企业资源计划

传统的 MRPⅡ 系统把企业分为重复制造、批量生产、按订单生产、按订单装配、按库存生产、连续流程等几种典型的生产方式,每一种方式都有一套管理标准。20 世纪 90 年代以来,随着市场竞争的加剧,企业开始从单一的生产方式向混合型生产方式发展,"多品种小批量""少品种大批量"等多种情况并存的现象屡见不鲜,从而使 MRPⅡ 显得无能为力。而 ERP 系统能够很好地支持混合型生产方式,满足企业多角度经营的需求。因此,伴随着信息技术的飞速发展,MRPⅡ 系统的功能也在不断地增强、完善与扩大,逐步向企业资源计划(enterprise resource planning,ERP)发展。

企业资源计划(ERP)的概念是由美国 Gartner Group 公司于 1990 年提出的,是以调配和平衡企业内外资源,对市场需求做出敏捷反应为目标,通过前馈的物流和反馈的信息流及资金流,把客户需求和企业内部的生产活动以及供应商资源集成在一起,体现了根据客户需求组织采购、生产、供货的供应链管理思想。

(一) ERP 的管理思想

ERP 的核心管理思想就是实现对整个供应链(资金流、物流、信息流)的有效管理,主要体现在以下三个方面。

1. 对整个供应链资源进行管理的思想

在知识经济时代仅靠自己企业的资源不可能有效地参与市场竞争,还必须把经营过程中的有关各方如供应商、制造工厂、分销网络、客户等纳入一个紧密的供应链中,才能有效地安排企业的产供销活动,满足企业利用全社会一切市场资源快速高效地进行生产经营的需求,以期进一步提高效率和在市场上获得竞争优势。换句话说,现代企业竞争不是单一企业与单一企业间的竞争，而是一个企业供应链与另一个企业供应链之间的竞争。ERP系统实现了对整个企业供应链的管理，适应了企业在知识经济时代市场竞争的需要。

2. 集成精益生产、敏捷制造和同步工程的思想

ERP系统支持对混合型生产方式的管理，其管理思想表现在两个方面。其一是精益生产（LP）的思想。即企业按大批量生产方式组织生产时，把客户、销售代理商、供应商、协作单位纳入生产体系，企业同其销售代理、客户和供应商的关系，已不再是简单的业务往来关系，而是利益共享的合作伙伴关系，这种合作伙伴关系组成了一个企业的供应链。其二是敏捷制造的思想。当市场发生变化，企业遇到特定的市场和产品需求时，企业的基本合作伙伴不一定能满足新产品开发生产的要求，这时，企业会组织一个由特定的供应商和销售渠道组成的短期或一次性供应链，形成"虚拟工厂"，把供应和协作单位看成是企业的一个组成部分，运用同步工程组织生产，用最短的时间将新产品打入市场，时刻保持产品的高质量、多样化和灵活性。

3. 事先计划与事中控制的思想

一方面，ERP系统中的计划体系主要包括主生产计划、物料需求计划、能力计划、采购计划、销售执行计划、利润计划、财务预算和人力资源计划等，而且这些计划功能与价值控制功能已完全集成到整个供应链系统中。另一方面，ERP系统通过定义事务处理相关的会计核算科目与核算方式，以便在事务处理发生的同时自动生成会计核算分录，保证了资金流与物流的同步记录和数据的一致性。从而实现根据财务资金现状，可以追溯资金的来龙去脉，并进一步追溯所发生的相关业务活动，改变了资金信息滞后于物料信息的状况，便于实现事中控制和实时做出决策。

此外，计划、事务处理、控制与决策功能都在整个供应链的业务处理流程中实现，要求在每个流程业务处理过程中最大限度地发挥每个人的工作潜能与责任心，流程与流程之间则强调人与人之间的合作精神，以便在有机组织中充分发挥每个人的主观能动性与潜能。实现企业组织结构从"高耸式"向"扁平式"转变，提高企业对市场动态变化的响应速度。总之，借助信息技术的飞速发展与应用，ERP系统得以将很多先进的管理思想变成现实中可实施应用的计算机软件系统。

（二）ERP 的主要功能

在传统 MRP II 系统的范围（制造、供销和财务）基础上，ERP系统还增加了企业其他管理功能，如质量管理、实验室管理、设备维修管理、仓库管理、运输管理、项目管理、市场信息管理、国际互联网和企业内部网、电子通信和电子商务、金融投资管理、法规与标准管理以及过程控制接口、数据采集接口等，成为一种覆盖整个企业所有运营过程的管理信息系统。

不同的ERP系统的功能模块划分有所不同，如图7-5所示的为金蝶公司开发的ERP系统模块。本书在此以金蝶ERP系统为例，介绍一些常见的功能模块。

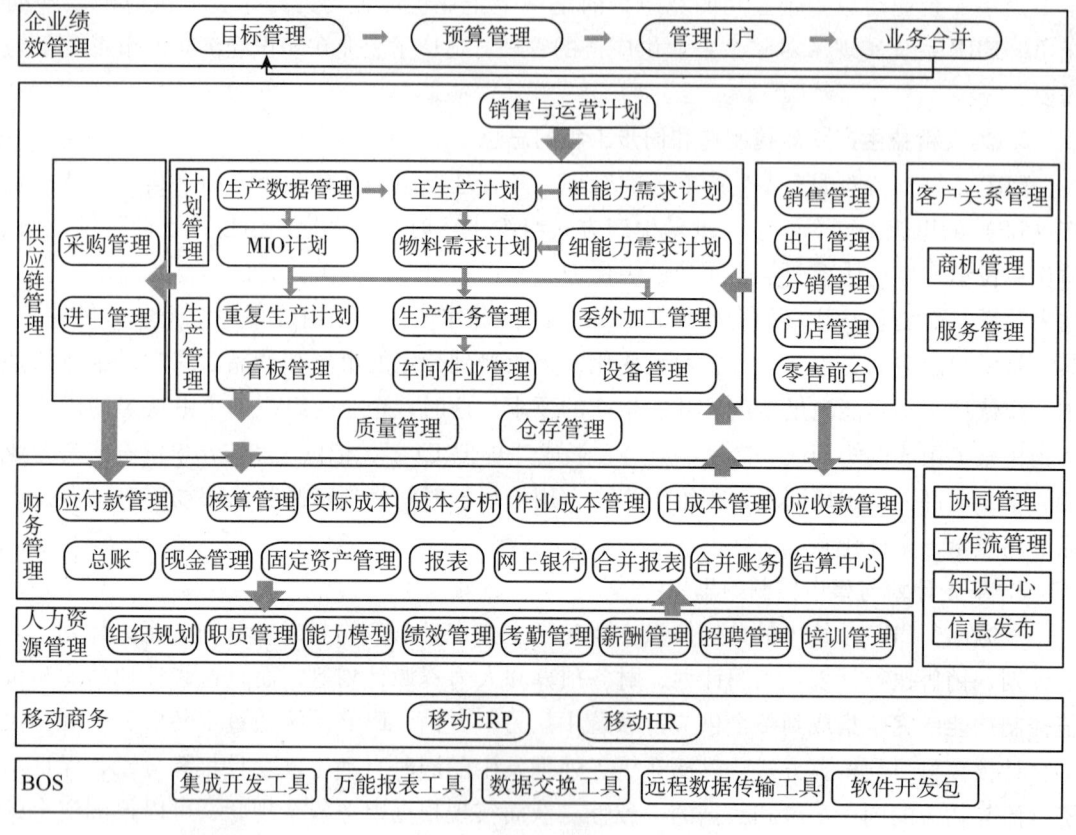

图 7-5 ERP 系统模块示意

1. 供应链管理模块

供应链管理模块面向企业采购、销售、库存和质量管理人员，提供采购管理、委外加工、销售管理、库存管理、质量管理、存货核算、进口管理、出口管理等业务管理功能，帮助企业全面管理供应链业务。该系统既可独立运行，又可与生产、财务系统结合使用，构成更完整、更全面的一体化企业应用解决方案。

2. 财务管理模块

财务管理模块面向企业财务核算及管理人员，对企业的财务进行全面管理，在完全满足基础核算要求的基础上，实现实时的资金管理、精细的成本管理、全面的内部控制、快速的财务分析的有机统一，帮助企业财务管理从会计核算型向经营决策型转变，最终实现企业价值最大化。一般 ERP 软件的财务部分分为会计核算与财务管理两大块。一是会计核算：主要记录、核算、反映和分析资金在企业经济活动中的变动过程及其结果；二是财务管理：基于会计核算的数据，再加以分析，从而进行相应的预测、管理和控制活动。

3. 生产制造管理模块

生产制造管理模块面向企业计划、生产管理、车间管理人员，对企业的物料清单、生产计划、能力计划、生产任务管理和车间工序管理等业务进行管理，并提供精益看板管理功能，帮助企业建立灵活的产品交付体系，实现生产管理精细化和敏捷制造。该系统与供应链、财务系统结合使用，构成更完整、全面的一体化企业应用解决方案。

4. 销售与分销管理模块

销售与分销管理模块面向集团分销型企业，以销售计划为源头，信息集成为基础，资源集中控制为手段，通过分销管理、门店管理、前台管理的高效运作，帮助企业建立基于销售网络的精细化信息系统，打造分销核心竞争力。面向集团型制造企业，实现统一的供应链协作配置，通过集团和分支机构数据的传输、业务单据转换，以及财务合并账务和合并报表，帮助企业实现多工厂业务协同，提高集团资金运用效率和供应链响应能力。

5. 人力资源管理模块

人力资源管理模块是基于战略人力资源管理思想进行设计和开发的，面向企业人力资源从业人员、企业管理者和业务部门员工，通过人事管理、能力素质模型、绩效管理、招聘与培训管理、薪酬管理、考勤管理以及全方位的员工自助平台等功能模块，帮助企业实现精细化、专业化的人力资源管理，打造与企业战略实施相匹配的组织能力。

6. 客户关系管理模块

客户关系管理模块主要面向企业销售、服务人员，能够帮助企业对客户资源、商业机会、服务进行管理；同时支持关系营销与项目销售过程管理等业务模块。

7. 企业绩效管理模块

企业绩效管理模块面向企业决策管理人员，提供统一管理门户，帮助决策管理人员利用目标管理、预算管理、业务合并、销售与运营计划等进行决策管理。管理门户为企业决策管理人员提供了直观的集成应用效果，通过门户可以实时、全面地了解企业运营状况信息，为决策管理提供支持。

（三）利用 ERP 系统进行计划

1. 主生产计划

主生产计划（MPS）是确定每一个具体产品在每一个具体时间段的生产计划。计划的对象一般是最终产品，即企业的销售产品，但有时也可能先考虑组件的 MPS 计划，然后再下达最终装配计划。主生产计划是一个重要的计划层次，可以说 ERP 系统计划的真正运行是从主生产计划开始的。主生产计划的确定过程伴随着粗能力计划的运行，即要对关键资源进行平衡。企业的物料需求计划、车间作业计划、采购计划等均来源于主生产计划，即先由主生产计划驱动物料需求计划，再由物料需求计划生成车间作业计划与采购计划。所以，主生产计划在 ERP 系统中起着承上启下的作用，实现从宏观计划到微观计划的过渡与连接。同时，主生产计划又是联系客户与企业销售部门的桥梁，所处的位置非常重要。

2. 物料需求计划

物料需求计划（MRP）是对主生产计划的各个项目所需的全部制造件和全部采购件的

网络支持计划和时间进度计划。MPS 的对象是最终产品，但产品的结构是多层次的，一个产品可能会包含成百上千种需制造的零配件与外购材料，而且所有物料的提前期（加工时间、准备时间、采购时间等）各不相同，各零配件的投产顺序也有差别，但是加工必须是均衡的，才能满足 MPS 的需求。

3. 能力需求计划

能力需求计划（CRP）主要用来检验物料需求计划是否可行，以及平衡各工序的能力与负荷。该子系统能帮助企业在分析主生产计划及物料需求计划后产生出一个切实可行的能力执行计划，进而在企业现有生产能力的基础上，及早发现能力的瓶颈所在，提出切实可行的解决方案，为实现企业的生产任务提供能力方面的保证。

4. 准时制生产

ERP 的实施使企业实现了 JIT 采购、JIT 生产和 JIT 物流的同步运行，保证供应链中的某些活动只在需要时才进行，做到供应商的供货、生产过程的每一阶段或工序、物品的移动及向最终客户交货都能符合需求方在时间和数量上的要求。

第三节　供应链新的生产理念：大规模定制

一、大规模定制的概念与内涵

大规模定制（mass customization，MC）是一种集企业、客户、供应商、员工和环境于一体，在系统思想指导下，用整体优化的观点，充分利用企业已有的各种资源，在标准技术、现代设计方法、信息技术和先进制造技术的支持下，根据客户的个性化需求，以大批量生产的低成本、高质量和效率提供定制产品和服务的生产方式。

在新的市场环境中，企业迫切需要一种新的生产模式，大规模定制由此产生。1970 年，美国未来学家阿尔文·托夫勒（Alvin Toffler）在 Future Shock 一书中提出了一种全新的生产方式的设想：以类似于标准化和大规模生产的成本和时间，提供客户特定需求的产品和服务。1987 年，斯坦·戴维斯（Start Davis）在 Future Perfect 一书中首次将这种生产方式称为"Mass Customization"，即大规模定制。1993 年，B. 约瑟夫·派恩（B. Joseph Pine II）在《大规模定制：企业竞争的新前沿》中写道：大规模定制的核心是产品品种的多样化和定制化急剧增加，而不相应增加成本；其范畴是个性化定制产品和服务的大规模生产；其最大优点是提供战略优势和经济价值。

学者祁国宁教授认为，大规模定制是一种集企业、客户、供应商、员工和环境于一体，在系统思想指导下，以整体优化的观点，充分利用企业已有的各种资源，在标准技术、现代设计方法、信息技术和先进制造技术的支持下，根据客户的个性化需求，以大批量生产的低成本、高质量和高效率提供定制产品和服务的生产方式。另外，曾明哲（Mitchell Tseng）教授认为，大规模定制实际上是顾客和企业在产品设计、生产、制造以及服务等产品全生命周期中的协同行为，借以产生高附加值产品，为企业增值。MC 的基本思路是基于产品族零部件和产品结构的相似性、通用性，利用标准化、模块化等方法降低产品的内部多样性。增加顾客可感知的外部多样性，通过产品和过程重组将产品定制生产转化或部分转化为零部件的批量生产，从而迅速向顾客提供低成本、高质量的定制产品。

大规模定制的基本思想在于通过产品结构和制造流程的重构，运用现代化的信息技术、新材料技术、柔性制造技术等一系列高新技术，把产品的定制生产问题全部或者部分转化为批量生产，以大规模生产的成本和速度，为单个客户或小批量多品种市场定制任意数量的产品。

与传统定制相比较，在满足客户个体需求上，传统的定制企业完全做得到，但传统的定制生产模式除小型工艺品外，只能生产有限品种的产品，企业的产品定位建立在有限数量的极个别的顾客需求上。因此，传统定制企业存在规模相对较小、产品有限、生产周期长、成品成本高、质量不稳定等一系列问题。与传统的定制生产相比，大规模生产为顾客低成本、高效率地提供了大量的商品，但对顾客日益扩大的多样化、个性化需求不能适应。经济、科技的发展，社会的进步，基本商品的充盈，推进了顾客的个性化需求。商品基本功能的满足，已不再是顾客的第一需求。张扬个性的需要成为制约商品选择的重要因素，因此大规模定制企业与传统的定制企业或大规模生产企业相比，其核心能力表现在其能够低成本、高效率地为顾客提供充分的商品空间，从而最终满足顾客的个性化需求的能力上。

大规模定制企业要以多样化、个性化的产品来满足多样化和个性化的客户的需求，因此企业必须具备敏捷的产品开发设计能力。敏捷的产品开发设计能力是指企业以快速响应市场变化和市场机遇为目标，结合先进的管理思想和产品开发方法，采用设计产品族和统一并行的开发方式，对零件、工艺进行通用化，对产品进行模块化设计以减少重复设计，使新产品具备快速上市的能力。MC 企业通过面向产品族的设计能力、模块化设计能力、并行工程、质量功能配置能力和产品配置设计能力的有效整合来构建和提升大规模定制企业的敏捷产品开发设计能力。大规模定制的产品设计不再是针对单一产品进行，而是面向产品族进行设计。它的基本思想是开发一个通用的产品平台，利用它能够高效地创造和产生一系列派生产品，使得产品设计和制造过程的重用能力得以优化，有利于降低成本，缩短产品上市时间，还可以实现零部件和原材料的规模经济效应。而模块化设计是对产品进行市场预测、功能分析的基础上，划分并设计出一系列通用的功能模块，然后根据客户的要求，选择和组合不同模块，从而生成具有不同功能、性能或规格的产品。模块化设计把产品的多样化与零部件的标准化有效地结合了起来，充分利用了规模经济和范围经济效应。并行工程是集成地、并行地设计产品及其相关的各种过程（包括制造过程和支持过程）的系统方法。这种方法要求产品开发人员从一开始就考虑产品整个生命周期中从概念形成到产品报废处理的所有因素，包括质量、成本、进度计划和用户的要求。并行工程是基于时间的竞争提出的设计方法，可大大缩短产品的开发时间，充分考虑到了产品的可制造性、可装配性，是大规模定制所需要的设计能力。在大规模定制模式下，产品品种繁多，如果没有一个有效的方法进行配置，大规模定制将变为大规模混淆，客户可能因为无法选择而放弃。产品配置设计可以方便地配置出满足客户需求的产品，实现设计的快速响应，缩短订单响应时间。

柔性的生产制造能力。多样化和定制化的产品对企业的生产制造能力提出了更高的要求。传统的刚性生产线是专门为一种产品设计的，因此不能满足多样化和个性化的制造要求。MC 要求企业具备柔性的生产制造能力。它主要通过企业柔性制造系统（flexible manufacturing system，FMS）与网络化制造的有效整合及采用柔性管理来构筑、提升其柔性的生产制造能力。FMS 是由数控加工设备、物料运储装置和计算机控制系统等组成的自动化制造系统。FMS 是一种高效率、高精度和高柔性的加工系统，能根据加工任务或生产环境的变化迅速进行调整。以适宜于多品种、中小批量生产。

网络化制造是一种基于互联网的企业联盟式的制造模式；网络化制造通过改变企业的组织结构形式和工作方式，提高企业的工作效率、缩短产品的开发周期及提升企业的柔性制造能力。大规模定制生产企业通过 FMS 与网络化制造的有效整合所形成的柔性生产是一种市场导向型的按需生产。其优势是增强大规模定制企业的灵活性和应变能力，缩短产品的生产周期，提高设备的利用率，改善产品质量。企业要形成柔性的生产制造能力需要实施与之相应的柔性管理。柔性管理即在动荡变化的环境下针对市场的复杂多变性、消费需求的个性偏好，实施富有弹性的快速反应的动态管理。

二、定制分类

一种被学术界和企业界普遍接受采用的分类方法是把大规模定制分为按订单销售（sale-to-order）、按订单装配（assemble-to-order）、按订单制造（make-to-order）和按订单设计（engineer-to-order）四种类型。

按订单销售又可称为按库存生产（make-to-stock），这是一种大批量生产方式。在这种生产方式中，只有销售活动是由客户订货驱动的，企业通过客户订单分离点（CODP）位置往后移动而减少现有产品的成品库存。

按订单装配是指企业接到客户订单后，将企业中已有的零部件经过再配置后向客户提供定制产品的生产方式，如模块化的汽车、个人计算机等，在这种生产方式中，装配活动及其下游的活动是由客户订货驱动的，企业通过客户订单分离点位置往后移动而减少现有产品零部件和模块库存。

按订单制造是指接到客户订单后，在已有零部件的基础上进行变型设计、制造和装配，最终向客户提供定制产品的生产方式，大部分机械产品属于此类生产方式。在这种生产方式中，客户订单分离点位于产品的生产阶段，变型设计及其下游的活动是由客户订货驱动的。

按订单设计是指根据客户订单中的特殊需求，重新设计能满足特殊需求的新零部件或整个产品。客户订单分离点位于产品的开发设计阶段。较少的通用原材料和零部件不受客户订单的影响，产品的开发设计及原材料供应、生产、运输都由客户订单驱动。企业在接到客户订单后，按照订单的具体要求，设计能够满足客户特殊要求的定制化产品，从供应商的选择、原材料的要求、设计过程、制造过程以及成品交付等都由客户订单决定。

三、支撑技术

1. 制造系统模块化

与模块化的产品设计相似，模块化的生产单元具有标准的接口，具有良好的可替换性，当用户需求发生变化或出现意外故障时可以通过模块间的替换满足动态的需求变化，使制造系统具有柔性和快速响应能力，从而满足大规模定制的要求。根据企业的产品种类情况，由某些通用模块构建生产线平台，通过改变某些面向特定客户和应用的模块来调整生产线的产品范围。模块化制造系统的关键问题是模块之间的接口，包括硬件接口和信息接口。如果模块之间的接口是标准的，那么生产工程师就可以把来自不同供应商的设备集成到一个制造系统中。模块化系统的优点在于它提高了系统的可重组性和可扩展性。当产品类型发生变化时，可通过更换相应的工艺模块来调节系统的适应能力。当产品需求量发生变化时，可通过增加（减少）某些关键模块单元或提高（降低）系统自动化程度来增加（减少）产量，同时保证一定的经济性。另外，模块化的生产线也使管理简化。

2. 动态组合的布局方式

传统制造系统规划的一个重要方面是合理安排车间、制造单元的布局，以加快工件的流动，减少排队等待时间、运输时间等。大规模定制制造系统规划的目标除了包括传统的制造系统规划目标外，更重要的是要保证制造系统的动态组合和调整能力，以满足大规模定制所要求的柔性和快速响应能力。

3. 柔性物流系统

大规模定制对物流系统的期望可以归纳为：可以传输任何体积、重量、形状的物品，不需要轨道，没有路线的约束，提高传输速度，减少安装时间，增加智能化向导能力和自恢复能力。传统的一体化的传送带、吊车、有导轨的自动导引车（AGV）等物料传输系统已经不能满足柔性物流的要求了。目前提出的一些物料运输系统和装置在柔性和可重组性方面都进行了一定的考虑。模块化的传送带将传送带模块分为线性传送带模块和连接传送带模块。通过这些模块的组合，可以形成不同形式的传送带，通过改变模块的方向和位置可以快速调整传输路线，而且通过二维传送带和三维传送带的组合可以形成各种类型的空间运输路线。

4. 动态响应的控制结构

到目前为止，制造系统基本上有三种控制结构：集中控制结构、递阶控制结构和异构控制结构。其中异构控制结构将系统分解成近似独立的实体，实体通过预先定义的通信接口进行合作。实体之间消除主从关系，具有局部自治性，系统构成对实体是透明的，实体需要与其他实体合作。在异构控制结构中，每一个实体具有高度自治性，可以快速响应环境变化，大规模定制生产。由于其订单到来的随机性，要求控制系统具有动态响应的特点。异构控制结构是大规模定制制造系统应该借鉴的结构。

5. 减少生产准备工作

安德森（Anderson）认为，大规模定制生产仍然需要依靠流水式生产。在大批量生产模式下，制造商通过增加批量，将生产准备时间和成本分摊到尽可能多的产品中。大规模定制的极端情况是，每种产品的批量为一，批量为一的能力依赖于生产准备工作的减少。如果生产准备工作能够减少，那么制造商就可以做到按订单生产，生产准备工作的减少是大规模定制生产的重要前提。

四、实施途径

大规模定制有助于企业进入新的市场，并吸引大量个性化需求不能被标准产品所满足的顾客。然而，原始的大规模定制既浪费成本又没有效率。如果定制的产品在时间和成本上超过了顾客的预期，只会失去现有顾客。当然，如果无法实施和履行规模定制的承诺，这对于企业来说也是一种损失。因此，如果没有与之相应的低成本且又高效率的供应链，大规模定制是难以实现的。建立灵活的员工和组织结构是大规模定制的必备条件。另外，还需要其他方法予以协助，比如减少循环周期时间，加强生产制造的反应度。例如，电子数据交换和计算机辅助订单的运用能够大量减少传送和处理客户订单的时间；而飞机运输又能够大大缩短订货到交货的时间。像柔性制造系统这样的技术，不但可以缩短周期时间，而且还能提高对特定工厂的多种产品组合的反应灵敏度。最后，最近发展起来的电子商务加强了沟通联系，并且能够提高企业在供应链运作方面的决策能力。物流的改善、信息流的改进、循环周期的缩短以及灵活的生产，能推动企业在未来的市场上进行有效的竞争，但产品和流程设计却有更大的潜力。事实上，普遍认为产品80%的制造成本是由产品的设计所决定的，机会就在于产品设计和供应链的整合中。作为一种进行有效的大规模定制的手段，一些具有开拓性的企业已经运用了产品设计和供应链重建。其思想就是要设计产品并且重组制造活动和供应链中的分发配送活动，从而使得产生多种产品的定制化步骤发生在供应链中最有效率的环节，同时使得供应链总成本降到最低。供应链总成本降到最低的同时，使得供应链效率最优化的产品和流程设计的最根本的原则就是"延迟"。延迟就是要推迟关键流程的时间，在这些关键性的流程中，最终产品将形成他们特定的功能、特点、标志，或者说是个性特色。所以，在有效支持产品多样化的同时又保持规模经济的唯一方法就是运用延迟制造。延迟制造核心内容是，制造商事先只生产通用化或可模块化的部件，尽量使产品保持中间状态，以实现规模化生产，并且通过集中库存减少库存成本，从而缩短提前期，使顾客化活动更接近顾客，增强应对个性化需求的灵活性。其目标是使恰当的产品在恰当的时间到达恰当的位置（3R）。延迟化策略表面上的延迟实质上是为了更快速地对市场需求做出反应。

1. 产品设计模块化

21世纪的制造业必将以产品创新和技术创新占领市场,企业是否能根据用户的当前需要和潜在需求快速抢先提供产品,成为企业成败的关键。产品结构和功能的模块化、通用化及标准化,是企业推陈出新、快速更新产品的基础。模块化产品便于按不同要求快速重组,任何产品的更新换代都不是将原有的产品全部推翻重新设计和制造的。更新一个模块,在主要功能模块中融入新技术,都能使产品登上一个新台阶,甚至成为换代产品,而多数模块是不需要重新设计和制造的。因此,在敏捷制造中,模块化产品的发展已成为制造企业所普遍重视的课题。此外,模块化产品便于分散制造和寻找合作伙伴,开发新产品的主干(核心)企业主要是做好产品不断的创新研究、设计和市场开拓工作,产品的制造可以分散给专业化制造企业协作生产,主干企业将从传统的"大而全、小而全"的橄榄型模式中解脱出来,转换成只抓产品设计研究和市场开拓的哑铃型企业。模块式产品另一个突出的优点在于用户只需更新个别模块即能满足新的要求,不需要重新购买一种新产品。这既节省了用户的开支,又能节约原材料并减少废弃物,这在自然资源越来越紧张和环境污染愈来愈严重的今天,无疑是非常重要的。

2. 产品制造专业化

在一般机械类产品中,有70%的功能部件存在着结构和功能的相似性,如果打破行业界线,按成组技术原理(GT原理)将功能相似的部件和零件分类并集中起来,完全有可能形成足以组织大批量生产的专业化企业的生产批量,这些专业化制造企业承接主干企业开发的产品中各种相似部件、零件的制造任务,并能在成组技术的基础上采用大批量生产模式进行生产。当然,在现代制造技术的支持下,这种大批量生产模式已克服了传统的刚性自动线的缺点,在一定范围内具有柔性(可调性或可重构性),能完成较大批量的相似件制造,协助主干企业用大批量生产方式快速提供个性化商品。

3. 生产组织和管理网络化

互联网的普及和应用给21世纪制造业提供了快速组成虚拟公司进行敏捷制造新产品的条件。负责开发新产品的主干企业可以利用互联网发布自己产品的结构及寻找合作伙伴的各项条件,而各专业化制造企业可以在网上发布自己所具备的条件及合作意图。主干企业将据此寻找合伙者,本着共担风险和达到双赢的战略目标进行企业大联合来合作开发和生产新产品。这样的联合是动态的,组成的虚拟公司是"有限生命公司",它只为某种产品而结盟,其生命周期将随产品生命周期的结束而结束,或在另一种产品的基础上调整成新的联合。通过互联网系统构建虚拟企业,可实现产品开发、设计、制造、装配、销售和服务的全过程,通过社会供应链管理系统将合作企业连接起来,按大规模定制生产模式实行有效的控制与管理。随着全球制造业的发展,供应链理论已发展成为全球供应链管理理论。通过供应链实现大规模定制生产过程的网络化组织和管理,产品从开发到销售的全过程将得到优化,生产效率的提高和生产成本的降低是不言而喻的。

4. 企业间的合作关系伙伴化

在传统的供求关系管理模式下，制造商与供应商之间只保持一般的合同关系，供应链只是制造企业中的一个内部过程，将利用通过合同采购的原材料和零部件进行生产，转换成产品并销售给用户，整个过程均局限于企业内部操作。制造商为了减少对供应商的依赖，彼此间经常讨价还价，这种管理模式的特征是信任度和协作度低，合作期短。但大规模定制生产是以新产品开发，企业与专业化制造企业间的有效合作、互相依存为前提的，构成的网络化虚拟公司的盟主企业与盟员企业间应该能达到双赢的合作关系。

本章小结

供应链环境下的生产系统在相关概念上（如企业资源、企业能力、提前期、生产系统等）与以往相比有较大拓展，它直接带来了生产系统结构与生产管理组织模式的拓展，这使得供应链环境下的生产计划与控制的内容和特点都添加了新的内涵。企业管理和供应链管理在广泛运用计算机技术与网络技术后，产生了许多新的管理方法和技术，如物料需求计划、制造资源计划和企业资源计划等，它们在企业和供应链中的生产计划与控制方面发挥了重要作用。而供应链环境下生产系统的协调机制，保障了供应链运作的同步性和这些方法、技术的有效实施。同时，在供应链环境下，生产方式也表现为多种新方式（如 JIT 生产、精益生产、敏捷制造）的融合。最后，本章介绍了大规模定制的概念、内涵、分类、支撑技术及实施途径。

自我测试

一、简答题

1. 如何理解供应链环境下生产系统的概念？
2. 怎样理解供应链下生产系统的结构及组织管理模式？
3. 简述物料需求计划和制造资源计划的基本思想。
4. 企业资源计划的基本思想和特点是什么？
5. 简述 JIT 生产的基本原理和实现方法。
6. 简述大规模定制的概念及实施途径。

二、案例分析

D 公司的大规模定制生产

总部设在美国得克萨斯州奥斯汀的 D 公司是全球领先的 IT 产品及服务提供商。D 公司于 1984 年创立，并成为全球 IT 界发展最快的公司之一，1996 年开始通过网站采用直销手段销售其自己的计算机产品，2004 年 5 月，D 公司在全球电脑市场占有率排名第一，成为世界领先的电脑系统厂商。D 公司在 20 年的时间里从一个电脑零配件组装店发展成为世界

500强的大公司，其直线定购模式以及高效的供应链管理是其实现高速发展的保证。

D公司实施大规模定制供应链管理的原因。D公司创立之初是给客户提供电脑组装服务，先天在研发能力和核心技术方面与业界的IBM、惠普等公司有着一定差距，要想在市场竞争中占据一席之地，必须进一步分拆计算机价值链的机会，依靠管理创新获取成本优势。因此，D公司在发展过程中虽有业务和营销模式的革新，但把重点放在成本控制和制造流程优化等方面，尤其是创造了直销模式，这可以减少中间渠道，直接面对最终消费者，达到降低成本的目的，而实施面向大规模定制的供应链管理更能帮助D公司与供应商有效合作和实现虚拟整合，降低库存周期及成本，从而获取高效率、低成本的优势，这也正是其核心竞争力所在。

D公司面向大规模定制供应链管理的实施基础有以下几个方面：

首先是零部件的标准化。产品的模块化设计，零部件的标准化和通用化是大规模定制的基础所在。对产品按照其功能进行划分而进行模块化设计，建立产品族和零部件族，设计出一系列功能模块，通过模块的选择和组合构成不同的产品。这样，模块化产品便于按不同要求快速重组，把产品的多变性和零部件的标准化有效地结合了起来，这有助于将定制产品的生产转化为批量生产，也就是说，人们对产品功能的需求尽管有差别，但也有共性，大规模定制并非100%定制。因此，实行大规模定制的关键在于真正从本质上弄清顾客的个性化需求和共性需求，然后，把顾客的个性化需求和共性需求分别进行总体规划，按不同的供应链来组织生产和供应，以确保定制产品的高质量、低成本和快速交货。D公司产品最大的特点是完全标准化，从D公司近几年的发展来看，它虽然不断扩充自己的产品线，但是所有产品都是标准化的产品。它的主要产品PC、笔记本、服务器，包括以后OEM的EMC的存储系列、Brocade的交换机系列等，都是兼容性、开放性极强的标准化产品。

其次是按订单装配。参照大规模定制的四种分类，D公司属于采用按订单装配的典型代表。基于以下几个原因，按订单装配的模式特别适合个人电脑：产品更新快和配件价格下降快使得售后库存成本很高；由于PC的模块化设计使得装配十分简单快捷，所以劳动力成本只占PC成本的很小部分；顾客关注的是产品价格和服务，却不太在意等待时间和独特设计。按订单装配的生产模式着眼于满足个性化需求，实现这一宗旨的前提是对市场需求信息的及时、准确地获取、处理。D公司依托其现代化的信息平台，通过信息资源的共享，增强了供应链中各方获得信息的能力，准确、及时地捕捉需求信息，实现了企业响应能力的提高，使供应链管理成为差别化竞争优势的重要来源。

当然，信息技术的发展也是重要前提。随着互联网络的发展和电子商务的普及，电子商务平台已经部分地取代了分销商和零售商职能。客户通过电子商务平台向主体企业提出定制要求，主体企业通过数据挖掘等技术从中进行信息的采集和整理，而后通过客户关系管理对客户的订单进行分解。分解后的订单信息成为企业进行采购的依据，而通过采购也使主体企业与其供应商和制造商联系在一起。信息技术和电子工具的广泛应用帮助D公司实现以上要求，D公司电子化的供应链系统为处于链条两端的用户和供应商分别提供了网上交易的虚拟平台。D公司有90%以上的采购程序通过互联网完成。通过与供货商的紧密沟通，工厂只需要保持2小时的库存即可应付生产。除此之外，D公司还推出企业内联网，所有供货商都可以在网站看到专属其公司的材料报告，随时掌握材料品质、绩效评估、成本预算以及制造流程变更等信息。不仅如此，电子化还贯穿了从供应商管理、产品开发、物料采购一直到生产、销售乃至客户关系管理的全过程，成为D公司面向大规模定制供应链管理的实施基础。

为了适应客户驱动生产和企业联盟的需要，D公司通过电子商务平台或电话的方式直接与客户联系，了解客户需求，并且采用直线销售模式直接把产品送达客户。这种模式的核心是直销背后的一系列采购、生产、配送等环节在内的供应链的快速反应能力，利用先进的信息手段与客户保持信息的畅通和互动，了解每一个顾客的个性化需求。可见，D公司的直销模式是以直线定购为手段，凭借其高效的供应链管理对市场快速做出反应，为顾客提供多样化的产品和服务。这种模式也使得分销商、零售商的作用不断减弱甚至消失，导致供应链的结构逐渐转变为由原材料供应商、制造商、主体企业和客户组成的开放式的网络结构。随着互联网络的发展和电子商务的普及，电子商务平台已经取代了分销商和零售商成为D公司和客户联系的桥梁。客户通过电子商务平台向D公司提出定制要求，D公司通过数据挖掘等先进技术从中进行信息采集和整理，而后通过客户关系管理（CRM）对客户订单进行分解。分解后的订单信息成为企业采购的重要依据，而通过采购也使D公司与零部件制造商和原材料供应商紧密联系在一起。

面对竞争日益激烈的市场，企业要想在市场竞争中占得先机并持续发展，生产模式和管理思想的革新势在必行。D公司面向大规模定制的供应链管理模式，对于国内企业来说是有一定借鉴意义的。企业实施面向大规模定制的供应链管理必须解决三个问题：一是实现企业内部资源的有效整合。企业必须认识到现有产品的合理化、零部件的标准化是面向大规模定制的供应链管理的基础，应注重延迟策略的应用与信息平台的搭建及信息技术的应用，并确保灵活的组织结构以发挥供应链优势。二是要建立战略合作的外部协作关系，快速整合企业外部资源，确保组织能够快速供应，并且应对所有供应厂商的制造资源进行统一调配与集成，有效地对供应商进行整体评价，与供应商建立战略合作同盟。三是要准确快速地把握客户需求，建立以顾客为中心客户关系管理。建立及管理客户数据库系统，开展"一对一"营销，建立网络营销平台，这样才能确保面向大规模定制的供应链管理获得成功。

（资料来源：汪旭辉. 面向大规模定制的供应链管理：基于"戴尔"的案例分析[J]. 经济与管理，2007（7），有删改）

思考：

1. 大规模定制的生产模式给D公司带来了怎样的竞争优势？
2. 企业实施大规模定制的供应链管理需要注意的问题有哪些？

第八章　供应链管理环境下的库存控制

[引例]　　　　**FC 公司的库存控制之道**

近年来，印刷业务向着多品种、小批量的方向发展，随着生产负荷出现季节性变化，如何适应当今市场经济特点，实现企业成本最小化是企业值得关注的问题。FC 公司根据实际业务发展方向，通过多种途径加快库存周转，实现合理库存，最终提升产品竞争力。

FC 公司的印刷原材料库存结构为：成品占 45%，原材料占 45%，半成品占 2%，个性原材料占 8%，其中原材料不良品约占 4%。公司采取传统库存、供应商寄售和联合库存三种管理方式。①常规库存采取传统库存管理方式；②部分生产性辅料如橡皮布、油墨、车间辅料采取供应商寄售的方式；③与两家长期固定合作加工商采取联合库存管理，使用 SAP 系统设置对应仓位，方便物料调配，供应商直接供货到加工商仓库，减少发外运输成本，提高库存周转效率。

原材料库存每月依据以下几点进行需求预测：①正常订单需求和生产要求，提前两周下单给供应商，供应商需提前三天左右发货，大宗物料按 JIT 要求按单、按量、按时配送；②常规通用物料，如包装物料，每月会按常规需求备安全库存；③原材料备料，在营销部接到客户订单计划时，计划部会按需求提前 45~60 天左右备料，这些备料主要是采购周期长、有特殊要求的纸张、油墨、电化铝等。

目前，FC 公司在印刷原材料的库存管理方面遇到以下问题：①客户因推迟下达订单或减少订单量，甚至取消订单，导致作备料的原材料占用大量库存金额、库存面积；②实际生产过程损耗低于 BOM 评审，造成库存余料；③生产过程中机器故障或其他不良原因导致原材料不合格，造成不良库存。

针对以上问题，公司主要采取五项措施。①到货控制：由计划相关 MC 根据工单 BOM 需求及库存实际情况申请采购，采购员下达采购单，并要求供应商严格按需求数量及日期送货；手工辅料如纸箱、泡沫、塑料等大宗物料实行 JIT 配送，对生产有异常的工单推迟或合理安排到货，减少库存资金积压，降低库存周转天数。②存货管理：仓库提前查询到货计划，同时在收货时确认相关信息符合实际需求，按需收货，对于不符合的，做拒收处理，合理控制库存；库存物料做到卡、物、账一致，严格按先进先出原则发料。③及时处理：仓管员每周对所负责物料进行盘点，发现异常呆滞物料及时通报，每周对已完工的工单进行余料分析，由计划部、技术部负责推动消耗，每月召开不良资产会议，推动大宗物品的消耗。④信息共享：公司内部 SAP 系统已创建采购信息平台，计划、采购、仓库等部门能及时查询到货及库存信息，减少部门间沟通障碍，而且逐渐与长期合作的供应商、客户建立订单需求及库存信息共享平台，及时了解供需双方资讯，提高合作效益。⑤内部考核：针对因到货安排、物料评审、生产异常、工单节损、订单更改或取消导致的不良资产，对相关部门及负责人按比例制定相关考核要求，以此推动部门间相互配合控制库存。

（资料来源：秦波. 虎彩公司的库存控制之道［J］. 印刷工业，2014（7），有删改）

第一节 库存管理的基本原理和方法

一、库存管理的基本原理

（一）库存基本概念

"库存"，译自英语里面的"inventory"，它表示用于将来目的的资源暂时处于闲置状态。一般情况下，人们设置库存的目的是防止短缺，就像水库里储存的水一样。另外，库存还具有保持生产过程连续性、分摊订货费用、快速满足用户订货需求的作用。库存是由于人们无法预测未来的需求变化，才不得已采用库存应付外界变化的手段。在企业生产中，尽管库存是出于种种经济考虑而存在，但是库存却也是一种无奈的结果。无论是对生产企业还是物流企业而言，正确认识和建立一个有效的库存管理计划都是很有必要的。

狭义的库存仅仅指在仓库中暂时停滞状态的物资，是指仅存于仓库中的原材料、零部件和产成品。而广义库存是指用于将来目的、暂存处于闲置状态的资源，除了包括仓库中的原材料、零部件和产成品外，生产线上的半成品和运输过程中的物品均处于库存的状态。

根据中华人民共和国国家标准《物流术语》（GB/T 18354—2006），我们把库存定义成为：作为今后按预定的目的使用而处于闲置或非生产状态的资源。

在库存理论中，一般根据物品需求的重复程度分为单周期需求问题和多周期需求问题。单周期需求也叫一次性订货问题，这种需求的特征具有偶发性且物品生命周期短，因而很少重复订货，如报纸，很少有人会买过期的报纸来看；如月饼，人们也不会在农历八月十六产生大量预定中秋月饼的需求，这些都是单周期需求问题。多周期需求问题是在长时间内需求反复发生，库存需要不断补充，比如，快餐店每天都会消耗饮料、薯条等原料，这些原料的补充需要周期性进行。在实际生活中，这种需求现象较为多见。

多周期需求又分为独立需求与相关需求两种属性。所谓独立需求是需求变化独立于人们的主观控制能力之外，因而其数量与出现的概率是随机的、不确定的、模糊的。相关需求的需求数量和需求时间和其他的变量存在一定的相互关系，可以通过一定的结构关系推算得出。对于一个相对独立的企业而言，其产品是独立的需求变量，因为其需求的数量与需求的时间对于作为系统控制主体——企业管理者而言，一般是无法预先精确确定的，只能通过一定的预测方法得出。而生产过程中的在制品以及需要的原材料，则可以通过产品的结构关系和一定的生产比例关系（如物料 BOM 清单）准确推算出。

独立需求的库存控制与相关需求的库存控制原理是不相同的。独立需求对库存控制系统来说，是一种外生变量（exogenous variable），相关需求则是控制系统的内生变量（endogenous variable）。独立需求是由市场决定的、不可控的需求，每个品种之间的需求是不相关的；而相关需求由其他产品或品种的需求决定的，可以直接计算出来的需求，比如，生产某配置的一台电脑，所需要的硬盘、显示器、内存等部件之间的需求关系是可以明确知道的。

但是，不管是独立需求库存控制还是相关需求库存控制，对于库存控制而言都要回答这些问题：如何优化库存成本？怎样平衡生产与销售计划来满足一定的交货要求？怎样避免浪费，避免不必要的库存？怎样避免缺货损失和利润损失？

因此，归根到底，库存控制要解决三个主要问题：确定库存检查周期；确定订货量；确定订货点（何时订货）。

（二）库存的类型

根据库存产生的不同原因，可以将库存分为：周期库存、安全库存、在途库存、投机库存、季节性库存等类型。

周期库存（cycle inventory），也称经常库存，是指企业在正常的经营环境下为满足日常需要而建立的库存。例如，企业会为未来的销售存有一定量的库存，当库存量下降到一定点时，企业又会再一次订货去存储一定量的库存。因此，对周期性库存的管理是一个周而复始的过程。

安全库存（safety inventory），是指为了防止由于不确定因素而准备缓冲的库存。

在途库存（in stock inventory），是指处于运输路线中的物品。物品在没有到达目的地之前，可以将其看作是周期库存的一部分。而需要注意的是，在进行库存持有成本的计算时，在途库存应属于运输出发地的库存，因为在途的物品还不能使用、销售或随时发货。

投机库存（speculation inventory），是为了避免因货物价格上涨造成损失或为了从商品价格上涨中获利而建立的库存。

季节性库存（seasonal inventory），是指生产季节开始之前累积的库存，目的是为了保证稳定的劳动力和稳定的生产运转。比如，水果很多都具有季节性，但为了能够满足市场的供应，很多商家都建立了季节性库存。

（三）库存的作用

库存是最大限度满足客户需求、减少市场带来的不确定性风险和尽量降低库存成本之间的一个平衡点。对于企业和供应链来讲，维持一定的库存对企业和供应链既有其积极作用，又会带来一定的消极影响。下面重点分析库存积极作用的三个主要方面。

1. 调节需求波动，平衡供求

在竞争激烈的市场中，外部需求是时刻波动的，而库存可以缓解集中的客户需求、季节性需求和全年消费需求，库存的平衡功能把经济性制造和各种消费联系在一起，因此，库存储备可以使产品的大批消费或大批生产避开季节性因素。库存的平衡功能需要企业在季节储备中投入大量的资金，同时渴望在季节性销售中得到充分的补偿。在制订库存计划时，关键的问题是要确定储备多少存货以获得最大限度的销售量，并能以最低限度的风险转换到下一个高峰季节销售。

2. 保持生产经营活动的连续性和稳定性

企业在生产经营过程中制订销售计划、订货以及供应商配送等活动都需要一定的时间，一定量的库存能够满足此期间的商品供应，降低销售活动的波动，保持生产经营活动的连续性和稳定性。

3. 获得经济批量，节约成本

采用批量订购，分摊在每件产品上的采购成本就降低了。大批量的采购可以获得价格折扣，降低采购次数，避免价格上涨。因此，如果通过持有一定的库存增大订货批量，可以减少订货次数，从而减少订货费用。确定订货批量的合理库存数量可以降低总费用。

（四）库存相关的成本

库存管理中发生的成本费用主要有以下几类：

1. 订货成本

它是订购存货时发生的费用。例如，因订货而发生的通信费、业务费、采购部门的管理费用等。一般情况下，订货成本与订货次数有直接关系，而与订货数量无关。企业要降低订货成本，需要大批量采购以降低订货次数。

2. 持有成本

它存储和保管库存的费用，也称为储存成本，其中包括存货占用资金的利息、仓库设备的折旧、维修费等。某项库存物品一定时间内的持有成本是该物品存放时期内的全部费用。持有成本与库存量有直接关系，企业要减低存货的持有成本，就需要小批量采购。

3. 采购成本

采购成本是指物品从外部购入时的购买价格。在供应商确定的情况下，它是一个常数，所以在建立库存模型时不予考虑。但是当供应商提供销货折扣时，购入成本则是应该进行修正的。

4. 缺货成本

缺货成本是指由于外部和内部中断供应所产生的一切经济损失。

二、库存控制策略

（一）库存控制目的

库存控制的目的并不只是降低库存成本，而是既希望服务水平最高，又要防止超储和缺货。一般而言，设置合理的库存数量，就是要达到物流总费用最低，即订购费用、存储费用和运输费用等物流费用的总和在合理范围内达到满意的服务水平。

(二) 库存控制决策

库存控制要解决的主要问题在于确定主要库存参数:

(1) 订货间隔期。订货间隔期 t 是指相邻两次订货时间间隔。库存控制时需要考虑多长时间检查一次库存量,做出订货与否的决策。

(2) 订货点问题。实际库存下降到什么程度需要补货,即何时提出补充订货决策。订货时的临界库存数量水平称为订货点 R。

(3) 订货量决策。一次订货的数量称为订货量 Q。权衡采购费用、运输费用和库存费等,决定每次订货数量应该是多少合适。

(三) 库存补给策略

由于独立需求库存控制采用的多为订货点控制策略,订货点库存管理的策略很多,其中最基本的策略为以下四种:连续性检查的固定订货量、固定订货点策略,即 (Q, R) 策略;连续性检查的固定订货点、最大库存策略,即 (R, S) 策略;周期性检查策略,即 (t, S) 策略;综合库存策略,即 (t, R, S) 策略。在这 4 种基本的库存策略基础上,又延伸出很多种库存策略。

1. (Q, R) 策略

该策略的基本思想是:对库存进行连续性的检查,当库存降低到订货点水平 R 时,即发出一个订货,每次的订货量保持不变,都为固定值 Q,如图 8-1 所示。该策略适用于需求量大、缺货费用较高、需求波动性很大的情形。

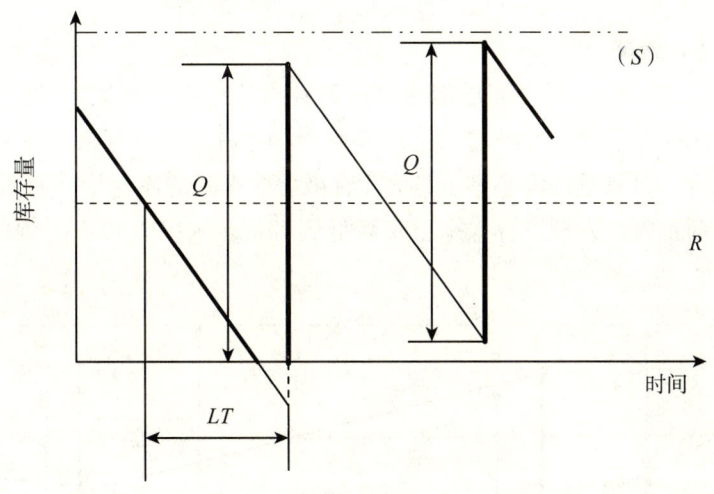

图 8-1 连续性检查 (Q, R) 策略

2. (R, S) 策略

该策略和 (Q, R) 策略一样,都是连续性检查类型的策略,也就是要随时检查库存状态。当发现库存降低到订货点水平 R 时,开始订货,订货后使最大库存保持不变,即为常

量 S，若发出订单时库存量为 I，则其订货量即为（$S-I$）。该策略和（Q，R）策略的不同之处在于其订货量都是按实际库存而定，因此订货量每次是可变的。

3. （t，S）策略

该策略是每隔一定时间检查一次库存，并发出一次订货，把现有库存补充到最大库存水平 S，如果检查时库存量为 I，则订货量为 $S-I$。如图 8-2 所示，经过固定检查期 t 发出订货，这时，库存量为 I_1，订货量为（$S-I_1$）；经过一段时间 LT，库存补充（$S-I_2$）；再经过一个固定检查期 t 又发出一次订货，经过一定时间库存达到新的高度。如此周期性检查库存，不断补给。

该策略不设订货点，只设固定检查周期和最大库存量。该策略适用于一些不很重要或是使用量不大的物资。

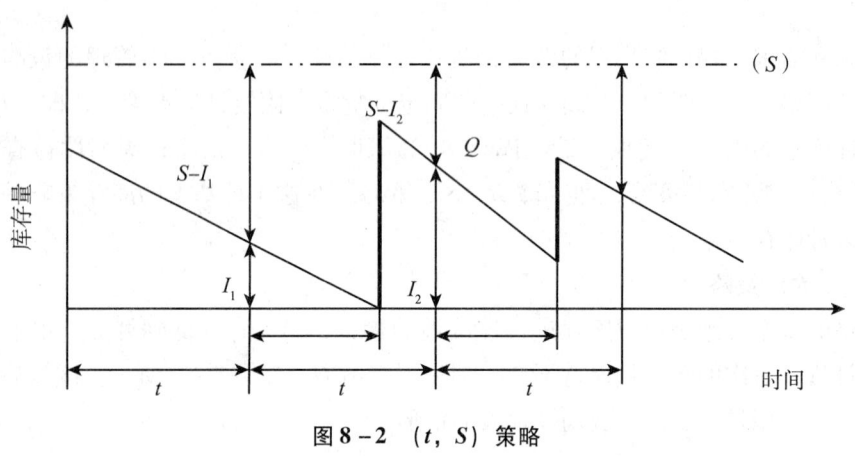

图 8-2 （t，S）策略

4. （t，R，S）策略

该策略是（t，S）和（R，S）的综合。这种补给策略有一个固定的检查周期 t、最大库存量 S、固定订货水平 R。当经过一定的检查周期 t 后，若库存低于订货点，则发出订货；否则，不订货。订货量的大小等于最大库存减去检查时的库存量。如图 8-3 所示，当经过固定的检查时期时，发现库存水平已经降低到订货点水平 R 以下，因此应发出一次订

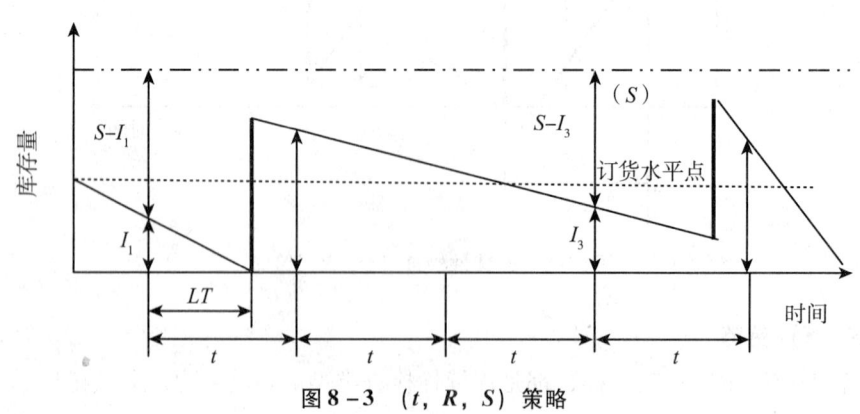

图 8-3 （t，R，S）策略

货。订货量等于最大库存量 S 与当时的库存量 I_1 的差（$S-I_1$）。在第二个检查期到来时，此时的库存位置比订货点水平位置高，则无须订货。第三个检查期到来时，库存点等于订货点，又一次订货，订货量为（$S-I_3$），如此周期地进行下去，实现周期性库存补给。该系统由固定的检查周期、最大库存水平和订货点三个变量共同决定。

三、常见的库存控制模型

常见的独立需求库存控制模型根据其主要的参数，如需求量与提前期是否确定，分为确定型库存模型和随机型库存模型。

（一）确定型库存模型

此类模型有 6 种，分不允许缺货、允许缺货、实行补货 3 种情况，每种情况又分瞬时到货、延时到货 2 种情形。其中比较常见的就是经济批量订货模型，它是一种不允许缺货、瞬时到货确定性库存模型。

经济订购批量公式又称经济批量法（EOQ）。它是由确定性存储模型推出的，进货间隔时间和进货数量是两个最主要的变量。运用这个方法，可以取得存储费用与进货费用之间的平衡，确定最佳进货数量和进货时间。

1. 模型假设

该模型有以下假设：

（1）外部对库存系统的需求为均匀需求，而且需求率是已知常量。
（2）每次订货批量无数量限制。
（3）订货提前期（lead time，LT）为已知常量。
（4）每次订货费为已知常量。
（5）无价格折扣。
（6）库存费用与库存量成正比，且线性相关。
（7）补货时间忽略不计。
（8）不允许缺货。

2. 库存状态

在以上假设条件下，库存量变化的库存状态如图 8-4 所示。

系统的最大库存量为 Q，假设不存在缺货，最小库存量为 0，库存按设定值 D 的需求率减少。当库存量降到订货点 R 时，就按固定订货量即最大库存量 Q 发出订货请求。经过一个固定的订货提前期 LT，新的一批货 Q 到达（此时库存刚好变为 0）。由于补货时间忽略不计，库存量再次瞬间提升到 Q。

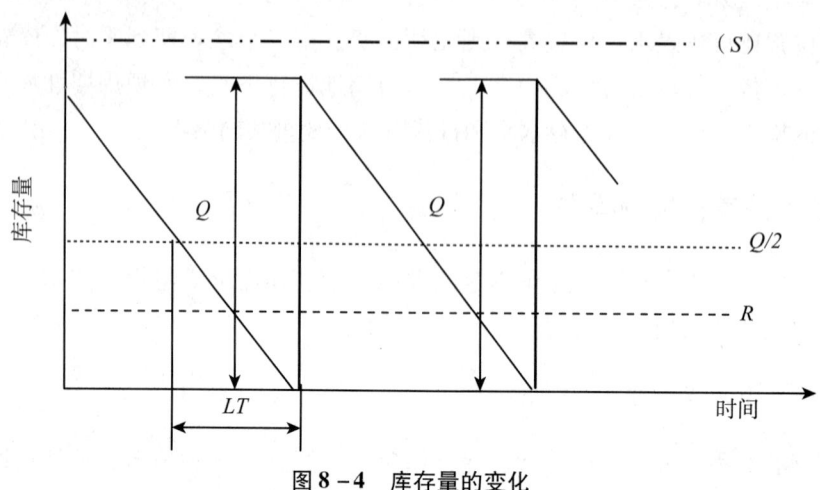

图 8-4　库存量的变化

3. 费用关系

显然在经济批量模型的假设条件下，缺货费用为零。

一次订货费用不变，且与订货批量无关，因此单位产品的订购费用与订货批量之间成反比关系。

存储费与订货批量之间呈线性相关关系。

单位订货费、存储费与订货批量之间的关系如图 8-5 所示。

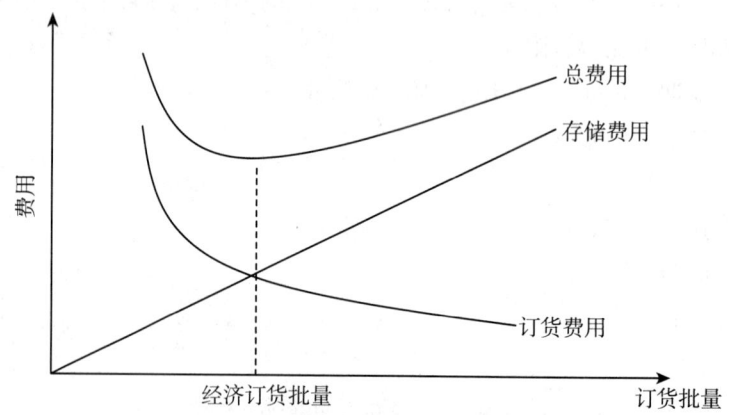

图 8-5　费用与订货批量之间的函数关系

4. 订货批量

一年订货 D/Q 次，平均库存为订货批量的一半，于是有库存总费用的函数关系，其计算公式如下：

$$C_T = C_H + C_R = \frac{Q}{2}H + \frac{D}{Q}K \tag{8-1}$$

式中，K 为单次订货费，H 为单位维持库存费，D 为年需求率，Q 为每次订货批量。

为了求出经济订货批量,将式(8-1)对 Q 求导数,并令一阶导数为零,求解 Q,得出:

$$Q^* = \sqrt{\frac{2DK}{H}} \qquad (8-2)$$

可以看出,经济订货批量随单位订货费 K 增加而增加,随单位维持库存费 H 增加而减少。因此,采购困难或订货费较高物品的一次订货批量较大,而比较昂贵从而库存维持费较高的物品订货批量则较少,这与我们从经验中推出的结论都是相吻合的。

【例8-1】某企业对某种产品的年度需求量是8000单位,每单位产品的价值是 $V=10$(元/件),每次订货费用 $K=30$(元)。库存持有成本按照存货价值的30%计算,求EOQ。

解:该企业的经济订货批量为:

$$Q^* = \sqrt{\frac{2DK}{H}} = \sqrt{\frac{2 \times 8000 \times 30}{10 \times 30\%}} = 400(件)$$

EOQ是实际库存系统的简化形式,在实际应用中它也有一定局限性。第一,需求在长期内保持不变是不切合实际的;第二,产品的补充往往是需要时间的;第三,订货批量固定的要求很难实现。尽管如此,这个简单的模型给我们提出了两个重要见解:最佳的订货策略是在单位时间的库存保管成本与订货固定成本之间进行权衡的结果。随着订货批量 Q 的增加,单位时间的库存保管成本增加,而单位时间的固定订货成本下降。可以找到平衡点。

(二)随机型库存模型

随机型库存模型要解决的问题是:确定经济订货批量或经济订货期;确定安全库存量;确定订货点和订货后的最大库存量。

随机型库存模型也分连续性检查和周期性检查两种情况。当需求量、提前期同时为随机变量时,库存模型较为复杂。

第二节 供应链管理环境下的库存问题

原材料、在制品、半成品、成品等形式的库存存在于供应链的各个环节,由于库存费用占库存物品价值的20%~40%,因此供应链中的库存控制非常重要。通过对供应链管理环境下的库存控制中存在的主要问题的调查与整合,可以将其综合成三方面的内容,分别是供应链管理环境下的库存控制问题、供应链中的需求变异放大和供应链中的不确定性。

一、供应链环境下的库存问题特征

由于供应链管理思想对库存的影响,供应链环境下的库存问题与传统的企业库存问题有许多不同之处。传统的企业库存管理侧重于优化单一的库存成本,从持有成本和订货成本出发确定经济订货量和订货点。从单一的库存角度看,这种库存管理方法有一定的适用性,但是从供应链整体的角度看,单一企业库存管理的方法显然是不够的。

目前供应链管理环境下的库存控制中存在的主要问题可归纳为以下几个方面:

1. 供应链的系统观念不强

虽然各个供应链节点的绩效决定了供应链的整体绩效,但是各个节点企业都有各自独立的目标与使命,有些节点企业的目标和供需链的整体目标是不相干的,甚至有可能是冲突的。因此,这种各自为政的行为造成了供应链整体效率的低下。

虽然对供应链管理绩效评价的研究已经取得了一些进展,但是对供应链库存管理绩效评价仍显不足。有些企业采用库存周转率作为供应链库存管理的绩效评价指标,但是没有考虑对客户的反应时间与服务水平。因此科学、全面地分析和评价供应链库存管理绩效,从整体考虑供应链的效率就成为一个非常重要的问题。

2. 对用户需求理解不恰当

通常情况下,供应链管理的绩效好坏应该由用户来衡量,或者以对用户的反应能力来衡量。但是对用户服务的理解与定义各不相同,直接导致对用户服务水平的差异。许多企业采用订货满足率来评估用户服务水平,这是一种比较好的用户服务考核指标。

传统的订货满足率评价指标也不能评价订货的延迟水平。两家同样具有90%的订货满足率的供应链,在如何迅速补给余下的10%订货要求方面差别是很大的。在实际工作中,其他的服务指标,如总订货周转时间、平均回头订货量、平均延迟时间、提前或延迟交货时间等因素也常常被忽视。

3. 交货状态数据不准确

当客户下达订单时,总是希望知道其交货日期,这直接表现在等待交货过程中可能会对订单交货状态进行修改或放弃等决策上。虽然不否定一次性交货的重要性,但许多企业并没有及时而准确地把推迟的订单交货的修改数据提供给用户,其结果当然是用户的不满和良好愿望的损失。比如,一家快餐品公司花了1周的时间通知客户交货的日期,而40%的订单的实际交货日期与承诺交货日期相差10天之久,可能直接造成顾客与潜在客户的流失,也有可能造成一些不必要的资源浪费。交货状态数据不及时、不准确是造成信息传递系统问题的主要原因。

4. 信息传递系统效率低

供应链节点上各个企业之间的需求预测、库存状态、生产计划等都是供应链管理的重要数据。这些数据分布在不同的供应链节点企业之间,要实现快速有效地响应客户需求,必须及时传递这些数据。为此需要对供应链的信息系统模型作相应的改变,通过系统集成的办法,使供应链中的库存数据能够实时、快速地传递。但是目前许多企业的信息系统并没有很好地集成起来,当供应商需要了解用户的需求信息时,常常得到的是延迟的信息和不准确的信息。由于延迟引起误差和影响库存量的精确度,短期生产计划的实施也会遇到困难。例如,企业为了制订一个生产计划,需要获得关于需求预测、当前库存状态、订货的运输能力、生产能力等信息,这些信息需要从供应链的不同节点企业库存数据获得,数据调用的工作量很大。数据整理完后制订出生产计划，然后运用相关管理软件制订物料需求计划，这样一个过程一般需要很长时间。时间越长，预测误差越大，制造商对最新订货信息的有效反应能力也就越小，就极有可能生产出过时的产品和造成过高的库存。

5. 忽视库存影响的不确定性

供应链运营过程中存在许多的不确定因素，如订货的前置时间、货物的运输状况、原材料的质量、生产时间、运输时间、需求的变化等。为减少不确定性对供应链的影响，首先应了解不确定性的来源和影响程度。很多公司并没有认真研究和跟踪其不确定性的来源和影响，而错误估计供应链中物料的流动时间，造成物品库存增加或者物品库存不足的现象。

6. 库存控制策略简单化

对于生产企业或者物流企业等来说，库存控制的目的都是为了保证供应链运行的连续性和应付需求不确定性。制定相应的库存控制策略的第一步是了解和跟踪不确定性状态因素，然后再利用跟踪到的信息制定相应的控制策略。库存控制策略制定的过程是一个动态的过程，而且在库存控制策略中应该反映不确定性动态变化的特性。许多企业对所有的物资采用统一的库存控制策略，物资的分类没有反映供应与需求的不确定性。在传统的库存控制策略中，多数是面向单一企业的，采用的信息基本上来自企业内部，库存控制策略没有体现供应链管理的思想。因此，供应链库存管理的重要内容之一是如何建立有效的库存控制方法，并能体现供应链管理思想。

7. 缺乏合作与协调

供应链是一个整体，需要协调各方活动才能取得最佳的运作效果。协调的目的是使一些符合质量要求的信息可以无缝地、流畅地在供应链中传递，从而使整个供应链能够根据用户的要求保持步调一致，形成更为合理的供需关系，从而适应复杂多变的市场环境。如果企业间缺乏协调与合作，就会导致交货期的延迟和服务水平的下降，同时库存水平也会因此而提高。在供应链库存管理中，组织障碍是库存增加的一个重要因素。不管是企业内部还是企业之间，相互的合作与协调是实现供应链无缝链接的关键。在供应链管理环境下，库存控制不再是一种运作问题，而是企业的战略性问题。要实现供应链管理的高效运行，必须加强企业间的合作，建立有效的协调机制。除此之外，随着现代产品设计与先进制造技术的出现，产品的生产效率大幅度提高，而且具有较高的成本效益，但是供应链库存的复杂性却常常被忽视了。

二、供应链中的库存波动

牛鞭效应的存在对于供应链系统的运营影响很大，而且逐级采购将会导致库存联动效应，如表 8-1 所示。表 8-1 中，零售商向分销商订货，而分销商向制造商订货，各自的目标期望库存满足两个时期的销售需求。初始时期 0，长期订货经验，达到平稳状态，零售商和分销商各自都向下层订货 20 单位，制造商安排生产 20 单位；但在时期 1，市场需求发生微小变化，减少 1 单位需求，按照同样的库存策略，零售商只需采购 17 单位，分销商也只需要订货 11 单位，制造商库存积压，只好不生产；到了时期 2，市场需求并没有变化，零售商需要采购 19 单位、分销商则需要订货 23 单位，制造商需要加班生产 40 单位；以此类推，直到时期 4，才能达到新的平衡。

表 8-1　　　　　　　　　　　　　逐级采购的库存联动效应

层级	项目	时期0	时期1	时期2	时期3	时期4
零售商	期初库存	40	40	38	38	38
	单周销售	20	19	19	19	19
	期末库存	20	21	19	19	19
	期望库存	40	38	38	38	38
	订购数量	20	17	19	19	19
分销商	期初库存	40	40	34	38	38
	单周销售	20	17	19	19	19
	期末库存	20	23	15	19	19
	期望库存	40	34	38	38	38
	订购数量	20	11	23	19	19
生产商	期初库存	40	40	29	46	38
	单周销售	20	11	23	19	19
	期末库存	20	29	6	27	19
	期望库存	40	22	46	38	38
	生产数量	20	0	40	11	19

由此可见，如果供应链在没有信息共享的市场销售的情况下，在供应链下游和市场的微小波动，将会以逐级扩大的方式传递到供应链上游的企业。上游企业接收了扭曲的信息，在制订生产计划时就会产生失误。正是这种需求放大效应和库存联动效应的影响，上游供应商往往比下游供应商维持较高的库存水平。如何避免此类信息的扭曲产生是供应链库存管理模式需要解决的又一个问题。

第三节　供应链环境下的库存管理策略

一、供应商管理库存（VMI）

（一）VMI 的概念

供应商管理库存（vendor managed inventory，VMI）是一种在供应链环境下的库存运作模式。本质上，它是将多级供应链问题变成单级库存管理问题，相对于按照传统用户发出订单进行补货的传统做法。VMI 是以实际或预测的消费需求和库存量，作为市场需求预测和库存补货的解决方法，即由销售资料得到消费需求信息，供货商可以更有效的计划更快速地反映市场变化和消费需求。

VMI 的主要思想是供应商在用户的允许下设立库存，确定库存水平和补给策略并拥有库存控制权。精心设计与开发的 VMI 系统，不仅可以降低供应链的库存水平、降低成本、改善资金流，而且用户还可获得高水平的服务，与供应商共享需求变化的透明性和获得更高的用户信任度。

综上，VMI 的概念可概括如下：VMI 是指供应商库存管理在供应链环境下，由供应链上的制造商、批发商等上游企业对众多分销商、零售商等下游企业的流通库存进行统一管理和控制的一种新型管理方式。其主要思想就是实施供应厂商一体化，在这种方式下，供应链的上游企业不再是被动地按照下游订单发货和补充订货，而是根据自己对众多下游经销商需求的整体把握，主动安排一种更合理的发货方式，既满足下游经销商的需求，同时又使自己的库存管理和补充订货策略更合理，从而使供应链上供需双方成本降低，实现 VMI 下的双赢。

（二）VMI 系统的构成

VMI 系统可分成两个模组：第一个是需求预测计划模组，可以产生准确的需求预测；第二个是配销计划模组，可根据实际客户订单、运送方式，产生客户满意度高及成本低的配送。

1. 需求预测计划模组

需求预测最主要的目的就是要协助供应商做库存管理决策。准确预测可让供应商明确了解应该销售何种商品、销售给谁、以何种价格销售、何时销售等。

预测所需参考的要素包括：客户订货历史资料，即客户平常的订货资料，可以作为未来预测的需求；非客户历史资料，即市场情报，如促销活动资料等。

需求预测程序为：

第一，供应商收到用户最近的产品销售资料，然后做需求历史分析。

第二，使用统计分析方法，以客户的平均历史需求、客户的需求动向、客户需求的周期做参考，产生最初的预测模式。

第三，由统计工具模拟不同的条件，如促销活动、市场动向、广告、价格异动等，产生调整后的预测需求。

2. 配销计划模组

配销计划最主要是有效地管理库存量，VMI 可以比较库存计划和实际库存量并得知目前库存量尚能维持多久。所产生的补货计划是依据需求预测模组得到的需求预测、与用户约定的补货规则（如最小订购量、配送提前期、安全库存）、配送原则等。至于补货订单方面，VMI 可以自动完成最符合经济效益的建议配送策略（如运送量、运输工具的承载量）

及配送进度。

（三）VMI 的实施方法与步骤

1. VMI 的实施方法

（1）改变订单的处理方式，建立基于标准的托付订单处理模式。由供应商和批发商一起确定供应商的订单业务处理过程所需要的信息和库存控制参数，然后建立一种订单处理的标准模式。最后把订货、交货和票据处理各个业务功能集成在供应商一边。

（2）库存状态透明性（对供应商）是实施供应商管理用户库存的关键。供应商能够随时跟踪和检查到销售商的库存状态，从而快速地响应市场的需求变化，对企业的生产（供应）状态做出相应的调整。为此需要建立一种能够使供应商和用户（分销商、批发商）的库存信息系统透明连接的方法。

VMI 使用电子数据交换使供应商与客户彼此交换资料。交换的资料包括产品活动、计划进度及预测、订单确认、订单资料等。

（3）VMI 补货作业过程。VMI 的作业流程如图 8-6 所示，具体过程如下。

①批发商每日或每周送出正确的商品活动资料给供应商。

②供应商接收用户传送来的商品活动资料并根据此资料与商品的历史资料做预测。

③供应商使用统计方法，针对每种商品做出预测。

④供应商根据市场情报、销售情形对上述预测进行适当调整。

⑤供应商按照调整后的预测再修订补货系统预先设定的条件、配送条件、客户要求的服务等级、安全库存量等，产生最具效益的订单量。

⑥供应商根据现有的库存量、已订购量做出最佳的补货计划。

⑦供应商根据自动货物装载系统计算得到最佳运输配送。

⑧供应商根据以上得到的最佳订货量，在供应商内部产生用户所需的订单。

⑨供应商产生订单后确认资料并传送给用户，通过用户补货。

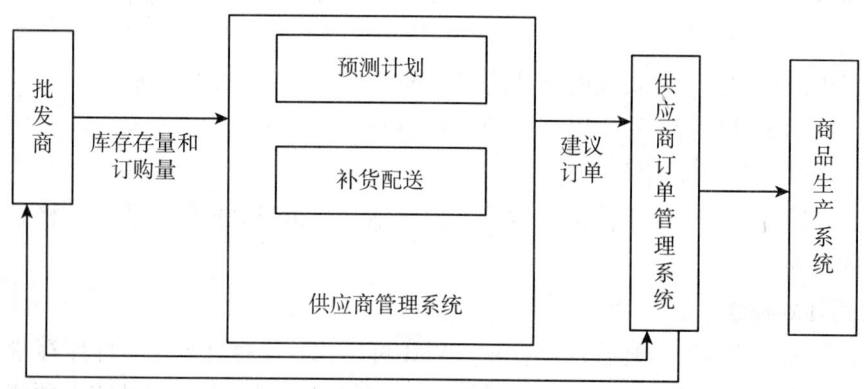

图 8-6 VMI 作业流程

2. VMI 的实施步骤

供应商管理库存的策略可以分为以下步骤。

(1) 建立顾客情报信息系统。供应商要有效地管理销售库存，必须能够获得顾客的有关信息。通过建立顾客的信息库，供应商能够掌握需求变化的有关情况，把由批发商（分销商）进行的需求预测与分析功能集成到供应商的系统中来。

(2) 建立销售网络管理系统。供应商要很好地管理库存，必须建立起完善的销售网络管理系统，保证自己的产品需求信息和物流畅通。为此，必须保证产品条码的可读性和唯一性；解决产品分类、编码的标准化问题；解决商品存储运输过程中的识别问题。

目前已有许多企业开始采用制造资源计划系统或企业资源计划系统，这些软件系统都集成了销售管理的功能。通过对这些功能的扩展可以建立完善的销售网络管理系统，保证企业的产品需求信息流和物流畅通。

(3) 建立供应商与分销商（批发商）的合作框架协议。供应商和销售商（批发商）一起通过协商，确定处理订单的业务流程以及控制库存的有关参数（如再订货点、最低库存水平等）、库存信息的传递方式（如电子数据交换或互联网）等。

(4) 组织机构的变革。组织机构的变革很重要，因为 VMI 策略改变了供应商的组织模式。过去一般由财务部处理与用户有关的事情，引入 VM 策略后，在订货部门产生了一个新的职能——负责用户库存的控制、库存补给和服务水平。

根据卡罗琳（Carlyn）和玛丽（Mary）的研究，VMI 主要存在以下 4 种管理存货方式。

①供应商提供包括所有产品的软件进行存货决策，用户使用软件执行存货决策，用户拥有存货所有权并管理存货。

②供应商在用户的所在地，代表用户执行存货决策并管理存货，但是存货的所有权归用户。

③供应商在用户的所在地，代表用户执行存货决策并管理存货，拥有存货的所有权。

④供应商不在用户的所在地，但是定期派人代表用户执行存货决策并管理存货，供应商拥有存货的所有权。

（四）VMI 的优点与局限性

1. 优点

通过国内外几年的实施，VMI 被证明是一种先进的库存管理模式，它具有以下优点。

(1) 由供应商掌握库存就可以把客户从库存陷阱中解放出来，客户不需要占用库存资金，不需要增加采购、进货、入库、出库、保管等一系列的工作，能够集中更多的资金、人力、物力用于提高其核心竞争力，从而为整个供应链，包括供应链企业制造一个更加有利的局面。

(2) 供应商掌握客户的库存具有很大的主动性和灵活性，能够提高资源的利用率，减少浪费及非增值活动，提高生产、运输的效率。

(3) 供应商管理库存就是掌握市场。客户的库存消耗就是市场需求的组成部分，它直接反映了客户的消费水平和消费倾向，这对于供应商改进产品结构和设计、开发销售对路的新产品，以及对于企业的生产决策和经营决策都起着有利的信息支持作用。

（4）供应商通过 IT 共享客户的需求信息，削弱了供应链的需求波动逐级放大效应——牛鞭效应，从而减少安全库存。

（5）降低交易成本。在 VMI 模式下，供需双方是基于互信的合作伙伴关系，客户将其库存的补货决策权完全交给了供应商，从而减少了传统补货模式下协商、谈判等事务性工作，大大节约了交易费用。

（6）提高服务水平。VMI 通过供应商将供需双方的信息及职能活动集成，使得企业访问的界面更加友好，业务活动同步运作，从而提高供需双方的柔性及顾客响应能力。如当需求异常波动时，供应商能够及时获取需求信息，并快速调整补货策略。同时，生产、运输部门也同步做出快速反应，调整作业计划。

2. 局限性

（1）VMI 对企业间的信任要求较高。VMI 是跨企业边界的集成与协调，要求供需双方建立互信的合作伙伴关系。如果企业缺乏信任，要实现信息共享和企业间的集成与协调是不可能的。供需双方互信与合作是 VMI 成功的必备条件。

（2）VMI 中的框架协议虽说是双方协议，但供应商处于主导地位，是单行的过程，决策过程中缺乏足够的协商，难免造成失误。

（3）责任与利益不统一。在 VMI 模式下，供应商承担了客户的库存管理及需求预测分析的责任，但它比其客户获取更少的利润，而未承担库存管理责任的客户却获得更多的利润，造成了责任与利益不统一，从而影响了供应商实施 VMI 的积极性。因此，购买方应从长远利益来考虑，采取一些激励措施来激发供应商的积极性，如通过合约将一定比例的利润支付给供应商。VMI 的实施减少了库存总费用，但在 VMI 系统中，供应商比以前承担更多的管理责任，如库存费用、运输费用和意外损失（如物品损坏）不是由客户承担，而是由供应商承担，由此可见，VMI 实际上是对传统的库存控制策略进行"责任倒置"后的一种库存管理办法，这无疑加大了供应商的风险。

由上述分析可以看出，实施 VMI 必须慎重，既要看到 VMI 所带来的利益，也要考虑其存在的问题，绝不能草率行事。

二、联合库存管理（JMI）

为了克服 VMI 系统的局限性，同时避免或者减少牛鞭效应，联合库存管理（jointly managed inventory，JMI）随之而出。不同于 VMI 集成化运作的决策代理模式，联合库存是一种风险分担的库存控制模式。JMI 体现了战略供应商联盟的新型企业合作关系，强调了供应链企业之间的双方互利合作关系。适合实施联合库存的核心企业是零售业以及连锁经营企业中的地区分销中心（或在供应链上占据核心位置的大型企业）。

(一) JMI 的概念及基本思想

联合库存管理，顾名思义，就是供应链上的各类企业（供应商、制造商、分销商）通过对消费需求的认识和预测的协调一致，共同进行库存的管理和控制，利益共享、风险同担。VMI 是一种供应链集成化运作的决策代理模式，它把用户的库存决策权代理给供应商，由供应商、代理分销商或批发商行使库存决策的权力。而 JMI 是一种风险分担的库存管理模式，它使得供应链环节中的各类企业共同对库存问题进行管理。因此，在供应链企业之间的合作关系中，JMI 更强调双方的互利合作关系，更集中地体现战略供应商联盟的新型企业合作思想。

JMI 的思想可以从分销中心的联合库存功能谈起。地区分销中心体现了一种简单的联合库存管理思想。传统的分销模式是分销商根据市场需求直接向工厂订货，比如，汽车分销商（或批发商）根据用户对车型、款式、颜色、价格等的不同需求向汽车制造厂订货，需要经过一段较长时间才能达到，因为顾客不想等待这么久的时间，各个分销商不得不进行库存备货，这样大量的库存使分销商难以承受，以致破产。JMI 旨在解决供应链系统中由于各节点企业的相互独立库存运作模式导致的需求放大现象，是提高供应链的同步化程度的一种有效方法。和 VMI 不同，JMI 强调供应链中各个节点同时参与、共同制订库存计划，使供应过程中的每个库存管理者（供应商、制造商、分销商）都从相互之间的协调性考虑，使供应链相邻的两个节点之间的库存管理者对需求的预期保持一致，从而消除需求变异放大现象。JMI 把供应链系统管理进一步集成为"上游"和"下游"两个协调管理中心，从而部分消除由于供应链环节之间的不确定性和需求信息扭曲现象导致的供应链的库存波动。通过协调处理中心，供需双方共享需求信息，使供应链的运行更加稳定，如图 8-7 所示。

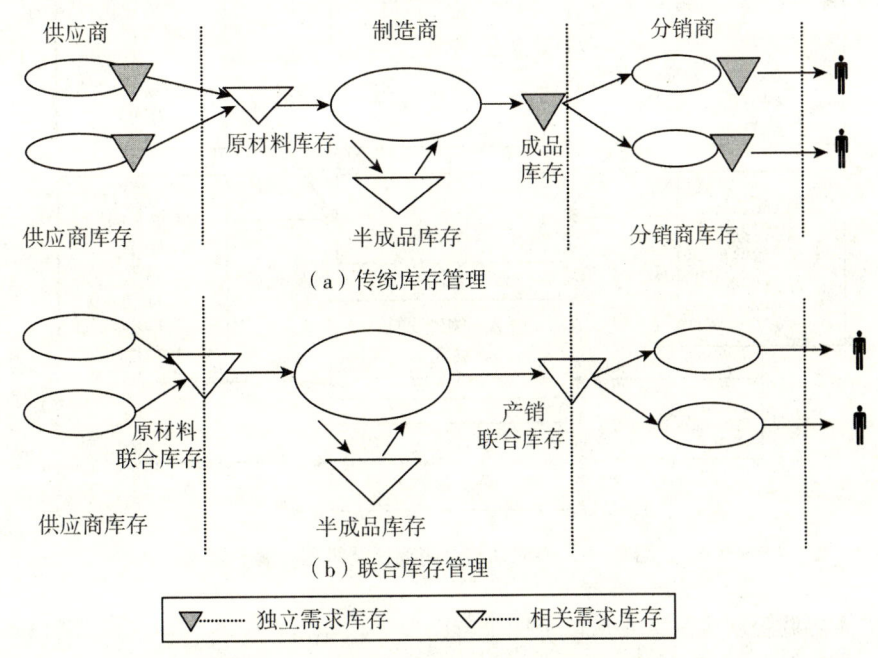

图 8-7 传统库存管理与联合库存管理方法

(二) JMI 的管理优势

基于协调中心的库存管理和传统的库存管理模式相比,具有以下几个方面的优势。

(1) 为实现供应链的同步化运作提供了条件和保证。

(2) 减少了供应链中的需求扭曲现象,降低了库存的不确定性,提高了供应链的稳定性。

(3) 库存作为供需双方的信息交流和协调的纽带,可以暴露供应链管理中的缺陷,为改进供应链管理水平提供依据。

(4) 为实现零库存管理、准时采购以及精细供应链管理创造了条件。

(5) 进一步体现了供应链管理的资源共享和风险分担的原则。

(三) JMI 的实施策略

1. 建立供需协调管理机制

为了发挥联合库存管理的作用,供需双方应从合作的精神出发,建立供需协调管理的机制,明确各自的目标和责任,建立合作沟通的渠道,为供应链的联合库存管理提供有效的机制,没有一个协调的管理机制,供需双方就不可能进行有效的联合库存管理。图 8-8 为供应商与分销商协调管理机制模型。

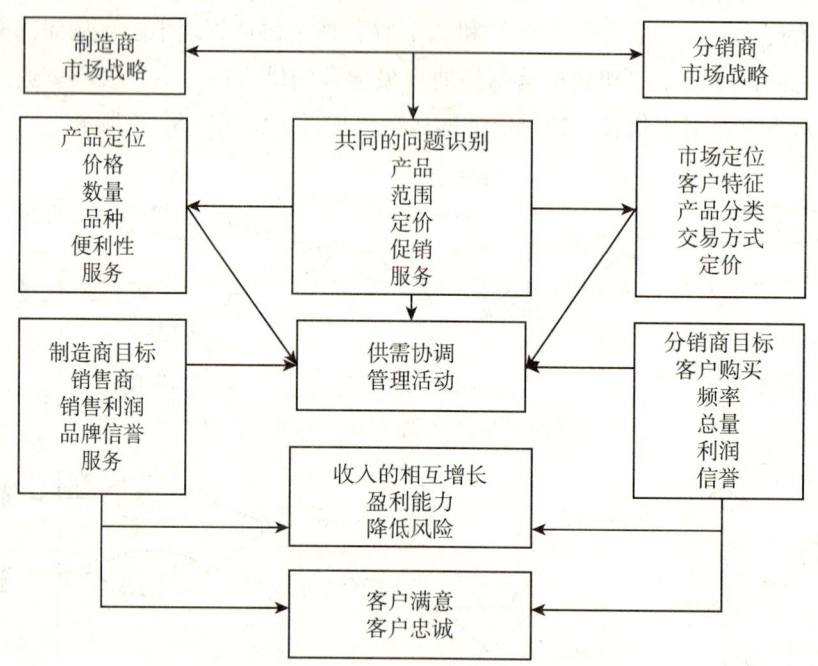

图 8-8 供应商与分销商协调管理机制

建立供需协调管理机制,要从以下四个方面着手。

(1) 建立共同合作目标。要建立联合库存管理模式,供需双方必须本着互惠互利的原则,建立共同的合作目标。为此,要理解供需双方在市场目标中的共同之处和冲突点,通过协商形成共同的目标,如用户满意度、利润的共同增长和风险的减少等。

(2) 建立联合库存的协调控制方法。联合库存管理中心担负着协调供需双方利益的角色,起协调控制器的作用。因此,需要对库存优化的方法进行明确确定。这些内容包括库存如何在多个需求商之间调节与分配、库存的最大量和最低库存水平、安全库存的确定、需求的预测等。

(3) 建立一种信息沟通的渠道或系统。信息共享是供应链管理的特色之一。为了提高整个供应链需求信息的一致性和稳定性,减少由于多重预测导致的需求信息扭曲,应增加供应链各方对需求信息的获得的及时性和透明性。为此,应建立一种信息沟通的渠道或系统,以保证需求信息在供应链中的畅通性和准确性,要将条码技术、扫描技术、POS 系统和 EDI 集成起来,并且要充分利用互联网的优势,在供需双方之间建立一个畅通的信息沟通桥梁和联系纽带。

(4) 建立利益的分配和激励机制。要有效运行基于协调中心的库存管理,必须建立一种公平的利益分配制度,将通过供应链管理实现的利益在供应链各节点企业之间进行合理分配。另外,将建立有效的激励机制,并对参与协调库存管理中心的各个企业(供应商、制造商、分销商或批发商)进行有效的激励,防止机会主义行为,增加供应链运作的协调性。

2. 发挥两种资源计划系统的作用

为了发挥联合库存管理的作用,在供应链库存管理中应充分利用目前比较成熟的两种资源管理系统:制造资源计划(MRPⅡ)和配送需求计划(DRP)。原材料库存协调管理中心应采用制造资源计划系统,而在产品联合库存协调管理中心则应采用配送需求计划,然后将这两种资源计划系统很好地结合并发挥其作用。

3. 建立快速响应系统

快速响应系统是在 20 世纪 80 年代末由美国服装行业发展起来的一种供应链管理策略,目的在于减少供应链中从原材料到用户过程的时间和库存,最大限度地提高供应的运作效率。快速响应系统在美国等西方国家的供应链管理中被认为是一种有效的管理策略,经历了 3 个发展阶段。第一阶段为商品条码化,通过对商品的标准化识别处理加快订单的传输速度;第二阶段是内部业务处理的自动化,采用自动补库与 EDI 数据交换系统提高业务自动化水平;第三阶段是采用更有效的企业间的合作,消除供应链组织之间的障碍,提高供应链的整体效率,如通过供需双方合作确定库存水平和销售策略等。

目前在欧美等西方国家,QR 系统应用已到达第三阶段,通过协同规划、预测和补给等策略进行有效的用户需求反应。美国的 Kurt Salmon 协会调查分析认为,实施快速响应系统后供应链效率大有提高,缺货大大减少,通过供应商与零售商的联合协作保证 24 小时供货;库存周转速度提高 1~2 倍;通过敏捷制造技术,企业的产品中有 20%~30% 是根据用户的需求而制造的。快速响应系统需要供需双方的密切合作,因此协调库存管理中心的建立为快速响应系统发挥更大的作用创造了有利的条件。

4. 物流系统的作用

第三方物流系统（third party logistics，TPL）是供应链集成的一种物流管理方法。TPL 也叫作物流服务提供者（logistics service provider，LSP），它为用户提供各种服务，如产品运输、订单选择、库存管理等。第三方物流系统的产生是由一些大的公共仓储公司通过提供更多的附加服务演变而来的，还有一种产生方式是由一些制造企业的运输和分销部门演变而来。

面向协调中心的第三方物流系统使供应与需求双方都取消了各自独立的库存，增加了供应链的敏捷性和协调性，并且能够大大改善供应链的用户服务水平和运作效率。

（四）JMI 的实施步骤

为了充分发挥联合库存的优势，建立供需协调管理机制，供需双方应在充分合作的前提下，明确各自的目标和责任，建立合作和沟通的渠道，为供应链的联合库存管理机制提供条件。针对企业的供应链结构，有关联合库存的供应链管理实施步骤如下：

（1）分析物料供应商的现状，如利用现存的关键表现指数（KPI）对供应商进行评级。

（2）选取级别最高的若干家物料供应商，建立联合库存管理模式。供需双方应本着互惠互利的原则，树立共同的合作目标。采用 SWOT 法（优势、弱势、机会、威胁），通过协商形成共同的目标。

（3）建立联合库存的协调控制方法：通过供需双方的固定部门，利用 EDI 技术可以建立一个共用的工作平台，将双方的库存信息、最大最小库存、安全库存、需求的预测等实现实时共享，升级优化。

（4）在供需双方的资源管理系统（如 MRP II/DRP）之间建立系统间的共享，增强供需双方的协调机制。

（5）定期召开供需双方见面会，就联合库存的协调问题、数据处理和共享的问题、双方工作流程的沟通等进行面对面的交流，增进了解，促进合作。联合库存管理协调机制因能对需求变化做出快速响应，从而能提升供应链各个节点企业的运行效率，降低库存成本，赢得竞争优势。

三、合作计划、预测与补给（CPFR）

前两节提到了关于供应链伙伴的合作模式——供应商管理库存和联合管理库存，但这两种模式都存在局限性：VMI 和 JMI 都没有调动下级节点企业的积极性，过度地以客户为中心，供应链没有实现真正的集成，使得库存水平较高，订单落实速度慢。所以，当发现供应出现问题（如产品短缺）时，留给供应商进行解决的时间非常有限。针对 JMI 和 VMI 的不足，20 世纪 90 年代末又有学者提出一种新的供应链库存管理方法——合作计划、预测与补给（collaborative planning, forecasting and replenishment，CPFR）。CPFR 建立在 JMI 和 VMI 的最佳分级实践基础上，是体现供应商与零售商之间协调与合作关系的新型模型。

（一）CPFR 的基本内容

1. CPFR 的概念

CPFR 既是一种管理理念，又是一系列的活动过程。它应用一系列的处理和技术模型，提供覆盖整个供应链的合作过程，通过共同管理业务过程和共享信息来改善零售商和供应商的伙伴关系，提高预测的准确度，最终达到提高供应链效率、减少库存和提高消费者满意程度的目的。

CPFR 最大的优势是能及时准确地预测由各项促销措施或异常变化带来的销售高峰和波动，从而使销售商和供应商都能做好充分的准备，赢得主动。同时，CPFR 采取了一种"双赢"的原则，始终从全局的观点出发，制定统一的管理目标以及方案实施办法，以库存管理为核心，兼顾供应链上其他方面的管理。

虽然 CPFR 是建立在供应商管理库存和联合库存管理的最佳分级实践的基础上，但它摒弃了两者中的主要缺点，即没有一个适合所有贸易伙伴的业务过程、未实现供应链的集成等，通过供应链企业共同建立的一个适合所有贸易伙伴的业务过程来实现供应链集成，将协同行为渗透到预测、作业层次等。具体来讲，CPFR 有以下 4 个方面的特征。

（1）协同。所谓协同效应，是指在复杂大系统内各子系统的协同行为产生出的超越各要素自身的单独作用，从而形成整个系统的统一和联合作用。在 CPFR 中，供应链上下游企业就是各个子系统，协同效应可以使整个供应链系统发挥的功效大于各个子系统功效简单相加。

供应链上下游企业只有确立起共同的目标，才能使双方的绩效都得到提升，取得综合性的效益。CPFR 这种新型的合作关系要求双方长期承诺公开沟通、信息分享，从而确立其协同性的经营战略，尽管这种战略的实施必须建立在信任和承诺的基础上，但是这是买卖双方取得长远发展和良好绩效的唯一途径。

（2）计划。1995 年沃尔玛公司与 Warner-Lambert 公司 CPFR 合作模式的实施为消费品行业推动双赢的供应链管理奠定了基础，此后，当 VCIS 协会定义项目公共标准时，认为需要在已有的结构上增加"P"，即合作规划以及合作财务。此外，为了实现共同的目标，还需要双方指定促销计划、库存政策变化计划、产品导入和终止计划等。

（3）预测。CPFR 中的预测强调买卖双方必须做出最终的协同预测，协同预测可以大大降低整个供应链体系的低效率、死库存，提高产品销量、节约供应链的资源。与此同时，最终实现协同促销计划是实现预测精度提高的关键。CPFR 所推动的协同预测还有一个特点，就是它不仅关注供应链双方共同做出最终预测，同时也强调双方都应参与预测反馈信息的处理和预测模型的制定和修正，特别是如何处理预测数据的波动等问题。只有把数据集成、预测和处理的所有方面都考虑清楚，才有可能真正实现共同的目标，使协同预测落在实处。

（4）补货。根据指导原则，协同运输计划也被认为是补货的主要因素，此外，例外状况的出现也需要转化为存货的百分比、预测精度、安全库存水准、订单实现的比例、前置时间以及订单批准的比例，所有这些都需要在双方公认的计分卡基础上定期协同审核。潜在的分歧，比如基本供应量、过度承诺等，双方应加以解决。

CPFR 针对合作伙伴的战略和投资能力不同、市场信息来源不同的特点建成一个方案组。零售商和制造商从不同的角度收集不同层次的数据，通过反复交换数据和业务情报改善制订需求计划的能力，最后得到基于 POS 的消费者需求的单一共享预测。这个单一共享需求计划可以作为零售商和制造商与产品有关的所有内部计划活动的基础，换句话说，它能使价值链集成得以实现。以单一共享需求计划为基础能够发现和利用许多商业机会，优化供应链库存和改善客户服务，最终为供应链伙伴带来丰厚的收益。

2. CPFR 的指导原则

CPFR 有以下 3 条指导原则：

（1）贸易伙伴框架结构和运作过程以消费者为中心，并且面向价值链的成功运作。合作伙伴构成的框架及其运行规则主要根据消费者的需求和整个价值链的增值来制定。

（2）贸易伙伴共同负责开发单一、共享的消费者需求预测系统，这个系统驱动整个价值链计划。

（3）贸易伙伴均承诺共享预测并在消除供应过程约束上共担风险。

不难发现，CPFR 最大的优势是能及时准确地预测由各项促销措施或异常变化带来的销售高峰和波动，从而使销售商和供应商都能做好充分的准备，赢得主动。同时 CPFR 采取了一种"双赢"的原则，始终从全局的观点出发，制定统一的管理目标以及方案实施办法，以库存管理为核心，兼顾供应链上其他方面的管理。

3. 基于 CPFR 的合作伙伴关系

基于 CPFR 的合作伙伴关系如图 8-9 所示。具体来看，可分为 4 个职责层。

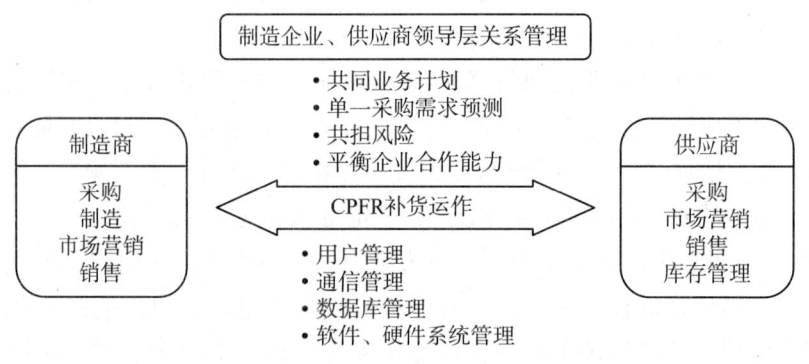

图 8-9 面向供应链的 CPFR 体系结构

第 1 层为决策层，主要职责是零售商和供应商领导层的关系管理，包括企业联盟的目标和战略的制定、跨企业的业务过程的建立、共享的领导层和执行、企业联盟的信息交换和共同决策。第 2 层为运作层，主要职责是 CPFR 的实施和运作，包括制订联合业务计划、建立单一共享需求预测、共担风险和平衡合作企业能力。第 3 层为内部管理层，主要职责是负责企业内部的运作和管理。在零售环境中，主要包括商品或分类管理、库存管理、商店运作和后勤等；在供应环境中，主要包括顾客服务、市场营销、制造、销售和分销等。第4层系统管理层，主要负责供应链运作的支撑系统和环境管理及维护。

4. 基于 CPFR 合作的价值观

在基于 CPFR 的供应链中，企业需要转变对自己、顾客和合作伙伴的价值观，主要表现在以下几个方面。

（1）以"双赢"的态度看待合作伙伴和供应链的相互作用。企业必须了解整个供应链的过程，以发现自己的信息和能力在何处有助于供应链，进而有益于最终消费者和供应链合作伙伴。

（2）为供应链成功运作提供持续保证，共同承担责任。这是基于 CPFR 的供应链成功运作所必需的企业价值观。每个合作伙伴对供应链的保证、权限和能力不同，合作伙伴应能够调整其业务活动以适应这些不同。无论在哪个职责层，合作伙伴坚持其保证和责任，将是供应链成功运作的关键。

（3）正确处理长期利益与转向机会的关系。合作企业可能遇到来自供应链之外的一些机会，这些机会要求企业将重点转向其他的产品。由于产品转向会较大地抑制合作伙伴的协调需求和供应计划的能力，它不能与 CPFR 共存，因此，合作企业应该拒绝这种产品转向的机会。

（4）实现跨企业、面向团队的供应链。团队成员可能参与其他团队，甚至与他们的合作伙伴的竞争对手合作。这些竞争对手相互之间具有"赢利/损失"关系，团队联合的深度和交换信息的类型可能造成多个 CPFR 团队中人员的冲突。在这种情况下，必须有效地构建支持完整团队和个体关系的公司价值系统。

（5）制定和维护行业标准。公司价值系统的另一个重要组成部分是对行业标准的支持。每个公司有一个单独开发的过程，这会影响公司与合作伙伴的联合。通过制定行业标准保证实施的一致性，在统一的基础上允许公司存在一定差异，这样才能被有效应用。开发和评价这些标准有利于合作伙伴的信息共享和合作。

（二）CPFR 的模型

CPFR 的业务模型中，其业务活动可划分为计划、预测和补给3个阶段，包括9个主要流程活动。第1个阶段为计划，包括第1~2步；第2个阶段为预测，包括第3~8步；第3个阶段为补给，包括第9步，具体如图8-10所示。

第1步：供应链伙伴达成前端合作协议。这一步是供应链合作伙伴包括零售商、分销商和制造商等为合作关系建立指南和规则，共同达成一个通用业务协议，包括合作的全面认识、合作目标、机密协议、资源授权、合作伙伴的任务和成绩的检测。

第2步：创建联合业务计划。供应链合作伙伴相互交换战略和业务计划信息，以发展联合业务计划。合作伙伴首先建立合作伙伴关系战略，然后定义分类任务、目标和策略，并建立合作项目的管理简况（如订单最小批量、交货期、订单间隔等）。

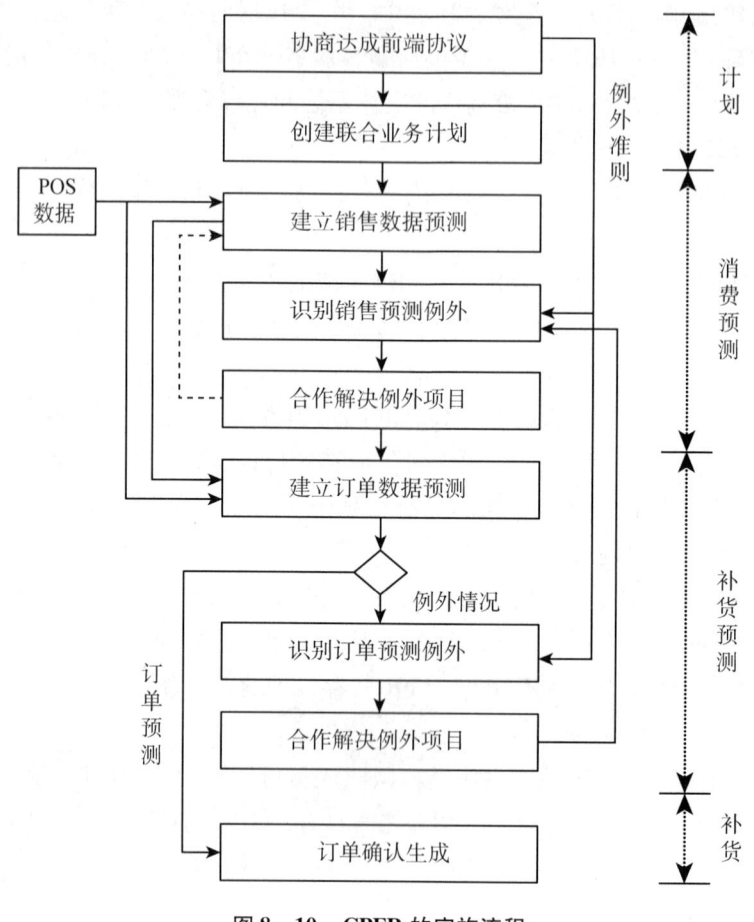

图 8-10 CPFR 的实施流程

第 3 步：建立销售数据预测。利用零售商 POS 数据、因果关系信息、已计划事件信息创建一个支持共同业务计划的销售预测。

第 4 步：识别销售预测例外。识别分布在销售预测约束之外的项目，每个项目的例外准则需在第 1 步中得到认同。

第 5 步：销售预测例外项目的解决/合作。通过查询共享数据、电子邮件、电话、会议等解决销售预测例外情况，并将产生的变化提交给销售预测（至第 3 步）。

第 6 步：建立订单数据预测。合并 POS 数据、因果关系信息和库存策略，产生一个支持共享销售预测和共同业务计划的订单预测，提出分时间段的实际需求数量，并通过产品及接收地点反映库存目标。订单预测周期内的短期部分用于产生订单，在冻结预测周期外的长期部分用于计划。

第 7 步：识别订单预测例外。识别分布在订单预测约束之外的项目，例外准则在第 1 步已建立。

第 8 步：订单预测例外项目的解决/合作。通过查询共享数据、电子邮件、电话、会议等调查研究订单预测例外情况，并将产生的变化提交给订单预测（至第 4 步）。

第9步：订单确认生成。将订单预测转换为已承诺的订单，订单产生可由制造厂或分销商根据能力、系统和资源来完成。

CPFR 的模型可用于创建一个消费者需求的单一预测，协同制造厂和零售商的订单周期，最终建立一个企业间的价值链环境，在获得最大赢利和消费者满意度的同时减少浪费和降低成本。

（三）CPFR 的局限性

同传统的供应链库存管理模式相比，CPFR 在改善供应链合作关系、提高消费者满意度和供应链整体运作效率方面，无疑取得了重大的进步，具有重要的理论和应用价值，但是，它也存在一定的局限性，具体表述如下：

（1）以消费者为中心的思想未能完全实现，主要是因为缺乏最主要的当事人消费者的积极参与和密切配合。由于合作过程是在消费者缺席的情况下展开的，缺乏与消费者的互动和交流。而 POS 只能提供关于过去的统计数据，不能真正反映消费者未来需求的真实情况。所以在 POS 基础上的需求预测难免存在偏差，以此扭曲信息驱动的供应链效率不能完全令人满意。

（2）CPFR 始于需求预测，终于订单产生，因此合作过程不是十分完善。CPFR 的工作重点是产品的生产领域和流通领域的良好对接，但这种合作性仍集中于流通领域，通过群体性更加接近实际的消费预测以驱动生产过程。

供应链管理涉及一系列错综复杂的业务活动，它不仅跨越供应商、制造商、零售商及消费者等不同组织组成的供应链的"空间通道"，还经历了计划、执行订单、供货等"时间通道"。尽管计划工作在供应链运营过程中居于重要地位，但供应链运营效果不能单单取决于计划制订过程中的合作行为，还决定于另外的（如计划执行等）全过程中全体供应链成员的群策群力。所以，供应链成员之间的合作过程应该从计划工作开始，一直持续到生产出顾客满意的产品，并送到顾客手中为止。虽然 CPFR 也对供应链企业之间的合作关系进行了一定的安排，但远远不够。

本章小结

本章首先介绍了库存管理的一般理论。根据库存产生的不同原因，库存可以分为周期库存、安全库存、在途库存、投机库存、季节性库存等。订货点库存管理的策略很多，最基本的策略有 4 种：连续性检查的固定订货量、固定订货点策略，即 (Q, R) 策略；连续性检查的固定订货点、最大库存策略，即 (R, S) 策略；周期性检查策略，即 (t, S) 策略；综合库存策略，即 (t, R, S) 策略。

此外，本章着重介绍了供应链环境下的库存管理，由于在供应链环境下变化的竞争环境所产生的高度不确定性，使基于时间、柔性等要素的运作战略的实现已经不是单个企业所能做到的，而必须依赖供应链中各个节点企业之间的相互合作和协调，形成基于供应链协同的管理方法。本章对目前出现的几种供应链管理方法——VMI、JMI 和 CPER 进行了详细的介绍。无论何种管理策略或技术，所要解决的核心问题都是：如何保证让足够多的库存在正确的时间到达正确的地点以快速满足客户的需求，并保证合适的成本和服务水平？

在供应链环境下，每个企业应当根据市场环境和自身的现实条件，与供应链中其他节点企业展开广泛和深入的协作，并形成切实可行的协作机制和流程，确定最合适本企业和所在供应链整体的库存管理解决方案，以形成自己的竞争优势。

自我测试

一、简答题

1. 制约供应链库存控制的主要因素有哪些？
2. 什么是供应商库存管理？供应商库存管理实施要经历哪几个步骤？
3. 联合库存管理的管理优势和实施策略是什么？
4. 合作计划、预测与补给的模型的实施步骤是怎样的？
5. 供应链库存管理的方法有哪些？他们之间是什么关系？

二、案例分析

Q 公司的供应商管理库存系统

Q 公司作为一家食品公司，行销全球近百个国家和地区，主要产品涵盖婴幼儿食品、乳制品及营养品类、饮料类、冰淇淋、冷冻食品及厨房调理食品类、巧克力及糖果类、宠物食品类与药品类等领域。

Q 公司在 2000 年 10 月开始积极与某连锁超市合作，制订建立供应商管理库存系统的计划，目标是要提高商品的供货率，降低连锁超市库存持有天数，缩短订货前置期以及降低双方物流作业的成本。就 Q 公司与超市原有的关系而言，只是单纯的买卖关系，唯一特别的是超市对 Q 公司来说是一个重要的客户，所以专有对应的业务人员。买卖方式是超市具有决定权，决定向 Q 订货的产品与数量。

实施 VMI 后，Q 公司与超市计划在一年内建立一套 VMI 系统并运行。具体而言，分为系统与合作模式建立阶段以及实际实施与提高阶段。第一阶段约占半年的时间，包括确立双方投入资源、建立评估指标、分析并讨论系统的要求、确立系统运作方式以及系统设置。第二阶段为后续的半年，以先导测试方式不断修正使系统与运作方式趋于稳定，并根据评估指标不断发现并解决问题，直至不需人工介入为止。

在计划的实际执行上，除了有两个大的计划阶段外，还可细分至五个子计划阶段。

（1）评估双方的运作方式与系统在合作上的可行性：合作前，双方评估各自的运作能力、系统整合能力、信息实时程度以及彼此配合的步调是否一致，以判定合作的可行性。

（2）高阶主管承诺与团队建立：双方在最高主管的认可下，由部门主管出面协商细节以及取得内部投入的承诺，并且建立初步合作的范畴和对应的窗口，开始进行合作。

（3）密切的沟通与系统建立：双方合作的人员开始进行至少每周一次的密集会议讨论具体细节，并且逐步建置合作方式与系统，包括补货依据、时间、决定方式、评量表建立、系统选择与建置等。

（4）同步化系统与自动化流程：不断的测试，使双方系统与作业方式及程序趋于稳定，成为每日例行性工作，并针对特定问题做处理。

（5）持续性训练与改进：回到合作计划的本身，除了使相关作业人员熟练作业方式和不断改进作业程序外，对库存的管理与策略也要不断思考，以求改进，并长期不断进行下去。

在系统建置方面，针对数据传输部分，Q公司与连锁超市双方采用的是EDI的方式，而在Q公司的VMI管理系统部分，则是采取外购产品的方式。

每日9：30前超市用EDI方式传送结余库存与出货资料等信息至Q公司。

9：30~10：30 Q公司将收到的资料合并至销售数据库系统中，并产生预估的补货需求，系统将预估的需求量写入后端的ERP系统中，依实际库存量计算出可行的订货量，产生所谓的建议订单。

10：30前Q公司以EDI方式传送建议订单给超市。

10：30~11：00 超市在确认订单并进行必要的修改（量与品项）后回传至Q公司。

11：00~11：30 Q公司依照确认后的订单进行拣货与出货。

（资料来源：http：//www.ancc.org.cn/news/article.aspx？id=3472）

思考：
1. 实施VMI系统给Q公司和超市带来了哪些好处？
2. 为了实施VMI系统Q公司和超市做了哪些工作？

第九章　供应链管理环境下的物流管理

[引例]　　BLW 物流：打造电商第三方仓储物流航母

仓库的主要功能是为企业提供空间存储服务。但随着社会经济发展，尤其是近几年电子商务的蓬勃发展，仓库的服务形态已发生了质的变化，随着电商的蓬勃发展，作为仓储物流行业领先企业的 BLW 物流意识到，电商仓储物流时代已经到来！正因如此，BLW 将自己定位于仓储物流整合方案专家，致力于为电子商务企业和传统企业提供一体化供应链解决方案，和专业、集成、高效的第三方现代仓储物流服务，让客户专注于业务，帮助客户持续改善物流成本。

但无论是自建物流还是第三方物流，都要牵涉到物流环节的规模问题（即仓库的弹性问题）、配套服务问题、仓库管理问题和行业经验问题。仓库面积越大，电商企业的存储越有弹性，当市场销售出现波动时，可以很便利地扩大或减少商品库存，有利于资源的更好配置。

同时，现在很多专业人士不提倡电子商务企业自建物流，是因为电子商务和物流是两个非常专业的领域，你做电子商务很专业，但做物流则未必，并且物流还包含许多基础设施方面的问题，而行业经验、配套服务和仓库管理等许多方面，都不一定是电子商务企业所擅长的。这也就是做电商的，不可能都组建自己的快递企业。社会分工就是这样，做自己有独特优势、自己擅长的事。

BLW 物流成立于 1997 年，目前的仓储面积在国内名列前茅。国内知名电商企业，均与 BLW 物流有过合作。这么多年和顶级电商企业打交道的经验，让 BLW 提前感受到市场的变化并主动适应市场需求而变化。

让电商客户更快更强，中国电子商务飞速发展是一个不可逆转的趋势。为适应电子商务市场的发展，以 BLW 为代表的传统仓储物流企业迅速向电子商务物流转变。BLW 的市场优势，主要建立在两个基础之上。第一，因为 BLW 企业经过 20 多年的发展，仓储面积、基础设施、配套设施、仓储管理经验等都有了一个很好的基础，这些优势保证了能为客户提供基本的优质仓储物流服务，同时，这也形成一个无形的壁垒，因为这些基础优势不是一些新进入的物流企业短时间内所能具备的。第二，在物流行业原始经验积累的基础上，BLW 向电子商务物流转变，致力于为中国电子商务企业提供电子商务物流解决方案。与传统仓库不同，BLW 物流近几年新建和在建的仓库，均按照电子商务的要求所建。内部结构、办公环境、单位平效、物流周转、订单处理、配套快递服务等均紧跟或超越国际电子商务水平，为电商企业提供低成本高效率的仓储物流服务，更好地解决电商企业的物流问题。

BLW 目前已在北京、沈阳等多地建立现代物流仓储基地。BLW 网络以北京为中心，将逐步扩展到沈阳、武汉、成都、上海、广州等枢纽城市，进而形成覆盖全国重点区域的网络化布局，成为行业领先的电商物流提供商和现代仓储物流整体解决方案专家。

（资料来源：http：//www.chinawuliu.com.cn/xsyj/201507/17/303386.shtml）

第一节 物流管理的基本概念

供应链上的物流不同于早期的物流。以往的物流主要强调与外部的联系，供应链环境下的物流不光要注意外部联系，还要强调与供应链其他成员之间的合作。但无论是供应链间的物流活动还是供应链内部企业之间的物流活动，其最重要的活动内容就是物质实物发生空间位置上的移动：或是供应商将原材料运到制造商的仓库；或是制造商将产品送到销售商的配送中心；再或是销售商将产品直接送到消费者手中等。基于供应链的物流管理战略应该提供一个连接供应商和用户（在供应链中，制造商是供应商的用户，销售商是制造商的用户）的物流业务过程，应该建立一个用户与供应商之间的接口，把供应商和用户更多地融入企业策略和管理决策中，以强化彼此联系和集成供应链。

一、物流管理的内涵

物流管理一向具有"软技术"之称，指的是以最低的物流成本向用户提供满意的服务水平，对原材料、半成品和成品等物料在企业内外部流动的全过程所进行的计划、组织、协调、指挥、控制等管理活动。

这里所讲的"全过程"指的是物料经过运输、包装、流通加工、装卸搬运、储存、信息处理等环节。现代物流管理的任务就是把分散在各个环节的物流功能进行综合、系统的管理，完成对整个物流过程的整合，提高整体经济效益。当前，国内外工商企业界和物流理论界强调对物流整个活动进行全面整合的思想更加流行。综合物流管理与综合供应链管理已成为现代物流管理的一个方向。

物流管理要解决的基本问题就是把合适的产品以合适的数量和合适的价格在合适的时间和合适的地点提供给客户。其目标是要在尽可能最低的总成本条件下实现既定的客户服务水平，即寻求服务优势和成本优势的一种动态平衡，并由此创造企业在竞争中的战略优势。

二、物流管理的发展历程

物流管理作为现代供应链管理思想的起源，同时也是供应链管理的一个重要组成部分，与传统的物流管理有着很大的区别。因此了解物流管理的形成和发展，对于理解供应链管理环境下的物流管理的作用及其战略意义很有必要。

1. 物流管理思想的形成

一般认为，物流活动是从配送与后勤管理中演变形成的。1935 年，美国的销售协会最早对货物配送（physical distribution，PD）下了定义：货物配送就是包含于销售之中的物质资料和服务在从生产场所到消费场所的流动过程中所伴随的种种经济活动，这是关于物流的最早表述。

在物流管理出现之前，企业还没有一个独立的物流管理业务部门，直到 20 世纪 60 年代物料管理和物资配送出现，情况才发生变化。80 年代出现了集成物流（integrated logistics）的概念，把企业的输入与输出物流管理以及部分市场和制造功能集成在一起。供应链管理是 90 年代才出现的新的管理模式，并随之出现了集成供应链（integrated supply chain），企业从注重内部转向注重外部，通过和其他的供应链成员进行物流的协调寻找商业机会。

1998 年 10 月，美国物流管理委员会修改了物流的定义，将物流定义为供应链管理的一部分：物流是供应链过程的一部分，是以满足客户需要为目的，为提高产品、服务和相关信息从起始点到消费点的流动储存效率和效益而对其进行计划、执行和控制的过程。

2. 物流管理的发展

根据美国物流管理协会的研究，从成本—收益角度，物流管理的发展可以分为三个阶段。

第一阶段：企业注重对产成品的运输和仓储管理，所以除了这两个活动的协调之外，整个物流管理理论定位为可操作性。这一阶段的常用模型是库存数学模型、车辆运输调度数学模型。该阶段的物流管理没有对物流的各个环节进行整合，只是物流单一环节的优化。

第二阶段：该阶段物流管理的目标是把产品配送和原材料运送的控制整合起来，把单个物流环节如运输、仓储、存货、顾客服务等看作是综合配送的一个部分，并做出综合决策，这时常常需要企业内部各部门之间进行合作。这一阶段，各个物流环节在企业内部达到了优化。

第三阶段：这一阶段的物流管理开始考虑整个物流过程的整合，包括产品物流与物料管理活动相联系的整个活动中所做出的决策的协调。它的具体重点转向了战略问题，如公司总的物流、营销、作业战略，还注重根据企业的外部环境的变化做出相应反应的能力。

以上三阶段中的第一阶段基本上只是创造降低单个节点中物流成本的机会，忽略了整个物流活动各个环节之间的联系。第二阶段把顾客服务和订单处理明确地整合起来，提供综合性服务进而增加收益。第三阶段主要是战略利益，该阶段利润增加的余地扩大，同时，因为它包括存货和资产的减少等，资产的生产率和利用率都提高了，因此，对投资的回报产生积极的影响。

三、物流管理的基本内容

1. 物流战略管理

物流战略管理是用长远发展的眼光，对企业的物流活动实施的综合性管理，是企业制定、实施、控制和评价物流战略的一系列管理决策与行动。其核心问题是使企业的物流活动与环境相适应，以实现物流的可持续发展。

2. 物流作业管理

物流作业管理是指对物流活动诸要素的管理，主要包括运输与配送管理、仓储与物料管理、包装管理、装卸搬运管理、流通加工管理、物流信息管理等。

3. 物流成本管理

物流成本管理是指有关物流成本方面的一切管理工作的总称，即对物流成本所进行的计划、组织、指挥、监督和调控，主要包括物流成本预测、物流成本计划、物流成本核算、物流成本决策、物流成本分析、物流成本控制等。

4. 物流服务管理

物流服务管理是指对物流企业或企业的物流部门从处理客户订货开始，直至商品送交客户过程中，为满足客户的要求，有效地完成商品供应、减轻客户的物流作业负荷所进行的全部活动的管理。主要包括物流服务战略管理、物流服务营销、物流服务信息管理以及物流服务中的质量管理和绩效评估。

5. 物流组织与人力资源管理

物流组织是指专门从事物流经营和管理活动的组织机构，既包括企业内部的物流管理和运作部门、企业间的物流联盟组织，也包括从事物流及其中介服务的部门、企业以及政府物流管理机构。人力资源管理主要包括物流人才的甄选、培养和有效激励等内容。

四、物流管理的关键环节

1. 制订物流管理计划

计划是对行动所进行的预先安排，是管理活动的首要环节。现代物流活动作为一个大的系统，各部门各企业之间有着精细、严密的分工与合作，因此，需要一个统一的计划来进行指挥协调。

2. 控制物流成本

物流管理最基本的目标就是以最低的成本向顾客提供最令其满意的物流服务。企业利润的增加可以借助于销售量的扩大和成本的降低，对于企业而言，降低成本往往比扩大销售更为有效，因此，物流成本控制在物流管理中具有重要地位。

3. 建立物流信息系统

物流和信息的关系非常密切，物流之所以能够从一般活动成为系统活动也有赖于信息的作用，没有信息的反馈作用，物流就只能是一个单项活动。

4. 提高物流管理质量

物流管理的基本目标是要提高客户满意度，因此，如何提高物流管理的质量就成了物流管理工作的主要任务。

五、现代物流管理的特征

现代物流管理就是要通过物流系统和各子系统的有机联系和相互作用,来实现物流系统的有效运转,以最低的物流成本达到用户满意的服务水平,使物流系统整体达到最优的目标。现代物流管理的特征表现在以下几方面。

1. 以提高顾客满意度为首要目标

物流是由客户需求驱动的,任何企业创造的价值都必须通过客户的满意度且生产的利润来衡量。现代物流管理中顾客服务优于其他各项活动,现代物流必须把提高顾客满意度作为首要的目标,在了解竞争对手战略的基础上,通过提供顾客所期望的服务,努力提高顾客的满意度。

2. 注重整个流通渠道的物流活动

传统的物流管理认为的物流是从生产阶段到消费阶段商品的物质运动,也就是说,物流管理的主要对象是"销售物流"和"企业内物流",而现代物流管理的范围则包括从原材料的供应到消费者的所有过程和环节,还包括退货物流以及废弃品物流等逆向物流。

3. 追求整体最优

当前的竞争优势要求企业构建既高效又经济的物流系统,此时,企业必须将各部分和部门有效结合发挥出综合效益,即追求整体的最优化。当然在强调整体最优的同时,应同时实现物流部门的效率化。

4. 既重视效率更重视效益

传统物流管理以提高效率、降低成本为重点,而现代物流管理不仅追求物流体系中的增值能力,更注重物流过程中的增值服务能力,也就是说既重视效率方面的因素,更强调整个流通过程的效益,比如说有些活动虽然使成本上升,但如果它能有利于整个企业战略的实现,那么这种物流管理活动仍然是可取的。

5. 以信息为核心的"实需型"供应体系

供应链通过企业计划的联结、企业信息的联结、在库风险共同承担的联结等有机结合,囊括了流通过程中的所有企业,从而使物流管理成为一种供应链管理。信息成为物流管理的核心,因为没有高度发达的信息网络和信息支撑,就无法实现供应链管理过程中的"实需型"(根据市场的实际需求生产)经营。

6. 对商品运动的全面管理

现代物流管理把从供应商开始到最终顾客的整个流通过程中所发生的商品运动作为一个整体来看待,这要求物流活动在整个供应链中超越部门和局部的层次,实现高度的统一管理。现代物流所强调的就是如何有效地实现商品运动全过程的管理,真正地把供应链思想和企业整体的观念贯彻到管理行为中去。

六、物流对供应链管理的影响

英国物流学家马丁·克里斯托夫（Martin Christopher）认为，市场上只有供应链而没有企业，21世纪的竞争不是企业与企业之间的竞争，而是供应链与供应链之间的竞争。供应链管理（SCM）无疑将成为企业的核心竞争力，而被誉为"第三利润源泉"的物流是核心能力的重要组成部分。然而，随着供应链在企业中应用的逐渐推广，其电子化层面的巨大进展与实物层面的发展产生了不协调的局面。当前的物流配送成为供应链管理实施推广乃至整个电子商务发展的"瓶颈"所在。因此，供应链管理是否有效，很大程度上取决于采购、运输、仓储、配送等物流作业环节的管理与运作情况，物流管理是供应链管理发挥整体效益的前提和基础。

另外，物流贯穿于整个供应链，它连接供应链的各个企业，是企业之间相互合作的纽带。有关学者通过考察发现，在供应链的价值分布上，物流价值（采购与分销之和）在各种类型的产品和行业中都占到整个供应链价值的一半以上。在易耗品、耐用消费品和重工业产品中，物流价值的比例更大，达80%以上，这充分说明物流的价值意义。供应链是一个价值增值链过程，有效地管理好物流过程，对于提高供应链的价值增值水平，有着举足轻重的作用。

从传统的观点看，物流对制造企业的生产是一种支持作用，被视为辅助的功能部门。但是，由于现代企业生产方式的转变，即从大批量生产转向精细的准时化生产，这时的物流，包括采购与供应，都需要跟着转变运作方式，实行准时供应和准时采购等。同时，顾客需求的瞬时化，要求企业能以最快的速度把产品送到用户的手中，以提高企业快速响应市场的能力，以提高供应链的敏捷性和适应性，因此，物流管理不再是传统的保证生产过程连续性的问题，而是要在供应链管理中发挥重要作用。

1. 物流过程对供应链响应周期的影响

这是对供应链竞争力影响最大的一个方面。供应链响应周期是指整个供应链从接到客户订单到最终交货的时间间隔。物流过程是否快捷直接决定了供应链周期的长短，响应周期过长会导致供应链整体成本增加，最终客户满意度下降等不利影响，进而降低供应链的整体绩效。

2. 物流过程对供应链总成本和库存的影响

中国经济信息网数据显示，2008年我国物流成本为54542亿元，占GDP的18.3%，美国和加拿大则不到10%。物流成本的比例之所以这么高，与物流过程在整个供应链中的组织水平有很大关系。在供应链生产过程中，由于各节点企业之间、各环节之间的组织协调性很差，导致不能协同运作，库存增加成为必然，这既消耗了时间又造成了很大的成本浪费，同时，也造成了资金积压，加大了资金使用成本。

3. 物流过程对供应链交货可靠性的影响

供应链交货可靠性是衡量供应链整体绩效和信誉的一个关键指标，也是供应链吸引客户的一个手段，是影响供应链整体竞争力的重要因素，而物流又是影响供应链交货可靠性的关键因素。

4. 物流过程对供应链服务水平的影响

客户服务水平高低是影响供应链竞争力的主要因素之一。物流过程直接决定运送商品的质量及对最终用户需求的响应速度，而产品质量和产品供应的及时性正是顾客衡量供应商服务水平高低的关键因素。

综上所述，物流管理水平的高低和物流能力的强弱直接影响着供应链的整体竞争力。因此，我们必须分析供应链管理环境下如何进行更好的物流战略管理以及供应链管理环境下企业的物流管理（生产物流、销售物流和逆向物流）。

第二节 企业物流

一、企业供应物流

（一）供应物流的概念

供应物流是指企业生产所需的一切物资（原料、燃料、备品备件、辅助材料等）的采购、进货运输、仓储、库存管理、用料管理和供应管理。供应物流是企业物流系统中相对独立较强的子系统，与企业生产系统、财务系统、技术系统等各部门以及企业外部的资源市场、运输市场、其他企业的供应物流部门等有密切的联系。

企业为保证自身生产的节奏，不断组织原材料、零部件、燃料、辅助材料供应的物流活动。这些物流活动对企业生产的正常、高效进行起着重大作用。供应物流就是要在保证供应的条件下，以尽可能低的成本、尽可能少的消耗，来最大程度保证组织供应企业生产所需的一切物资（原料、燃料、备品备件、辅助材料等）。现代物流是基于非短缺商品市场这样一个宏观环境来研究物流活动的，在这种市场环境下，供应在数量上的保障是容易做到的，企业在供应物流领域的竞争关键在于：如何降低这一物流过程的成本，同时有一个使用户（在企业中是下一道工序或下一个生产部门）满意的服务水平，这可以说是企业物流的最大难点。

（二）供应物流的过程

1. 一般环节

不同的企业、不同的生产工艺、不同的生产组织模式、不同的供应环节和不同的物流供应链，使得企业供应物流过程有所区别，使得企业供应物流出现了许多不同的模式。尽管不同的模式在某些环节上有着各自不同的特点，但是供应物流的基本活动内容是相同的，一般有以下几个环节：

(1) 取得资源。取得资源是完成所有供应活动的前提条件。取得什么样的资源，是由核心生产过程提出来的，同时也要按照供应物流可以承受的技术条件和成本条件来进行决策。物资的质量、价格、距离、信誉、供应及时性等都是重要的考虑因素。

(2) 组织到厂物流。取得的资源必须经过物流才能到达企业。这个物流过程是企业外部的物流过程，在物流过程中，往往要反复运用装卸、搬动、储存、运输等物流活动，才能使取得的资源到达生产企业。这个物流过程可以由企业自运、社会公共物流部门、第三方物流企业等完成。

(3) 组织厂内物流。企业取得的资源到达企业后，经过企业物资供应人员的确认，在厂区继续运动，最后到达车间/分厂或生产线的物流过程，称作供应物流的企业内物流。厂内物流一般由企业自己承担，现在有些新建立的企业也把这部分物流让第三方物流企业承包。企业的物资仓库经常作为内外物流的转换节点。

2. 关键环节

根据供应物流活动的过程，供应物流流程中的关键环节有如下几个：

(1) 采购。采购工作是供应物流与社会物流的衔接点，是依据企业的供应—采购计划来进行物资外购的作业层，还负责市场资源、供货厂家、市场变化、物资质量等信息的收集。也可以说，采购是企业物流的开始。

(2) 生产物资供应。供应是供应物流与生产物流的衔接点，是依据生产—供应计划和物资消耗定额进行生产资料供给的作业层，并负责物资消耗的管理。供应方式有两种基本形式：一种是用料部门到供应部门领料；另一种是供应部门按时按量进行物资配送。

(3) 仓储与库存管理。仓储管理工作是供应物流的转换点，负责生产物资的接货和发货以及物资储存管理。库存管理工作是供应物流的重要组成部分，主要依据企业生产计划制订供应和采购计划，并负责制定库存控制策略及计划的执行与反馈。

(4) 装卸与搬运。装卸、搬运工作是物资接货、发货和堆码时进行的操作。虽然装卸搬运是随着运输和保管而产生的作业，但却是衔接供应物流中其他活动的重要组成部分，是实现物流机械化、自动化和智能化的重点之一。

（三）供应物流模式

1. 目前普遍采用的供应物流模式

(1) 供应商代理形式。供应商代理形式是指供应商或者社会销售企业送货上门。生产企业可以免除物流活动，而供应商利用熟悉的物流渠道，对生产企业进行供应服务并不断增加服务的内容；因此，双方互相信赖，共同结成战略联盟。供应物流的费用，可以包含于物资采购价格之内，亦可单独由生产企业额外支付。

(2) 委托第三方物流企业代理。委托第三方物流企业代理是在生产企业完成了采购程序之后，由销售方或者生产企业委托专业物流公司从事送货或者提货的物流活动。这种方式现今已经成为主流。

(3) 自供与外协。自供是生产企业上一生产环节的产品作为下一生产环节的原材料来供应。外协是由企业自己组织所采购物品的供应物流活动，部分物品采用外协方式。外协方式一般由生产企业向外协厂提供所需产品的技术图纸及品质要求，由外协厂组织生产、供应，以满足生产企业的需要。

（4）供应链物流供应。以信息和网络为依托的供应链体系将物资供应商、生产商、储运商、分销商、消费者组成供需物流网络链，供应商和企业将结成最高层次的联盟，在互惠互利、共享信息、共担风险、相互信赖的原则下，建立长期的供应合作关系。

2. 发展趋势

在供应链管理环境下，未来制造企业供应物流的发展来看，可能出现以下趋势。

（1）单一模式与多种物流模式组合并存。随着集约化经济的发展、社会分工的细化和先进管理方式方法更深入的渗透，供应物流模式将由单一模式朝着与委托社会销售企业代理、委托第三方物流企业代理、自供与外协、供应链物流供应等多种模式并存的方向发展。特别是供应链物流供应概念和方式的出现，代表着供应物流发展的新导向，也是供应链发展的重要组成。知识经济时代，企业的供应物流将是多模式的灵活组合，这种组合将更好地适应市场经济的变化，更好地发挥各企业的优势，以达到全社会物流的合理化。

（2）向JIT供应物流模式转型。现代供应物流是基于供应链环境下的新型供应物流模式，它将外向资源管理转变为订单管理，由一般采购关系转向战略伙伴关系，从而使供应物流向JIT模式转型。订单驱动使供应和需求双方都围绕着订单运作，实现了准时化、同步化运作。当采购部门生产一个订单时，供应商即开始着手物料的准备。与此同时，采购部门编制详细采购计划，制造部门着手进行生产过程准备，当采购部门把详细采购订单提供给供应商时，供应商就能很快地将物料在较短时间内交给用户。当用户需求发生改变时，制造订单又驱动采购订单发生改变，JIT供应增加了供应链的柔性和敏捷性。JIT供应模式是按照生产企业的要求，在计划的时间内或者用户随时提出的时间内实现用户所要求的供应。JIT供应方式大多由供需双方约定供应时间，它有利于双方对供应物流的组织准备工作。JIT供应物流策略体现了供应链管理的协调性、同步性和集成性，供应链管理需要JIT供应来保证其整体同步化运作。

（3）即时供应模式将会被广泛采用。即时供应模式是JIT供应模式的特例，它不是按照计划时间，而是按照用户随时提出需求的时间要求，进行准时供应的一种供应物流模式。它多用于零部件的供应。通常的情况是，战略合作供应商通过互联网络获得需求方的需求信息，然后按需求方要求快速组织生产，再按其需求时间，将其所需的零部件直接送达生产线上。由于零部件的供应是按客户的即时需求快速组织生产并直接进入生产线的，对质量的控制取决于供给方的生产过程，因此，这个生产过程又称为质量生产。电子商务的广泛应用，为这种可能缺乏计划性而又有严格时间要求的即时需求提供了支持。即时供应物流模式使供应商不仅为其客户即时供应所需配件，也提高了其即时供应潜力，同时更增强了战略伙伴关系，实现了需求方的零库存。在新经济环境下，可以预见，即时供应模式有被广泛采用的趋势。当然，这对即时供应物流的准时性和可靠性要求较高。

（4）物流库存向零库存方向发展。企业生产过程越来越关注降低库存，追求零库存。零库存的含义并不是完全不要库存，或者库存数量完全为零。零库存的实质在于：尽可能使物料处于周转而不是存储状态，以最大限度地降低不必要的库存浪费。这才是零库存的真正含义。准时制库存理论打破了传统库存理论中库存的理念，成为无浪费库存；供应商库存管理，打破了传统供应物流中供应商与用户各自为政管理库存的方式，成为供应链方式下系统集成理念的协同库存；业务流程重组打破了传统库存管理中以库存控制为目的的管理模式，而采用过程控制为目的的库存管理。零库存管理方式和理论将带来库存管理的思维革命，大大提高供应物流管理水平，随着供应链管理应用的推进，供应物流中零库存管理理论和实践也将得到巨大推进。无论采用哪种零库存的思维理念和方式，都将提高企业库存管理水平，为企业带来可观的经济效益。

（5）供应物流向电子信息化发展。企业物流系统的电子信息化改造必然包括企业供应物流系统的电子信息化，同时在改造的过程中实现整个企业物流系统的资源整合，也可以作为企业发展电子商务的前期准备工作。供应物流的采购、仓储、运输等环节的运作都直接与生产物资相联系，这种联系有利于企业在供应系统运作的过程中对静态和动态的物料信息进行收集。只要企业物流系统的电子信息化改造可以达到供应物流的各环节之间的物料信息实现共享的效果，企业就可以对各环节提供的物料信息进行集中分析和管理，从而实现企业物料信息的实时监控。供应物流系统实现信息实时化的基础是各环节发布的信息要具有统一性，即具有统一的发布格式和发布标准，这样可以减少因信息格式不一致而导致企业进行信息转化的额外工作，降低信息系统的运作效率。生产物资信息实现格式化、标准化，企业就可以在这个基础上建立数据库，利用数据库的管理方法对所有物资信息进行收集、整理和分析。当然信息的格式化、标准化改造不仅仅是企业供应物流系统内部的要求，也是整个物流系统的要求，整个物流系统的信息都实现了格式化和标准化，就可以将供应物流、生产物流和销售物流有机结合，产生系统效用和规模效用。采购信息由生产计划和调度信息引导，库存管理按生产信息和采购信息进行实时监控和调整。企业供应物流系统的电子信息化不仅大幅度提升企业的运营效率，更能助力企业获取更大利益，实现组织的战略目标。

二、企业生产物流

（一）生产物流的概念

按照我国国家标准《物流术语》（GB/T18354—2006）的定义，生产物流是"企业生产过程中发生的涉及原材料、在制品、半成品、产成品等所进行的物流活动"。

生产物流是企业物流，特别是企业内部物流的重要组成部分。对生产物流的理解有广义和狭义两种。广义的生产物流指的是生产企业内部的全部物流活动，把企业内部的原材料准备、仓储、供应产成品的商业包装、销售准备等物流活动都包含在生产活动之中；而狭义的生产物流指的是生产工艺过程的物流活动，即只将纯粹的生产工艺过程看成是生产活动，其他的都是辅助性的活动，生产物流仅仅是和工艺流程相伴随的物流活动。两种理解的共同之处在于，都把生产工艺过程的物流活动纳入生产物流的范畴之中。很明显，生产物流的核心，是生产工艺过程的物流活动。

1. 从生产角度看

生产物流是指原材料、燃料、外购件投入生产后，经过下料、发料、运送到各个加工点和存储点，从一个生产单位（仓库）流入另一个生产单位（仓库），按照规定的生产工艺过程进行加工、存储的全部过程。因此，生产物流的形式和规模取决于生产的类型、规模、方式和生产的专业化与协作化水平。

2. 从工艺角度看

"工艺是龙头，物流是支柱"，所以，生产物流是指企业在生产工艺中的物流活动。这种物流活动是与整个企业生产工艺过程相伴的，实际上已经构成了生产工艺过程的一部分。

3. 从物流范围看

生产系统中的物流的边界起于原材料、外购件的投入，止于成品仓库。它贯穿于生产全过程，横跨整个企业（车间、工段），其流经的范围是全场性的、全过程的。物料投入生产后即形成物流，并随着时间进程不断改变自己的实物形态（投入加工、装配、储存、搬运、等待）和场所位置（各车间、工段、工作地、仓库）。

4. 从物流属性看

生产物流是指生产所需物料在空间和时间上的运动过程，是生产系统的动态表现，换言之，物料（原材料、辅助材料、零配件、在制品、成品）经历生产系统各个生产阶段或工序的全部运动过程就是生产物流。

生产物流区别于其他物流系统的最显著特点是它和企业密切联系在一起。只有合理组织生产物流过程，才有可能使生产过程始终处于最佳状态。因此，企业没有生产就没有生产物流，生产物流不畅就会导致生产停顿或混乱。

（二）生产物流的过程

生产所需的原料、零部件经过采购环节进入工厂大门，再到达相应的停放点，即完成了企业生产经营全过程中的供应物流。供应物流的末端即进厂物流，是厂内生产物流的进货系统，它为生产流程的正常运转提供物料输入。物料进入工厂大门后，一部分直接"输入"生产工位或生产线旁的待料处，经过短暂滞留后，按工序流入生产线；一部分物料则需要先进入原材料/半成品库，经过稍长时间的滞留（仓储）后，再流入生产线。物料在流入生产前的滞留时间依附于工厂生产流程的时间安排，它是制订生产物流计划时需要考虑的内容之一。

物料经过不同时间的滞留，流入生产线，按生产工艺顺序在不同的生产工序间流动并相应改变状态，直到最后成型并完成包装。这个能使物料状态不断改变的物流过程是生产物流中的搬运系统。值得注意的是，现代生产过程是一个复杂的过程，一个连续的生产过程很可能始于几个平行的支流,而在某一个生产节点处汇合,然后继续后面的流动,最后成型和包装。同时,某些支流上的物料在没有到达汇合点之前,可能已经完成了在该支流上物流的使命,要等待其他支流工序完成并达到汇合点时,才能和这些支流上产生的零部件一起进入多个支流汇合后的总生产过程。在这期间,"待工"的物料要在总生产流程汇合点旁进行仓储,这就是生产过程中的半成品库存。各平行支流的物料流动,也是制订生产物流计划必须认真考虑的问题。

物料经过各相应环节的流动,形成最终产品形态并包装,然后下线进入成品库或直接流出"厂门"。从产品下线开始到进入成品库(仓储)或直接流到"厂门"的流动过程,构成了生产物流的出货系统。

从图 9-1 中可以较清楚地了解生产物流的全过程。

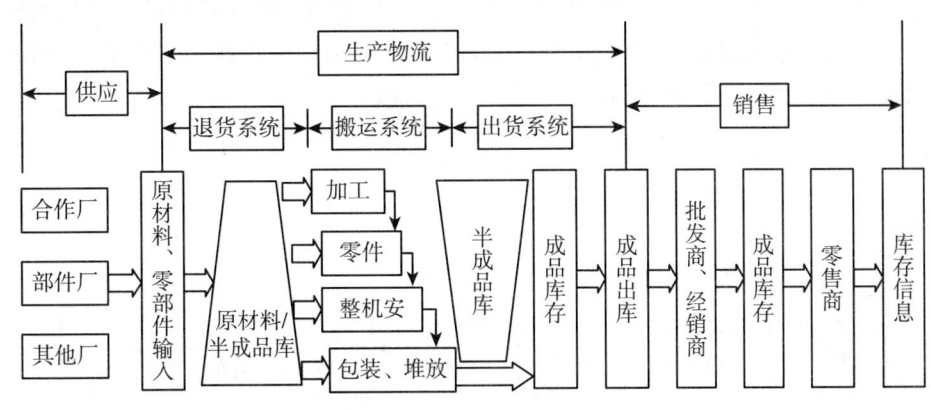

图 9-1 企业生产物流的过程

三、企业销售物流

(一) 销售物流的概念与特点

企业的产品只有经过销售才能实现其价值,从而创造利润,实现企业价值。制造企业需要把自己生产的产品销售出去,伴随着销售活动而发生的物流就是销售物流。销售物流是以实现销售利润为目的,是包装、运输、储存等诸环节的统一。

销售物流是企业物流的一部分,占据了企业销售总成本的20%。因此,销售物流的好坏直接关系到企业利润的高低。销售物流是企业物流活动的一个重要环节,它以产品离开生产线进入流通领域为起点,以送达用户并经销售后服务为终点。销售物流的特点主要有:

1. 销售物流是企业物流的最后一个环节,是企业物流的最后一个控制点

通过销售物流,企业得以回收资金,进行再生产的活动。销售物流的效果关系到企业的存在价值是否被社会承认。销售物流是生产企业赖以生存和发展的条件,又是企业本身必须从事的重要活动,它是连接生产企业和消费者的桥梁。对于生产企业来讲,物流是企业的第三个利润源,降低销售物流是企业降低成本的重要手段。企业一方面依靠销售物流将产品不断运送至消费者和用户,另一方面通过降低销售过程中的物流成本,间接或直接增加企业利润。

2. 销售物流具有很强的服务性

销售物流是以满足用户的需求为出发点,从而实现销售和完成售后服务,因此销售物流具有更强的服务性。销售物流过程的终结标志着商业销售活动的终结。销售物流以实现销售为目的。它的所有活动及环节都是为了实现销售利润,因此物流本身所实现的时间价值、空间价值及加工价值在销售过程中处于从属地位。销售物流的服务水平对其他企业和消费者会产生巨大影响。销售物流的服务性表现在要以用户为中心,树立"用户第一"的观念,销售物流的服务性要求销售物流必须快速、及时,这不仅是用户和消费者的要求,也是企业发展的要求。销售物流的时间越短、速度越快,资本所发挥的效益就越大。在销售物流中,还需强调节约的原则和规模化的原则,一般来讲,物流的价值主要是规模价值。此外,销售物流通过商品的库存对消费者和用户的需求起到保证作用。在销售过程中,正确确定库存数量,减少库存费用就是这一目标的体现。

(二) 销售物流的过程

企业销售物流的过程如图 9-2 所示。

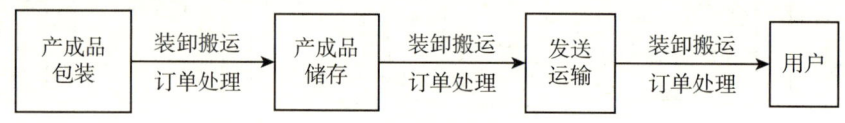

图 9-2 企业销售物流的过程

1. 产成品包装

包装是企业生产物流系统的终点,也是销售物流的起点。产品包装,尤其是产成品的运输包装在销售物流过程中将要起到便于保护、仓储、运输、装卸搬运的作用。因此,在包装材料、形式上,既要考虑存储、运输等环节的方便,又要考虑材料及工艺的成本费用。

2. 产成品储存

保持合理的库存水平,及时满足客户需求,是产成品储存最重要的内容。客户对企业产成品的可得性非常敏感,缺货不仅仅使客户需求得不到满足,而且还会提高企业销售服务的物流成本。当企业推出一种新产品或举办特殊促销活动时,或是客户急需的配件不能立即供应,这种情况更是如此。产成品的可得性是衡量企业销售物流系统服务水平的一个重要参数。

为了避免缺货,企业一方面可以提高自己的存货水平,另一方面可以帮助客户进行库存管理。当一个客户的生产线上需要流进成百甚至上千种不同的零部件时,其供应阶段的库存控制任务是非常复杂的,在这种情况下,企业帮助客户管理库存不仅十分必要,而且还能够稳定客源、便于与客户的长期合作。随着计算机及通信设备能力的提高,许多供货商为客户进行库存控制自动化方面的规划，其中包括计算机化的订单处理和库存监控。另外，客户希望供应商在客户附近保持一定数量的库存以降低自己的储存空间需求。有时候，客户希望完全取消库存，他们从客户那里得到订单，然后由供应商直接把货物运送给他们的客户。

3. 订单处理

为使库存保持最低水平，客户会在考虑批量折扣、订货费用和存货成本的基础上，合理地频繁订货。企业为客户提供的订货方式越方便、越经济，越能影响客户，如免费电话服务、预先打印好的订货表，甚至为客户提供远程通信设备。客户非常关心交货日期，希望供货方能够将订单处理与货物装运的进程及时通知客户，特别当与预期的服务水平已经或将要发生偏差时，更是这样。随着计算机和现代化通信设备的广泛应用，电脑订货方式被广泛采纳，企业跟踪订货状态的能力也大大提高，使得客户与供应商的联系更加密切。对于购买生产线产品的工业客户来说，了解订货与装运状态虽然重要，但他们最关心的还是保持生产原料的可靠的连续供应，因此他们更关心交货日期的可靠性。

4. 发送运输

不论销售渠道如何，也不论是消费者直接取货，还是生产者或供应者直接发货给客户（消费者），企业的产成品都要通过运输才能到达客户（消费者）指定的地点。而运输方式的确定需要参考产成品的批量、运送距离、地理等条件。

对于由生产者或供应者送货的情况，应考虑发货批量大小问题，它将直接影响到物流成本费用，其次，配送是一种较先进的形式，在保证客户（消费者）需要的前提下，不仅可以提高运输设备的利用率，降低运输成本，还可以缓解交通拥堵，减少车辆废气对环境的污染。

运输方面的服务包括：运输速度快，即时满足客户需要；运输手段先进，减少运输途中的商品损坏率；运输途径合理组织，尽可能缩短商品运输里程；运输线路选择合理，减少重复装卸和中间环节；运输工具使用适当，根据商品的特性选择最佳运输工具；运输时间合理，保证按时将商品送到指定地点或客户手中；运输安全系数高；避免丢失、损坏等情况发生。

5. 装卸搬运

客户希望在物料搬运设备方面的投资最小化，例如，客户要求供应商以其使用尺寸的托盘交货，也有可能要求将特殊货物集中在一起装车，这样就可以直接再装运，而不需要重新分类。

四、企业逆向物流

（一）逆向物流的产生及其概念

近些年，各行业的知名企业，如通用汽车、IBM、西尔斯、强生、雅诗兰黛等，通过实施一系列控制措施，引进信息化系统，开始着手在逆向物流管理领域降低由退货造成的资源损失率。对逆向物流的关注，不但为它们带来了直接的积极后果，与此同时，还获得了成本下降、客户满意度提高、环保等多方面的间接经济利益和社会效益。

逆向物流管理与正向物流管理（产品由企业到消费者的物流过程）一直是物流的孪生姐妹。然而，在过去几十年里，无论是理论界还是企业界，对它的关注犹如"蜻蜓点水"。与在聚光灯下的正向物流相比，逆向物流仿佛一直都埋首于"黑暗的后台"。

近年来，逆向物流开始受到企业界、理论界的重视。特别是逆向物流在降低企业成本方面有着重要潜力。学者们对逆向物流的定义有多种表述，逆向物流其实是与传统供应链方向相反，为恢复价值或合理处置，而对原材料、中间库存、最终产品及相关信息，从消费地到起始点的实际流动所进行的有效计划、管理和控制过程。从使用过的包装到处理过的电脑设备，从未售商品的退货到机械零件的收回等，都可以归入逆向物流的范畴。

近几年，企业界对逆向物流也产生了浓厚兴趣。因为随着资源枯竭的威胁加剧，对使用过的产品及材料的再生恢复，逐渐成为企业满足消费市场需求的关键力量。同时，西方工业国纷纷制定减少浪费的政策也促使企业以循环使用理念取代"一次性使用"的观念。此外，消费者日益高涨的呼声也要求企业最大限度地降低产品与加工流程对环境的影响。

在这些力量的推动下，产品的恢复再生，无论在规模还是在范围上都有了巨大发展。全球主要复印机厂商施乐、佳能等均投入大量财力物力对使用过的设备进行再生产；柯达公司多年前就已开始回收一次性相机。

全新的资源环境观和经济观的演变，导致逆向物流进入了突破性发展阶段。在某种意义上，有着"绿色物流""环保物流"美誉的逆向物流，对优秀企业而言，还承载着另外一项重要职责——显示公司竞争力和领先优势的利器。于是，通用汽车、西尔斯以及许多在线零售商等，都将逆向物流提到高层会议上，因为它们清楚地知道，有效的逆向物流和流程能节约成本，增加利润并提高客户服务质量。

（二）逆向物流的分类及其特点

与正向物流相比，逆向物流作为企业价值链中特殊的一环，有着明显的不同。第一，逆向物流产生的地点、时间和数量是难以预见的。正向物流则不然，按量、准时和指定发货点是其基本要求。第二，发生逆向物流的地点较为分散、无序，不可能集中一次向接受点转移。第三，逆向物流发生的原因通常与产品的质量和数量的异常有关。第四，逆向物流的处理系统与方式复杂多样，不同处理手段对恢复资源价值的贡献显著差异。对逆向物流特点的重视与否，形成了企业逆向物流管理能力以及水准高低的分水岭。

按成因、途径和处置方式的不同，根据不同产业形态，逆向物流被学者们区分为投诉退货、终端使用退回、商业退回、维修退回、生产报废与副品以及包装六大类别。表9-1

显示的正是六类主要逆向物流的特点。

表 9-1　　　　　　　　　　逆向物流的类别与特点

类别	特点	驱动因素	处理方式	例证
投诉退货	运输短少、偷盗、质量问题、重复运输等；周期短	市场营销 客户满意服务	确认检查，退换货补货	电子消费品，如手机、录音笔等
终端使用退回	经完全使用后需处理的产品；周期长	经济 市场营销 法规条例 资产恢复	再生产、再循环、处理	电子设备的再生产、地毯循环、轮胎修复、白色和黑色家电、电脑原件等
商业退回	未使用，退回还款；周期为短到中期	市场营销	再使用、再生产、再循环、处理	零售商积压库存，如时装、化妆品等
维修退回	未使用，退回还款；周期为中期	市场营销 法规条例	维修处理	有缺陷的家电、零部件等
生产报废与副品	生产过程中产生的废品和副品；周期较短	经济 法规条例	再循环、再生产	药品
包装	包装材料和产品载体；周期短	经济 法规条例	再使用、再循环	托盘、器皿等

第三节　供应链环境下的配送管理

配送是一种特殊的运输方式，它是一种集收货、分货、配货、送货等多种功能于一体的物流流通形式，它的特点一般是多品种、少批量、多批次地运输。供应链下的配送管理主要包括备货管理、理货管理以及送货管理等。

一、配送的流程

配送的一般流程基本上是这样一种运动过程：进货→存储→分拣→配货→配装→送货。每个流程的作业内容如下所述。

1. 进货

进货亦即组织货源。其方式有两种：

（1）订货或购货，即为配送主体向生产商订购货物，由后者供货。

（2）集货或接货，即为配送主体收集货物，或者接收用户所订购的货物；前者的货物所有权属于配送主体，后者的货物所有权属于用户。

2. 储存

储存即按照用户提出的要求并依据配送计划将收购或收集到的各种货物进行检验，然后分门别类地储存在相应的设施或场所中，以备拣选和配货。储存作业一般都包括这样几道程序：运输→卸货→验收→入库→保管→出库。储存作业依产品性质、形状不同而形式各异。有的是利用仓库进行储存，有的是利用露天场地储存，特殊商品（如液体、气体）则需储存在特制的设备中。为了提高储存的作业效率及使储存环节合理化，目前，许多国家普遍采用了先进的储存技术和储存设备。例如，采用先进先出的储存方式进行作业，利用贯通式货架、重力式货架和计算机储存系统等储存货物。

3. 分拣、配货

分拣和配货是同一个工艺流程中的两项有着紧密关系的作业活动。有时，这两项活动是同时进行和同时完成的。在进行分拣、配货作业时，少数场合是以手工方式进行操作的，更多的场合是采用机械化或半机械化方式去操作的。如今，随着一些高新技术的相继开发和广泛应用，自动化的分拣、配货系统已在很多国家的配送中心建立起来，并且发挥了重要作用。

4. 送货

在送货流程中，包括这几项活动：搬运、配装、运输和交货。其作业程序是搬运→配装→运输→交货。送货是配送的终结，故在送货流程中除了要圆满地完成货物的移交任务以外，还必须及时进行货款的结算。在送货这道工序中，运输是一项主要的经济活动。据此，在进行送货作业时，选择合理的运输方式和使用合适的运输工具，对于提高送货质量至关重要。就前者而言，应选择直接运输、配载运输（即充分利用运输工具的载重量和容积，合理安排装载的货物和运载方法的一种运输方式）方式进行作业。

二、配送管理的内容

从总体上看，配送管理的内容包括备货、理货和送货三项基本内容，其中每项内容又包含着若干项具体的、细节性的活动。

1. 备货管理

备货即指准备货物的一系列活动，它是配送的基础环节。严格说来，备货管理应当包括两项具体活动：筹集货物和储存货物。

（1）筹集货物。在不同的经济体制下，筹集货物（或者说组织资源）是由不同的行为主体去完成的。若生产企业直接进行配送，那么，筹集货物的工作自然是由企业自己去组织的。在专业化流通体制下，筹集货物的工作则会出现两种情况。其一，由提供配送服务的配送企业直接承担，一般是通过向生产企业订货或购货完成此项工作。其二，选择商流、物流分开的模式进行。配送、订货、购货等筹集货物的工作通常是由货主自己去做，配送组织只负责进货和集货等工作，货物所有权属于事主。然而，不管具体做法怎样不同，就总体活动而言，筹集货物都是由订货（或购货）、进货、集货及相关的验货、结算等一系列活动组成的。

（2）储存货物。储存货物是购货、进货活动的延续。在配送活动中，货物储存有两种表现形态：一种是暂存形态；另一种是储备形态，包括保险储备和周转储备两方面。暂存形态的储存是指，按照分拣配货工序要求，在理货场地储存少量货物。这种形态的货物储存是为了适应"日配""即时配送"需要而设定的，其数量多少对下一个环节的工作方便与否会产生很大影响，但不会影响储存活动的总体效益。储备形态的储存是按照一定时期配送活动要求和根据货源的到货情况有计划的确定，它是使配送持续运作的资源保证。如上所述，用于支持配送的货物储备有两种具体形态：周转储备和保险储备。然而，不管是哪一种形态的储备，相对来说，数量都比较多。据此，货物储备合理与否，会直接影响配送的整体效益。

以上所讲的备货是决定配送成败与否、规模大小的最基础环节。同时，它也是决定配送效益高低的关键环节。如果备货不及时或不合理，成本较高，那么就会大大降低配送的整体效益。

2. 理货管理

理货是配送的一项重要内容，它是配送区别于一般送货的重要标志。理货包括货物分拣、配货和包装与再包装等经济活动。

货物分拣是指采用适当的方式和手段，从储存的货物中分出（或拣选）用户所需要的货物。分拣货物一般采取两种方式来操作：其一是摘取式；其二是播种式。

摘取式分拣就像在果园中摘果子那样去拣选货物。具体做法是：作业人员拉着集货箱在排列整齐的仓库货架间巡回走动，按照配送单上所列的品种、规格、数量等将客户所需要的货物拣出及装入集货箱内。在一般情况下，每次拣选只为一个客户配装；在特殊情况下，也可以为两个以上的客户配装。目前，有的企业推广和应用了自动化分拣技术，装配了自动化分拣设施等，大大提高了分拣作业的劳动效率。

播种式分拣货物类似于田野中的播种操作。其做法是：将数量较多的同种货物集中运到发货场，然后，根据每个货位的发送量分别取出货物，并分别投放到每个代表用户的货位上，直至配货完毕。为了完好无损地运送货物和便于识别配备好的货物，有些经过分拣、配备好的货物尚需重新包装，并且要在包装物上贴上标签，记载货物的品种、数量、收货人的姓名、地址及运抵时间等。

3. 送货管理

送货是配送活动的核心，也是备货和理货工序的伸延。在物流运输中，送货的表现形态实际上就是货物的运输，因此，常常以运输代表送货。但是，组成配送活动的运输与通常所说的干线运输是有很大区别的：前者多表现为对用户的末端运输和短距离运输，并且运输的次数比较多；后者多为长距离运输（一次运输）。由于配送中的送货需面对众多的客户，并且要多方向运输，因此，在送货过程中，常常进行运输方式、运输路线和运输工具的选择。按照配送合理化的要求，必须在全面计划的基础上，指定科学的、距离较短的货运路线，选择经济、迅速、安全的运输方式和适宜的运输工具。通常，配送中的送货都把汽车作为主要的运输工具。

三、配送需求计划（DRP）

配送需求计划（distribution requirement planning，DRP）是用以确定配送系统库存需求量的一种有效的库存管理方法。DRP应用物料需求计划（MRP）的编制原理和方法。只是MRP是根据产品生产所需投入的原材料、零部件的需用量，计划补充订购数量；DRP则与产品的配送业务有关。假设企业的配送系统包括工厂成品库、配送中心和零售商三个环节，则编制DRP的一般程序是：先由各零售商店根据它们在一定时期的计划销售量，扣除预计库存，确定计划补充订购日期和数量，报送各自归口的配送中心，作为各配送中心计算配送中心一级的各种产品毛需求量的依据；同时各配送中心按照编制MRP的原理，确定各自的产品计划补充订购日期和数量，报送生产工厂；生产工厂据以计算工厂一级的各种产品毛需求量，使与工厂各种产品销售计划和生产计划衔接起来。

实行DRP的关键是必须由工厂集中进行订单处理。许多企业由他们的地区仓库接受和处理订单，这就可能导致企业的最终产品在各地区仓库之间形成不平衡分布。如果所有订单由工厂集中处理，则有利于全面按照顾客订货的轻重缓急统筹安排，设法调剂，避免有的顾客得到全部订货，而有的顾客则一无所得。产品市场调查和预测的可靠性是编制和实行DRP的基础。

1. 优点

DRP在配送管理方面的优点集中体现在：

（1）由于实行了协调装运，降低了配送中心的运输费用。

（2）DRP能准确确定何时需何种产品，降低了存货水平和仓库空间需求。

（3）DRP减少了延迟供货现象，降低了顾客的运输成本。

（4）改善了物流与制造之间的存货可视性和协调性。

（5）DRP能有效地模拟存货和运输需求，提高了企业的预算能力。

2. 缺点

尽管DRP有很多优点，但是它本身还有如下诸多限制，在实际应用时要加以注意。

（1）DRP计划系统需要每一个配送中心精确的、经过协调的预测数。而在实际情况中，预测的误差是不可避免的，这可能成为一个大问题。

（2）DRP系统要求配送设施之间的运输具有固定而可靠的完成周期。虽然完成周期可以通过各种安全的前置时间加以调整，但是完成周期的不确定因素则会降低DRP系统的效力。

（3）由于生产故障或递送延迟，综合计划常易受系统紧张的影响或频繁改动时间表的影响，尤其是补货运输周期变动频繁和卖主递送可靠性差等方面的不确定因素，可能导致

DRP 系统极度紧张。

四、共同配送

共同配送最早产生于日本。20 世纪 60 年代中期，随着日本经济的振兴和产品产量及消费量的日益扩大，交通运输量也在迅猛增长。当时，日本道路拥挤，交通混乱，曾严重的困扰了配送活动的顺利开展。特别是在中小企业独立配送的形势下，配送效率很难提高。面对这种现实，很多企业迫切希望联合行动，共同组织配送活动。经过不断探索，他们在流通实践中推行了共同配送方式。

共同配送，实质上就是在同一个地区，许多企业在物流活动中相互配合、联合运作，共同进行理货、送货等活动的一种组织形式。实际操作时有两种具体做法：

（1）共同投资建立共同配送中心，使装卸、保管、发送等职能全面协作化，以求更有效地完成货物分类和理货、发送等工作。

（2）共同运输，共同发送。该方法又分为两种类型：其一，以物流业者为主体所组织的共同运送；其二，以需要提供运输服务的厂商和批发商牵头组织的共同配送。在日本，企业界曾提出过在整个地区共同进行配送活动的设想，以此谋求解决城市交通问题。

上述这种共同配送也被称作"综合系统"。其做法是将地区范围内小批货物的杂乱性、迂回或相向的运输加以整顿，使之综合，并在小批货物运输频繁的地区配置仓库，在仓库之间进行混装运输，以求共同配送货物。在流通实践中，实行共同配送，不仅能提高对客户的服务水平，从而可以扩大销售和服务对象，而且有利于减少重复性运输以及缓解交通紧张情况。

第四节　第三方物流与第四方物流

第三方物流的概念源于业务外包（outsourcing）；第四方物流则主要体现在它对供应链的资源整合方面，以实现从战略的高度统揽供应链管理的全局并进行优化。业务外包主要指企业为了专注于提升自身以核心能力为基础的综合竞争力，将主要资源与能力集中于有利于提升核心竞争力或核心能力的业务方面，而将非核心业务通过某种特定方式（如签订合同的方式）交由其他企业或组织来实现的运作模式。业务外包是企业在自身能力和资源进行合理计划与调配的基础上，通过动态地配置自身和其他企业的生产/服务功能，利用外部资源和能力为企业内部的生产/服务活动提供服务的有效模式，同时也是企业弥补自身资源与能力、分散经营风险、拓展上下游及横向协作领域的有效途径。第三方物流在实质上同业务外包一致，是业务外包在物流活动领域的体现。

一、第三方物流

第三方物流主要指各类工商企业为了专注于提升自身的核心业务能力与核心竞争力，

把原本应由自己完成的物流活动（比如运输、仓储、配送、分拣、包装、流通加工以及其他业务活动），以合同方式委托专业物流服务企业或能够提供物流服务的组织或部门承担，同时通过有效途径的跟踪与监控（如通过信息系统与物流企业保持密切联系和沟通，实时监控所外包物流活动的动向等），实现对外包物流活动的全过程进行综合管理和控制的一种物流运作与管理方式。第三方物流又叫合同物流，它是实现物流专业化，体现"商物分离"理念的重要形式。商物分离的理念阐述是：在一个给定的供应链网络中，同一商品的商流（商品所有权转移形成的流）和物流（商品实物转移形成的流）的分离过程。商物分离是物流科学得到重视的重要条件。商物分离的实质是流通中的两个组成部分——商业流通和实物流通各自按照自己的规律和渠道独立运动。形成"商流"的商业性交易往往是通过商品买卖活动、通过货币的功能实现的；形成"物流"的商品实体流通往往是通过我们一般所讲的物流活动实现的。在商物没有分离之时，商品所有权是随着商品实体的转移一起发生的，即"商物合一"，商品每交易一次，其所有权转换到买方，商品也跟着到达买方手中。

中国国家标准《物流术语》中，将第三方物流定义为"由供方与需方以外的物流企业提供物流服务的物流模式。"这一定义明确了"第三方"的内涵，即物流服务提供者作为发货人（甲方）和收货人（乙方）之间的第三方，代表甲方或者乙方来执行物流功能。但这一定义的外延过于宽泛，对于"物流企业"和"物流服务"所涵盖的范围界定不明确。因此，第三方物流更为通用的定义是：非货主企业通过合同的方式确定回报，承担货主企业全部或一部分物流活动。所提供的服务包括与运营相关的服务、与管理相关的服务以及两者兼而有之的服务，无论哪种形态都必须高于过去的公共运输业者和契约运输业者。与《物流术语》中的定义相比，这一定义除了强调"第三方"不拥有货物权以外，特别突出了第三方物流企业与传统仓储业的重大差别，即管理功能和契约式共同利益。

（一）第三方物流的基本概念

1. 广义的第三方物流

广义的第三方物流是相对于自营物流而言的。凡是由社会化的专业物流企业按照货主的要求，所从事的物流活动都可以包含在第三方物流范围之内。至于第三方物流是从事的哪一个阶段的物流、物流服务的内容和服务水平，这与货主的要求密切相关。

2. 狭义的第三方物流

狭义的第三方物流主要是指能够提供现代化的、系统的物流服务的第三方的物流活动。其具体标志有以下几项：

（1）有提供现代化的、系统物流服务的专业素质。

（2）可以向货主提供包括供应链物流在内的全程物流服务和特定的、定制化的物流活动。

（3）不是货主与物流服务提供商偶然的、一次性的物流服务，而是采取委托—承包形式的长期业务外包形式的物流活动。

（4）不是向货主提供一般性物流服务，而是提供增值物流服务的现代化物流活动。

（二）第三方物流的类型

综观国内外物流现状，物流企业种类繁多，不同的物流企业承担不同的功能。按照不同的标准，可以将第三方物流企业分为不同的类型。

1. 单向型物流企业和综合型物流企业

按照物流企业完成的物流业务范围的大小，和所承担物流功能的不同，可将物流企业分为单向型物流企业和综合型物流企业。

单向型物流企业也可叫功能型物流企业，即它仅仅承担和完成某一项或少数几项物流功能。这类物流企业按照其主营的业务范围，又进一步分为运输企业、仓储企业、流通加工企业等。目前无论是在国内还是在国外，这类企业的数量众多，有些有比较悠久的历史，有些已经成为世界知名的跨国企业。

而综合型物流企业是能够完成和承担多项甚至全部物流功能的企业，包括从配送中心的设计到物流的战略策划，乃至商品实物运输等多方面。综合型物流企业一般规模大、资金雄厚，并且有着良好的物流服务信誉。这类企业由于承担综合型物流服务，所要求的管理水平较高，具有相当的竞争力。目前综合型物流企业有许多是跨国公司，其触角已伸向全世界。

2. 物流自理企业和物流代理企业

按照企业的运作方式是自行完成和承担物流业务，还是委托他人进行操作，可将物流企业分为物流自理企业和物流代理企业。

物流自理企业是自行完成全部或大部分物流业务的企业，同样，它还可进一步按照业务范围进行细分，划分为综合型物流自理企业和单项型物流代理企业。物流代理企业同样可以按照物流业务代理的范围，分成综合型物流代理企业和单项型物流代理企业。从事综合型物流代理业务的企业可以不进行大的固定资产的投入，用低成本经营和简便入市的方式，将主要的业务操作及产品服务部门的大部分工作委托他方处理，着力建设自己的销售队伍和管理网络，实行特许代理制，将协作单位纳入自己的经营轨道。公司的核心业务就是实行综合物流代理业务的销售、采购、协调管理和组织设计，并且注重业务流程创新。单项型物流代理企业按照其功能的不同，又分为运输代理企业、仓储代理企业、包装和流通加工企业等。

（三）第三方物流的作用

1. 加快物流产业的形成和再造

从发展的观点来看，第三方物流应该是科学地设计组织体系，按市场机制进行运作，除了要避免市场供求及价格波动的风险外，还必须建立集成化的物理管理信息系统，使物流价值链上的各成员能做到信息共享，物流实时监控，以压缩物流流程时间，提高需求、供货预测精度。这样的革新和变化，推动了物流业的发展，使诸多的物流企业汇聚起来，形成了一种新的产业，成为社会再生产过程的支持平台。

在目前大环境中，物流企业正在面临市场竞争激烈和业务扩大迅速的态势，通过第三方物流服务这种形式，在短期内可完成业务再造流程，迅速实现预期的目标。

2. 为企业注入新的资源，提高企业竞争力

第三方物流为其他企业提供了可以利用的外部资源，使后者能更好地发挥企业的优势和核心竞争力。利用第三方物流的企业，除核心业务活动之外可以不参与其他物流活动。企业能集中资源用于核心活动，使企业各项目标得以更大程度地实现。

第三方物流服务系统的介入，可能带来新的思想和技术，可以使企业有效利用内部不能使用的资源。企业高效利用第三方物流所提供的服务，可以事半功倍，取得更好的效益。

通过利用第三方物流服务系统和良好的业务关系，企业注入了新的资源，弥补投资设备、扩大业务等多个方面所带来的资金不足。

3. 承担风险和降低成本

利用第三方物流资源，实际上也是企业将参与物流运行中的政策、经济、技术、市场和财务风险进行分解，以节约有限资源，更具灵活性和针对性地对市场变化做出迅速反应。

利用第三方物流可有效地控制作业成本。许多第三方物流服务系统拥有专业技术和知识优势，能更好地完成物流运行。企业可与第三方物流服务组织分享扩大规模所带来的利润增加，对企业管理和控制提供有效帮助。另外，不少企业特别是中小企业受管理水平和管理手段所限，无法完成物流运行过程中涉及的许多管理功能，利用第三方物流服务系统的成功运行经验和技术，将一些业务转给第三方去运作，可大大降低管理成本。

当然，第三方物流服务直接影响企业对物流运行的控制，其质量高低直接影响企业的声誉，企业应对第三方物流服务系统加强监控。

二、第四方物流

尽管第三方物流可以为客户提供多样化的物流服务，而且试图提供一体化、一站式服务平台也是众多第三方物流企业努力的方向，但是起源于物资流服务的第三方物流企业，其运作的核心优势毕竟在传统的物流活动方面，进行多样化服务的运作，必然会遇到自身资源、运作能力、专业技能、专业人才以及客户关系处理等方面的限制。与此同时，进行新的服务模式探索也难以打破传统第三方物流企业核心竞争优势的显性或者隐性限制，而且会遇到管理方式、企业文化、组织结构等各方面转型的制约。

因此，从构建柔性的供应链系统服务平台的角度讲，第三方物流的这些运作局限反映在供应链关系中，往往难以提升为供应链的主导业务。而关系上处于从属地位的企业在供应链管理中也很难进行系统资源整合，很难建立战略合作伙伴关系。基于这样的考虑，美国埃森哲管理咨询公司于1998年提出了第四方物流的概念，强调第四方物流是一个能够提供客户一体化解决方案的供应链集成商，其使命就是提供包括第三方物流服务在内的一整套供应链的解决方案。

埃森哲管理咨询公司在第三方物流的发展过程中进行创新，提出了第四方物流的概念，具有深远的意义。其关注的焦点是第三方物流企业在发展过程中遇到的一系列问题，主要体现在上述供应链管理整合能力的欠缺方面。而将第三方物流欠缺的方面交由第四方物流来实现不能不说是一个巨大的进步。换个角度讲，作为一个管理咨询公司，显然在提供供应链一体化解决方案方面是具有优势的。埃森哲管理咨询公司针对第三方物流发展过程中的主要问题和阻碍，提出了第四方物流的概念，实际上是想将传统的咨询业务范围进行拓展，不仅延续了第三方物流在外包方面的优势，而且以一种新的模式博取了客户的眼球，进行了咨询理念的更新与实践的探索。

实际上，埃森哲管理咨询公司提出第四方物流的概念的确是想扩大传统的咨询行业，以超越典型的管理咨询服务模式，而不仅仅是花些时间为客户提供一些书面报告。埃森哲管理咨询公司相信有足够的能力给供应链带来整体的价值增值，所以它认为这种关系可以产生新的利润供大家分享。

（一）第四方物流的界定

美国埃森哲管理咨询公司将第四方物流定义为：第四方物流是一个供应链的集成商，是供需双方及第三方物流的领导力量。它不是物流的利益方，而是通过拥有的信息技术、整合能力以及其他资源提供一套完整的供应链解决方案，以此获取一定的利润。它帮助企业实现降低成本和有效整合资源，并且依靠优秀的第三方物流供应商、技术供应商、管理咨询以及其他增值服务商，为客户提供独特的和广泛的供应链解决方案。第四方物流的核心能力在于它对供应链的资源整合方面，以实现从战略的高度统揽供应链管理的全局并进行优化。

（二）第四方物流的基本运作模式

埃森哲管理咨询公司提出的第四方物流的运作具有以下三种基本模式。

1. 超能力组合（1+1>2）的协同运作模式

如图9-3所示，第四方物流在第三方物流企业内部工作，通过第三方物流企业来实施第四方物流的管理思想和具体策略。第四方物流与第三方物流共同开发市场。第四方物流向第三方物流提供一系列服务，如技术、供应链策略、进入市场的能力和项目管理的专业能力等。该模式中，第四方物流与第三方物流往往会采用商业合同的方式或者战略联盟的方式合作。

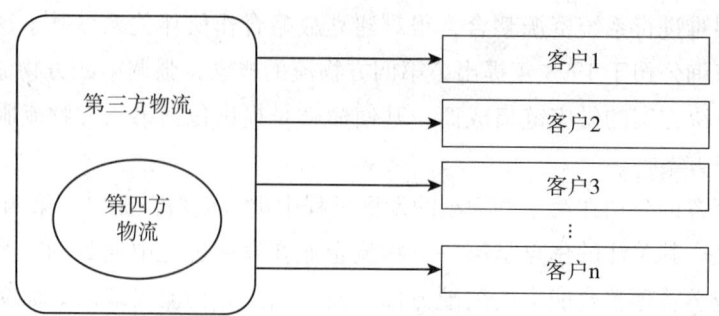

图9-3 第四方物流的协同运作模式

2. 方案集成商模式

如图9-4所示,在该模式中,第四方物流为客户提供运作和管理整个供应链的解决方案。第四方物流对自身及第三方物流的资源、能力和技术进行综合管理,借助第三方物流为客户提供全面的、集成的供应链方案。第三方物流通过第四方物流的方案为客户提供服务,第四方物流是一个枢纽,可以继承多个服务供应商的能力和客户的能力。

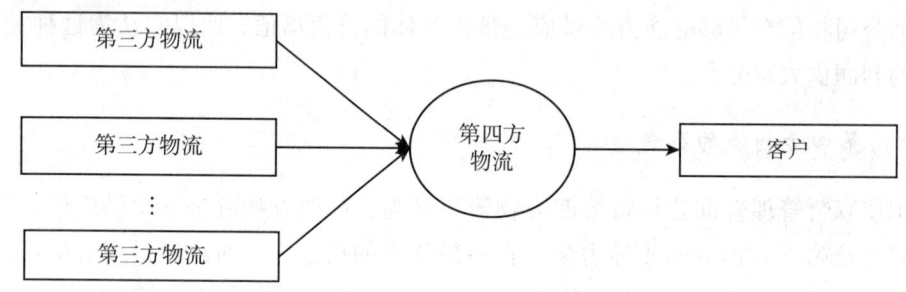

图9-4 第四方物流的方案集成商运作模式

3. 行业创新者模式

如图9-5所示,第四方物流为多个行业的客户开发提供供应链解决方案,以整合整个供应链的职能为重点。第四方物流将第三方物流加以集成,向上下游的客户提供解决方案。第四方物流在该模式中的责任非常重要,是上游第三方物流企业集群和下游客户集群的纽带。行业解决方案会给整个行业带来最大的利益。第四方物流通过卓越的运作策略、技术和供应链运作实施来提高整个行业的效率。

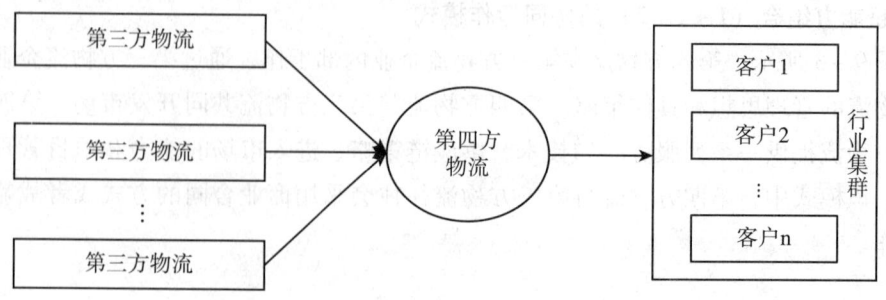

图9-5 第四方物流的行业创新者运作模式

第四方物流无论采取哪一种模式，都突破了单纯发展第四方物流的局限性，能做到真正的低成本、高效率、实时运作，实现最大范围的资源整合。第三方物流缺乏跨越整个供应链运作以及真正整合供应链流程所需要的战略专业技术。第四方物流可以将每一个领域的最佳物流提供商以及其他业务合作商组合起来，为客户提供最佳物流服务，进而为形成合理的物流服务提供方案或供应链平台设计方案。而第三方物流要么独自，要么通过与自己有密切关系的转包商来为客户提供服务，它不太可能提供专业技术、信息、规划，以及包括传统的仓储、运输、配送、分拣、流通加工等服务在内的多种服务的最佳组合。

（三）第四方物流模式下的供应链资源整合

1. 供应链资源整合的界定

简单地讲，第四方物流存在的目的在于进行供应链资源的整合。在复杂多变的市场及经济运行环境下，供应链资源整合无疑是企业实现业务外包、提升核心竞争力和风险抵抗力、拓展协作领域的重要手段。供应链资源整合是一个系统论的概念，就是要通过对供应链系统的构建、组织与协调，把系统内部彼此相关而又分离的职能以及系统外部参与共同使命同时又具有独立经济利益的个体整合成一个高效率的运作体系。整合的目的是在提升客户对产品或服务的满意水平的前提下，提高供应链系统的整体运作效率和系统各协作成员的收益水平，同时降低风险。

2. 第四方物流整合供应链资源的必要性

总的来讲，第四方物流模式的运作本质和核心优势在于它对供应链资源的整合能力方面。它可以通过整合最优质的供应链资源（协作个体），充分发挥供应链调配优质资源过程中的灵活性，为客户提供个性化、多样化的综合解决方案，为客户带来更大的价值。第四方物流可以影响整个供应链的运营能力，为客户评估、设计、制定和运作全面的供应链解决方案，从而快捷、高质量、低成本的物流服务得以实现（Bade and Mueller, 1999）。因此，在第四方物流模式下进行供应链的资源整合可以为资源整合悖论关系的解决创造条件。不论从理论上还是实践中，都将逐渐证明通过第四方物流的运作模式对供应链资源进行整合已成为物流业发展的主导方向。

本章小结

本章主要讲述供应链环境下的物流管理，通过案例引出供应链环境下物流管理的重要性和必要性。第一节介绍了物流管理的产生、内容、作用及其发展与特点，从而引出了供应链与物流的关系，指出物流是供应链成功的一个重要环节，而且一个成功的供应链管理是集物流管理、资金流管理、商流管理于一体的综合管理；还分析了物流过程对于供应链响应周期、库存和交货成本以及服务水平的影响。第二节介绍了企业物流的环节和过程、企业物流与供应链物流的关系；供应链物流是物流管理在企业外部的应用，是以每个企业为节点的物流过程。第三节以供应链环境下的配送管理为例，介绍了配送管理的流程和管理环节。第四节阐述了第三方物流和第四方物流产生的必要性,强调了第三方物流与第四方物流将成为物流业发展的主导方向,而且,第四方物流是第三方物流的创新与整改,将发挥最大的优势,为企业带来更大的价值增值。

自我测试

一、简答题

1. 物流管理的内涵是什么?
2. 现代物流管理的特征表现在哪几个方面?
3. 企业中普遍采用的供应物流模式主要有几种?
4. 简要叙述配送管理的内容。
5. 第三方物流和第四方物流的基本运作模式有何不同?

二、案例分析

GL 公司供应链物流管理的分析

一、GL 公司的物流模式

为增强企业竞争力,更好地服务地方经济,GL 集团通过中外合作建设国际物流园,用短短 1 年时间基本完成了在港口物流领域的区域性战略发展布局。GL 公司已经基本完成了包括港口码头、物流园区、高端 VMI 和跨境保税物流等在内的区域性完整物流产业链战略布局。

1. 生产物流

生产物流控制是供应链管理中的一个重要环节,关于生产方式的理论在学界有三种主流:MRP(物流需求计划)、JIT/TPS(准时生产)、TOC(制约因素理论)。GL 在生产的过程中,需要用到大量的物料,这些物料的供应情况(质量、配送、价格等)将直接影响到生产。GL 自身拥有强大的零件配套能力,GL 自己的这些配套分厂往往互相形成上下游供应关系,这些交叉的供应关系复杂化了生产物流的供应关系,也增加了内部供应链管理的难度。

2. 销售物流

GL 物流公司是同时拥有"公共保税仓"和"国内结转型出口监管仓库"的企业。出口监管仓的成功验收和"两仓"模式的推广运作,意味着 GL 物流在业务模式拓展方面取得重大突破,将更好地为客户提供多方位高端物流服务。同时,作为 GL 物流板块核心业务之一,"两仓"模式也将有效提升板块核心竞争力,为板块立足行业前列、实现快速发展提供积极的力量。

二、GL 公司的物流管理

GL 公司使用 MES 物流管理系统。MES 系统是面向企业生产管理的新一代信息系统。它以提高生产效率、减低生产成本、缩短交货期,改善客户服务为目标,运用计算机网络把各个自动化孤岛连接起来,运用信息化手段管理和优化全局生产流程,实现从产品订单开始直到产品交付的整个生产管理流程自动化。

GL公司引用MES系统，首先在外协钣金物料、电机、压缩机等物料上试点，随后在其他采购物料上展开。但是还有相当一部分物料和自制物料还是属于BAAN6系统管理。两个系统的同时存在容易引起物料使用部门的错误理解，不知道用哪个系统查询自己要用的物料，于是两个系统都查一遍，这样浪费了不少作业时间。MES系统受控物料在BAAN6系统上也还遗留有相应的最后数据，占用很大系统空间，也容易造成物料管理的混乱。按照MES的批量管理模式应该能在很短时间内找到所需要的物料，但GL一些个别仓库领料所需要的时间比较长，影响总装车间的物料供应。

三、GL物流渠道变革

鉴于对市场控制力度弱、对零售终端的控制难以及信息反馈难状况，GL公司对物流渠道做了两次变革。

1. 第一次变革内容

（1）成立区域销售公司前，由于各一级经销商内耗，GL为了保持他们的经营热情，通常在年底提供"模糊返利"，以确保他们盈利，但这种政策不可能经常使用。

（2）成立区域销售公司通过资产纽带把大家的精力都集中在开拓市场上，向市场要利润。

（3）保证市场价格的相对垄断，腾出合理价格空间，根据各地市场特点进行广告、促销等差异性操作。

2. 第二次变革内容

（1）GL通过增资扩股不断吸引小的经销商加盟，原则是一县一家。

（2）GL通过稀释股权削弱大经销商的影响力，增强渠道控制力和稳定性。

（3）有的大经销商不满足于做联营公司股东，希望做GL公司的股东。

四、思索

GL公司的物流程度相对于其他大型的家电行业有了很大的提高，首先采用了信息化，相比旧的人工服务方式有了很大的改进，减少了资源的损耗。使用MES管理系统，从根本上扭转了传统、落后的物流配送模式，以信息化手段解决了GL公司物流配送流程混乱、控制松散、效率低下等系列问题，取得了良好的成绩。但是仍有一些欠缺，如过分依赖于物流公司，没有自己的自主性和独立性，这样很容易影响企业的发展，所以GL公司的物流状态还存在改善空间。

（资料来源：何王盼. 格力电器供应链竞争优势研究［D］. 上海交通大学，2009. 有改动）

思考：谈谈你对GL公司物流管理的认识和建议。

第四篇

发展篇

第十章　供应链管理发展的新趋势

[引例]　　　　　　　　　　**BQ 的绿色供应链**

BQ 有限公司已将绿色供应链管理理念纳入公司中长期发展规划等规划文件，制定或完善了《绿色供应链管控办法》《零部件询价与定点管理办法》和《潜在供应商评审管理办法》等配套管理制度。

绿色供应链专项工作组由研究院、采购中心、质量中心、销售公司以及各生产基地等相关单位/部门组成。在 BQ 有限公司的绿色供应链管理体系中，研究院负责国家相关政策法规研究解读，牵头建立公司级管理体系和标准体系，将相关要求嵌入产品的开发流程中，并负责绿色供应链管理及产品性能管控等工作；采购中心负责依据《绿色供应链管控办法》要求，增加对供应商的有害物质管控及材料数据收集等要求，将"产品符合有害物质限值要求"作为供应商选择前提条件；质量中心负责对汽车产品有害物质相关质量管理工作的过程进行监控，针对问题点，督促整改并记录反馈管理体系的运行及更改情况；销售公司负责产品绿色包装、存储及运输；各生产基地负责按照"生产一致性控制计划"进行信息一致性检查，并在产品检验文件中体现橡塑件材料标识的检验要求，同时，严格控制有害物质的使用，保证车用材料禁限用物质符合法规要求。

BQ 有限公司将绿色供应链管理贯穿于整车开发和生产流程中，明确了各相关部门职责、工作完成时间节点及交付物。引入相关标准及工作内容，确保各项要求得到切实执行。公司以禁止采用污染环境、危害人体健康的材料及加工工艺，优先考虑使用环保节能材料为基本原则，应用并行工程的思想，以闭环运作的方式，在产品设计研发、原材料生产、包装运输、产品生产制造、使用维护、回收利用及废料处理的全生命周期过程中综合考虑材料的回收再利用及对环境的影响，提高资源利用效率，减少对环境的污染。

(资料来源：http://www.milt.gov.cn/n1146285/n1146352/n3054355/n3057542/n3057547/c6462288/content.html)

第一节　绿色供应链

在供应链中考虑环境因素的研究最早在 20 世纪 70 年代即被提出，但当时只是作为物流管理研究的一个次要方面。大规模、有意识的研究绿色化物流是在 90 年代初。绿色供应链概念起源于 1994 年韦伯（Webb）的供应链采购，韦伯研究了一些产品对环境的影响，建议通过环境准则来选择合适的原材料，同时注重再生利用。与此同时，英国工程和物理研究委员会（EPSRC）和英国汽油股份有限公司等 20 多个公司资助一项名为"ESRC 全球环境变化计划"的研究，也将绿色供应链作为主要研究方向。1996 年在密歇根州立大学的制造研究协会进行的一项"环境负责制造（ERM）"研究中，首次正式提出了绿色供应链的概念，并认为绿色供应链要将环境因素整合到供应链的产品设计、采购、制造、组装、包装、物流和分配等各个环节中。

进入 20 世纪 90 年代以来，大多数国家先后相应地调整了发展战略，全球性的产业结构呈现出绿色战略趋势，绿色工艺、绿色产品和绿色产业不断出现。由于一个产品从原材料开采到最终消费者，其间要经历很多生产和流通过程，因此，绿色战略就不仅仅是某个工艺、某个产品、某个企业所能解决的问题，它涉及整个供应链中所有企业的各项活动，绿色供应链管理营运而生。

总之，绿色供应链管理是在供应链管理的实践和理论日趋完善的基础上，融入了"绿色"概念发展而来的，可以说供应链管理技术和实践的完善为绿色供应链管理的实施提供了有力的技术支持。此外，可持续发展理论，特别是循环经济理论在企业管理实践中的发展，为绿色供应链管理的产生奠定了良好的思想理论基础。

一、绿色供应链管理的概念

1. 绿色供应链管理的定义

在对绿色供应链管理的研究过程中，不少国内外学者都试图对其做出一个明晰的定义。例如：

斯利瓦斯塔瓦（Srivastava，2007）认为，绿色供应链管理是在供应链管理中的产品设计、采购、制造、分销和产品的生命周期末端治理等各个环节中综合考虑环境管理因素。

斯迪森和斯夫德（Zsidisin & Siferd，2001）把绿色供应链管理定义为：一个企业的绿色供应链管理是对供应链管理方针、采用的行动以及形成的关系的设定，所形成的各种关系是应对公司产品和服务有关设计、材料采购、生产、分发、使用以及处置方面的环境问题。

国内学者对于绿色供应链的研究起步较晚，引用最多的是但斌和刘飞（2001）提出的概念。他们认为，绿色供应链是一种在整个供应链中综合考虑环境影响和资源效率的现代管理模式，它以绿色制造理论和供应链管理技术为基础，涉及供应商、生产厂、销售商和用户，其目的是使得产品从物料获取、加工、包装、仓储、运输、使用到报废处理的整个过程中，对环境的影响（负作用）最小，资源效率最高。

朱庆华（2005）认为："绿色供应链管理就是在供应链管理中考虑和强化环境因素，具体说就是通过与上、下游企业的合作以及企业内各部门的沟通，从产品的设计、材料的选择、产品制造、产品的销售以及回收的全过程中考虑环境整体效益最优化，同时提高企业的环境绩效和经济绩效，从而实现企业和所在供应链的可持续发展。"

关于"绿色供应链管理"这一概念的定义，目前尚没有公认的说法，我国颁布的国家标准《物流术语》中也没有涉及这一概念。借鉴众多研究学者的提法，本书对绿色供应链管理做如下定义：绿色供应链管理（green supply chain management，GSCM），又可以称为环境意识下的供应链管理（environmentally conscious supply chain management），是指在供应链管理过程中，对产品开发与设计、原材料采购、生产组织、分销供应直至最终消费、废弃物回收再利用的整个供应链过程进行生态设计，使得整个供应链系统在内外部环境管理方面实现最优化的协调统一。

虽然目前国内外对于绿色供应链的概念尚未统一，但都认为是将环境的意识整合到供应链各个环节里，减少环境污染，优化资源利用，增进社会福利。

对绿色供应链定义的理解可以从以下几个方面把握：

（1）绿色供应链管理是"面向未来"的供应链管理模式。为了防止企业盲目追求经济效益最大化，无节制地大量消耗人类社会的有限资源，从而导致环境污染和生态失衡的情况产生，企业在未来的发展中不能只考虑自身运营效率，必须在坚持可持续发展理念的前提下，在供应链各个环节中综合考虑环境影响和资源利用效率的问题。其目的是使产品从原料获取、加工、包装、存储、运输、使用到报废处理的整个过程中，注重对环境的保护，进而促进经济与环境的协调发展。因此，绿色供应链管理是企业管理面向未来的发展方向。

（2）绿色供应链管理的核心。绿色供应链管理的核心是"生态管理"视角下的协调与合作能否从真正意义上构建起一个绿色供应链，关键取决于供应链下企业的协调与合作能否顺利开展。一方面，在供应链中应该有一个面向市场的龙头企业或者下游企业发挥牵引作用，从而使得整个供应链"绿化"的开展具有基于市场的"牵引动力"；另一方面，在统一的"生态管理"视角下，在内外部环境兼顾的前提下，还要深化企业间的协调与合作关系，通过成本利益共享，达到对包装工艺、包装材料的更新，以最大限度降低对原材料的浪费，并共同创造出绿色企业间的合作形象。

（3）绿色供应链管理是"全过程"的绿化管理。在整条供应链中，虽然一些位于关键环节的企业，对于环境管理控制方面制定并实施了严格的内部标准，但他们的上游供应商和下游分销商却并不一定遵守同样的标准，这就使得供应链环境管理的整体性和系统性遭到了破坏，根本无法达到关键环节企业的环保目的，并造成了一定程度的资源浪费。为了解决这个问题，应该将有关系统和整合的思想引入供应链环境管理中。因此，绿色供应链管理不仅是一个企业的问题，而且是一个涉及从资源获得到最终消费的整个供应链下所有企业的问题。

2. 绿色供应链与传统供应链的区别

（1）研究的领域不同。绿色供应链管理涉及的问题领域包括三部分：供应链管理问题；环境保护问题；资源优化问题。绿色供应链管理就是这三部分内容的交叉和集成，而传统供应链管理较少涉及环境保护和资源节约的问题。

（2）获得的效益不同。传统上，企业的唯一目标是追求最大的经济效益。企业为了追求自身利益，势必以牺牲外部利益为代价，却不愿意承担社会责任。绿色供应链管理则需要综合考虑经济效益、环境保护、资源节约三个效益的统一。企业需要变被动为主动，在节约资源和经济效益中找到平衡。

（3）传递的信息不同。传统供应链的信息传递非常普遍，几乎无处不在，无时不有。而绿色供应链管理还增加了环境影响信息和资源保护信息的传递，并且将供应链管理的信息流、物流、能量流有机地结合，系统地加以集成和优化。

（4）管理的过程不同。绿色供应链管理经历设计、采购、制造、包装、销售、使用、回收处理的整个闭合循环过程，它涵盖了产品生命周期的每一过程；但是传统供应链管理则只是从供应商到消费者的一个单向过程。

二、绿色供应链管理的内容

1. 绿色战略（green-strategy）

绿色供应链管理虽然可能由一个主导企业来集中管理，但其实现并不是由一个企业单独来完成的，而是由供应链上的所有企业一起努力来完成的。这便对供应链中的企业提出了更高要求。常见的情况是：首先，供应链中的一个核心企业按照其发展战略要求首先实现自身的"绿化"；其次，该核心企业向外部延伸，以自我为主导培育自身的供应链，并配合自身战略的实施向供应伙伴提出"绿化"要求；最后，基于供应链中各个企业的协调努力，建立起一条完整的绿色供应链。

因此，绿色供应链管理并不在于单个企业的"绿化管理"，更主要的是整个供应链"全过程"的绿化管理。因此，要有效地实施绿色供应链管理，企业必须确定绿色发展战略，并在企业内确立绿色供应链管理的战略地位。这便要求企业必须将绿色供应链战略纳入其总体发展战略规划之中，从上级领导的重视到普通员工的理念培训，使得这一发展理念成为企业文化中的一部分。

2. 绿色设计（green-design）

绿色设计又可以称为面向环境的设计或生态设计，是指在产品开发及其生命周期的全过程设计中，充分考虑产品对资源和环境的影响，优化有关设计因素，从而使其产品在制造和使用中对环境的总体影响和资源消耗减少到最低限度。

绿色设计是绿色供应链管理的关键一环，这是因为要想从根本上防止污染、节约资源和能源，关键就是把住产品的设计关。当前企业经常采用的"亡羊补牢"式做法，即在产生不良环境影响后果后再进行末端处理，这是不符合绿色设计理念的。因此，在绿色设计这一环节，要求企业设计人员充分考虑到产品在制造、销售、使用及报废后可能对环境产生的各种影响，并积极进行协作安排，重塑制造工艺、装配方案、拆卸方案、回收处理等业务流程，并建立相应的环境评价约束准则。

3. 绿色材料选择（green-material-selected）

绿色材料是指具有良好使用性能，并在产品的制造、加工、使用乃至报废后回收处理的全生命周期过程中能耗少、资源利用率高、对环境无污染且容易回收处理的材料。这一定义要求绿色材料要具备以下几个要素特征：依托高科技材料本身所体现的先进性，如低能耗或给产品带来的优质性；应用于生产过程的安全性，如低噪声和无污染性；材料使用的合理性，如降低成本或可回收利用等。尽可能选择对生态环境影响小的材料是绿色设计中应该充分考虑的问题。因此，绿色材料有无或能否开发利用是绿色设计的关键和前提，也是体现绿色设计水平的重要层面。

4. 绿色制造（green-manufacture）

绿色制造是指一种综合考虑环境影响和资源、能源消耗的现代制造模式，其手段是借助于各种先进制造技术、制造工艺、管理技术，其目标是使得产品在从设计、生产、包装、运输、使用到报废处理为止的全生命周期中，对环境负面影响最小，资源利用率最高，并使企业经济效益和社会效益协调优化。

广义的绿色制造包括了前面所介绍的绿色设计和绿色材料选择，还包括绿色包装，甚至还涉及产品的整个生命周期，是个"大制造"的概念。狭义的绿色制造是指绿色的生产制造、绿色的工艺流程规划、绿色包装等。

绿色生产制造又可以理解为工业生产管理上的清洁生产，指在生产过程中关注生产本身及产品对环境的影响。绿色工艺流程规划是指根据制造系统的实际，探求物料和能源消耗少、废弃物少、对环境污染小的工艺方案和工艺路线，追求企业内供应链的优化。

而包装物的绿色化是实施绿色供应链管理的重要组成部分，比如合理的包装标识，减少过度包装等。

5. 绿色分销（green-distribution）

基于绿色供应链管理下的绿色分销活动主要包括绿色营销推广、绿色运输和配送、绿色渠道体系建设与管理等。绿色分销活动的开展对于绿色供应链管理的意义主要有以下内容。

（1）绿色营销推广。通过绿色营销推广活动，让公众了解企业的绿色产品及为环境改善所进行的工作，让顾客理解产品的生命周期环境成本分析，并提供途径让他们提出改进意见。从而让市场的拉力成为绿色供应链建设的动力，并让绿色分销体系更适应市场的需求实际。

（2）绿色运输和配送。除了绿色产品本身的运输和配送，其他产品运输和配送过程中可能伴随着能源的消耗和废气的产生，以及产品的泄漏，这些都对环境产生影响，却又经常被忽视。因此，绿色运输和配送是绿色物流和供应链管理的重要内容。

（3）绿色渠道体系建设及管理。分销活动的开展要有相应的渠道体系来支撑，特别是面向市场的绿色供应链的建设，更需要有稳定的渠道体系与之相对应。因此，绿色渠道体系的建设与管理直接决定了绿色供应链面向市场的延伸程度。绿色渠道体系建设主要包括渠道模式确定、中间商选择、绿色终端与反向渠道开发和建设等内容。

6. 绿色回收（green-reclaim）

绿色回收包括一个完整的回收系统，在产品生命周期末端对其进行回收，使其进入再使用再制造等逆向流程，实现供应链闭环运作。完整的绿色供应链管理应包括绿色回收活动，这些绿色回收主要是对产品、包装物开展的回收活动。随着产品更新换代速度越来越快，旧产品的处理将成为一个难题。企业具体采用何种方式进行绿色回收，要根据企业条件、产品、包装物的特性以及回收品的分散程度等因素来决定。

（1）产品的回收。产品的回收一般是顾客驱动型的，既包括损坏的产品、顾客不满意的产品的返回，又包括旧产品的返回。其中旧产品返回到供应商后可能进行以下某种处理：再销售、修理、回收原材料、再循环等。

（2）包装物的回收。包装物的返回有多种回收渠道，不一定返回至供应商。德国双元回收系统提供了两种可选的回收渠道：一是供应商自己回收包装物；二是成立一个专门负责组织包装物回收的私营、非营利组织，供应商可以申请加入，并交纳一定的管理费成为会员。会员企业的包装物上都印上可回收标志。印有可回收标志的包装物由该组织负责回收。

作为逆向物流构成的一种，绿色回收不但代表着企业的发展理念，而且还展示着企业的环保形象。作为逆向物流的主导构成，回收物流更多的应该由生产企业或组织来进行回收，而废弃物物流则应该由政府统一处理。

三、绿色供应链的实现

1. 绿色供应链管理的基本途径

绿色供应链管理对当前企业供应链中存在的问题提供了可行的较好的解决方案，要成功地实施绿色供应链管理，使之成为企业提高竞争力的武器，就必须抛弃传统的环境管理的思想，把企业内部及供应链上企业之间的各种业务看作一个整体功能过程，形成一个集成化的环境管理体系。结合实际情况，现代企业实施绿色供应链管理应从以下几个方面进行。

（1）制定企业所需的导向性政策法规措施。环境法规和标准环保的执行一般会造成企业成本的增加，这就需要由法律来制定游戏规则。环境法规与标准（也称制度条件）与其他决策要素不同，是绿色供应链管理决策的主要外部要素，尤其在初级阶段，强制性法规是企业实施绿色供应链管理的主要驱动力。目前供应链管理已成为我国企业获得竞争优势的必然选择，因此制定相应的绿色供应链管理政策法规和扶持措施，将会使企业的生产和管理升华到一个新的高度。

（2）确立企业绿色供应链管理战略地位。首先，要求企业要着眼于长远利益，以企业绿色供应链构建为出发点，引导企业的重大决策转向绿色供应链管理导向；其次，要求企业有关部门在考虑环境优化问题时，不应把眼光仅放在本部门，而应该明确本部门在绿色供应链中的位置，使本部门的行为符合整体环境价值最大化的要求；最后，要求企业每个员工都认识到绿色供应链管理为社会和企业所带来的长期回报，让每一个员工通过实践努力，将"绿色"慢慢变为企业文化的一部分，使树立企业"绿色形象"、创企业"绿色品牌"成为每个员工的自觉行动。

（3）重组企业绿色供应链管理业务流程。企业不管是刚开始设计新的绿色供应链，还是完善绿色供应链，都可以说是从原来传统供应链的基础上进行的，由于改造不仅仅限于核心企业的内部，而且包罗了供应链上的各个供需合作伙伴，故业务流程重组的全局性、系统性的重构观点成为实施绿色供应管理中一个不可缺少的工具，帮助绿色供应链企业在发展中，不断优化整个供应链的业务流、信息流和内部组织机构，使整个绿色供应链最大限度适应市场竞争和环境要求，以追求绿色供应链的全局最优。

（4）重塑企业绿色供应链合作伙伴关系。在实施绿色供应链管理时，应考虑我国国情，不能盲目地将那些未满足环保要求的供应商排斥在外，应积极与供应商和分销商建立新型的战略联盟合作伙伴关系。绿色供应链的战略合作伙伴关系不仅是一种信息和利益的共享关系，而且也是一种标准和意识同步的协议关系。绿色合作是指在供应链纵向上进行环境影响的合作管理，在横向上对同一功能进行企业联盟。合作可以通过共享技术和共享知识来促进创新，能分担成本和风险，促进环境信息的交换。

（5）设计绿色供应链管理环境绩效评价指标。绿色供应链管理环境绩效评价是在综合考虑其他指标的情况下，针对重要的环境参数，建立持续监督的系统，并将评估结果与基准进行比较，再与各利益相关者进行沟通。它是对企业环境绩效进行测量和评估的一种程序，是一种持续性（包括过去、现在及未来）的信息收集工作。而环境绩效评价指标的建立是评价中最重要的一环，它可使所有企业供应链的利益相关者了解企业的环境风险，以判断投资的优劣，也可作为企业经营者进行环境管理的辅助工具。

2. 实施绿色供应链管理应注意的几个问题

（1）在宏观上注重绿色产业链的发展布局。在供应链的培育和发展中，供应链上的企业可能属于不同的产业范畴，如某奶制品企业在上游通过战略联盟发展了奶牛饲养基地，这就使得该供应链横跨了第一和第二两大产业，当然，该企业如果发展向下的分销体系，那就进入了第三产业。事实上，一个成功的供应链，基本上都会发展到触及不同的产业或行业范畴。于是，供应链和产业链就有了某种必然的发展联系。

相应地，在绿色供应链发展中，势必也会有着某种层次上的绿色产业链条与之相对应。从某种程度上讲，两者互为因果关系。因此，在宏观上进行有关经济发展规划时，如果结合本地或周边的实际情况，注重绿色产业链条的发展布局，势必会推动绿色供应链的发展，并为主导企业实施绿色供应链管理提供良好的外部环境。

（2）在微观上注重开发企业自身的绿色价值链。绿色价值链、绿色供应链和绿色产业链三者之间有着紧密的发展联系。绿色价值链是绿色经营的起点，绿色供应链是绿色经营的延伸，绿色产业链是绿色经营的发展布局。因此可以认为，绿色价值链的开发是企业开展绿色供应链的前提。就一个企业来讲，可开发的绿色价值节点主要有绿色技术、绿色产品、绿色包装、绿色品牌、绿色渠道等。因此，想要实施绿色供应链管理的企业，首先，要将自身的价值链进行分析，找到可开发的绿色价值链节点进行开发；其次，借助外部因素推动企业价值链的绿化；最后，还需要用绿色品牌成果稳定下来。

（3）依据资源情况选择不同的发展模式。如图 10-1 所示，绿色产业链的构筑依托于资源及产业条件有着不同的发展路径，同样，绿色供应链的发展，也要依据资源情况选择不同的发展模式。

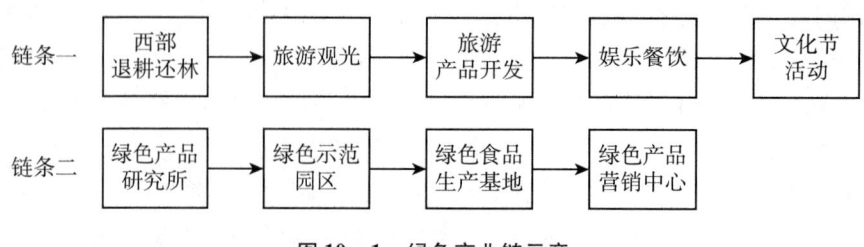

图 10-1 绿色产业链示意

目前，绿色供应链管理已经在国外一些领先企业中实施，并取得了一定的成效，获得了一定的经验，例如 3M 公司、通用汽车等。这些公司在生命周期管理、绿色设计、绿色包装、绿色回收、材料再循环及再制造等方面都进行了探索性实践，取得了显著的绿色供应链管理效果。总之，绿色供应链管理是供应链有效的环境管理方法，也是应对 21 世纪绿色管理需求的必然选择。

第二节 全球供应链

一、全球供应链的概念和类型

1. 全球供应链的概念

全球供应链又称全球网络供应链，在这种供应链体系中，供应链的成员遍及全球，生产资料的获得、产品生产的组织、货物的流动和销售、信息的获取都是在全球范围内进行和实现的。在这种全球网络的供应链环境中，企业的形态与边界发生了很大的变化，地区与地区之间的边界也在整个全球供应链的业务环节中淡化。在一个理想的全球供应链中，从投入生产到流通消费的整个供应链环节中，运作流程就像不受国界的限制一样。

在全球经济一体化的环境下，企业要参与世界经济范围的经营和竞争，就必须在全球范围内寻找生存和发展的机会。在国际市场的驱动力、技术的驱动力、全球成本的驱动力以及政治和经济的强力驱动下，有能力实现海外业务的企业迅速向国际化经营转变。因此，在全球范围内对原材料、零部件和产品进行配置已经成为企业国际化进程中提升竞争优势的一种重要经营手段，全球资源配置已经使许多产品由哪国制造的概念，变得越来越无法界定。

2. 全球供应链的类型

全球供应链主要有以下四种类型：

（1）国际配送系统。这种系统的生产以国内为主，但配送系统与市场有一些在海外。

(2) 国际供应商。这种系统中，原材料与零部件由海外供应商提供，但最终的产品装配在国内，一些情况下，产品装配完以后，会再运回海外市场。

(3) 离岸加工。这种系统中，产品生产的整个过程一般都在海外的某一地区，成品最终运回国内仓库进行销售与配送。

(4) 全球供应链。这种系统中，产品的进货、生产、销售的整个过程发生在全球的不同工厂。由于全球经济一体化的快速推进，国际化供应链管理已从这些初始的模式逐渐发展到今天跨国集团的设计、采购、生产、配送和销售、服务等业务遍及全球较为高级的全球化供应链的运作和管理模式。例如，戴尔、摩托罗拉、IBM、丰田、大众等跨国企业，就已逐渐形成了各具特点的高级全球化供应链网络的运作管理模式。

在许多方面，全球供应链的管理与本土化供应链管理的原理基本是一致的，只是涉及了海外的国际业务，地域覆盖更广泛。然而，正是由于包含了跨国业务，使得它的运作方式也更为复杂，同时也存在着更多的风险和挑战，会受到多国家、多城市之间的地域、语言、货币、时差、文化、政治等因素的影响。例如，汇率变动及货币的不同也会影响支付的运作，等等。为了提高中国跨国公司的竞争能力和成本优势，使我国企业在世界经济格局中占据有利的地位，开展和加强国际化供应链管理的研究和应用，就具有极为重要的意义。

二、全球供应链管理的优点

全球化的经营使供应链运作的范围扩大，在初期有可能引起成本增大、效率降低、组织的细化和分散，也会使管理的难度加大，使企业间、特别是使异国企业间的沟通交流非常困难，协同运作更是难上加难。然而，运用全球网络供应链管理的理念和模式，利用它的解决方案软件系统和其他信息技术作为手段和工具，特别是借助互联网的低成本、高效能的信息传输平台，消除了信息交流和共享的障碍，加强了企业间的业务交流和协作，集成了它们间的业务流程，加快了业务处理速度和对市场和客户需求的影响速度，提高了企业和整个供应链的管理效率。因此可以说，全球供应链管理是国际企业间资源集成的桥梁，它使全球资源随着市场的需求实现动态组合，以适应不断变化的客户需求和服务，实现企业间多形式的合作，使它们更具有联合优势，并从全方位的角度考虑资源的整合。

当前，供应链上环环相扣的业务从对市场和客户的需求分析、对资源进行供给管理、对新产品的研究开发、产品的加工制造、分销和出售，一直到订单的履行交货和运输配送等，都必须纳入全球供应链管理的范围之内。可想而知，在一个全球化经营的业务过程中，管理者需要做出复杂的决策，业务流程需要进行优化，业务复杂信息量大，这种环境下的管理难度远远高于一般的企业管理。因此，企业必须利用全球化供应链的管理软件系统和一些有效的管理手段，对信息进行精确、可靠和快速地采集与传送，才能有效地处理好这些复杂的事务。互联网和电子商务技术提供了一个服务于全球供应链的信息交流和处理的强有力手段,使供应链成员间通过互联网进行信息共享和交流,在电子商务平台上实现企业业务的协同运作,加速存货与资金的流动,提升供应链运转效率和竞争力。因此,这些新技术的出现为全球化供应链管理提供了巨大的支持和保证。

综上所述,全球供应链管理的优点包括:加快供应链的资产流动速度,减少资产占用成本和产品的总成本;通过在线处理订单,快速共享客户需求信息,并使客户更快获得他们所需的产品,提高客户满意度;缩短从设计到生产的周期,提高市场份额;根据市场需求灵活地设计、改进和淘汰产品;在保证产品质量的前提下,将部分业务外包给专业服务商,集中力量做好主营业务。

三、全球供应链的构建

任何一个公司,甚至大型的跨国公司,采用一体化的全球供应链管理的过程都是循序渐进的,而非一蹴而就。迈克尔·麦格雷恩(Michael McGreth)与理查德·霍尔(Richard Hoole)讨论了采用全球供应链必经的几个重要发展阶段。

1. 需求和供给管理

首先,要根据市场和客户的各种商业信息,进行预测和需求分析,以清楚地了解和掌握市场动向,做到"心中有数",从而合理地制订需求计划,配备所需的资源,然后对这些资源在充分考虑到"资源约束"的基础上制订供给计划,将手中的资源与所了解、掌握的资源进行匹配,以快速响应和满足这些需求。

例如,W公司通过使用互联网技术来提高销售预测的准确性,通过季节市场趋势等因素对库存需求做出预报。其结果表明,在使用预测功能期间,商品周转时间从12周减少到了6周。随后,W公司将他的经验与B公司共同分享并应用于业务实践,直接根据由个别商店售出的商品来履行订单,这样通过与各个商店相互协同,缩短了从订货到交货的周期时间,达到从几周减至几天。又如,啤酒分销商使用与啤酒制造商相连接的互联网系统,在自己的Web网页中输入实际的消耗数来补充订单。然后,这种交互作用的计划系统产生一个基于供应链末端实际消耗量拉动的时段订单,而不是预测的需求。接下来,分销商能够根据当地的情况和市场变化修改计划。这些修改过的计划对啤酒生产商也是非常有用的,他们可以根据这些计划来实时地调整其酿造计划和供应计划。通过这种方法,可以将提前期从传统的10~12周减至4~6周。

2. 新产品研发

在全球供应链环境下,产品的销售和使用很可能是遍及全球的。因此在产品研发的开始,就必须为产品进行定位,使其能够适应不同地区的不同市场,满足不同地区客户的使用和消费需求。另外,产品的设计还应具备便于修改的特性,以利于在不同的地点进行生产和改造。

在设计的同时还需要注意两点。一是考虑设计和生产地区供应商的资源,尽量选择那些同样具有海外业务的供应商,并把他们的技术、知识和能力融入自己的研发过程,缩短研发周期,共同推出适应市场和客户的好产品;二是研发的同时就要考虑全球市场的产品投放和推广问题,进行相关的市场分析、制定推广战略、准备相应的技术文档,尽快将产品推向市场,并不断对新品设计过程提出反馈意见。

3. 采购

互联网和电子商务技术的出现为全球采购创造了一个前所未有的空间,它缩短了买卖双方的时间和空间的距离。在全球供应链环境下,买方能在全球内寻找更多的资源为己所用,将分散在各地的生产商进行协同运作,准确获得所需货物;卖方也同样可以通过网络与其客户实现协同运作,通过全球供应链及时了解和掌握客户的需求、供货和缺货信息,按时将货物递交到客户手中。

美国思科公司的动态补给业务就是一个很好的例子,它在实现网络化供应链管理以前,由于缺少实时的需求和供应信息,常常导致时间延误和差错。为了保证两者之间的平衡,库存的数量和花费都超出了公司可接受的限度。为此,思科引入基于全球网络的动态补给协调和管理模式,使市场需求信息准确而迅速地递送到全球的每一个合作生产厂商,并允许合作生产厂商通过网络实时跟踪思科的存货数量,及时补货。

4. 生产

在生产上对分布在不同地区的众多生产工厂进行统一集成和协调,使它们能作为一个整体来运作,这不是一件容易的事。首先,需要根据市场需求对供应链上过剩的和不足的生产能力进行战略性的调整和优化配置,以充分发挥其效益;其次,要根据订单情况对这些工厂的集中采购提供准确的需求信息;最后,在一个复杂的供应链上,各个工厂间可能是互为供应方,必须使它们的业务能够紧密衔接,才能实现高效低耗地生产。这就必须运用全球供应链管理协同的功能和工具来对这些业务进行有效的扩展和管理。

香港利丰是全球供应链管理中著名的创新者。它地处中国香港,为全球 26 个国家和地区(以欧美为主)的 350 个经销商生产各种服装。说起"生产制造",可以说它没有一个完全属于自己的车间和生产工人,但它在全球拥有 7500 个生产服装所需要的各种类型的生产厂家(如面料和毛线生产、织染、缝纫等),并与它们保持非常紧密的业务关系。利丰公司最重要的核心能力就是它在长期的经营过程中所掌握的,对所有供应厂家的制造资源进行统一集成和协调的管理能力。例如,在接受了欧洲某零售商的服装订单后,可能用韩国制造的纱线,在中国台湾地区进行纺织和染色,在日本工厂订购适当数量的拉链和纽扣,而拉链的原料则大部分是在中国制造的,考虑到生产定额和劳动力资源,它在泰国的 5 个工厂完成所有服装加工。5 周以后,10000 件服装全部抵达欧洲,如同出自一家工厂。在这个过程中,利丰甚至还帮助客户分析市场消费者的需要,对服装的设计提出建议,以更好地满足需求。订货者从自身的利益出发,常常是先提前 10 周订货,但很多因素如颜色或样式却无法确定,常常是在交货期前 5 周才通知衣服的颜色,而样式甚至在 3 周前才能知道。面对这些高要求的订单,利丰公司正是依靠其供应链管理的集成协调技术,在短短的时间内就向客户交付令他们满意的商品和服务①。

5. 订单履行

订单履行包括配送、运输和对交货的监控以及交货过程中的例外事件处理。为了使各个地区的客户可以从全球供应链方便地拿到所需产品,就像从本地供应链订货一样,为了确保每一个订单、每一笔交易都能按时、按质、按量地交送到全球范围内的客户手中,必须利用全球化供应链的集中式订单履行方式,整合自己和外包服务的资源,与客户进行密切的交流和沟通,并对整个合同履行过程进行实时监控,及时处理好例外事件,防止由于订单的履行不周而引起丢失客户的现象。

四、全球供应链的风险与防范

1. 供应链风险的种类和起因

供应链是环环相扣的紧密闭合链,任何一个环节出问题,都会使这条连续的链断裂开,影响整个供应链的正常运作。因此,供应链管理者必须密切关注供应链风险,能够及时发现它们并作出补救。

(1) 自然风险。供应链的风险首先可能来自不可抗力的自然风险,如地震、火灾、台风和暴风雨雪等来自大自然的破坏。某公司的大火就是因为暴风雨中的雷电引起电压增高,陡然升高的电压产生火花点燃了车间的大火。又如,在台风期间,港口城市常常遇到货轮因不能进港、物料不能上岸,而无法进行装配生产。时至今日,人类目前普遍面临着环境恶化的挑战,天灾爆发的频率也越来越高,作为一种不可抗力影响着供应链的各个环节。

(2) 政治、经济、社会风险。相对于天灾而言,政治、经济、社会等风险因素更加复杂多变。比如,政治风险,可能由于业务所在国家的政局动荡,如罢工、战争等原因对供应链环节造成损害;经济风险,如汇率风险和利率风险,主要指从事国际物流必然要发生的资金流动,因而产生汇率风险和利率风险;技术风险,如独家供应商问题、技术的缺陷问题和信息传递方面的问题等。另外还有其他不可预见的因素,如交通事故、海关堵塞、停水停电等都会制约供应链作用的发挥和正常运作。

对于政治经济方面的风险,最为重要的表现是产业政策的规定和经济的波动。例如,某一国家或地区在其产业政策转型时会对某些供应链或它的环节造成影响,可能会出现某些原材料短缺或产品成本上升,甚至令某些环节受损使供应链发生中断。例如,波动的汇率会影响产品价格与利润;在某一特定地区特定价格下的生产、仓储、配送和销售等相对成本的改变,会对利润产生很大的影响,甚至由利润丰厚变为全面亏损。

(3) 独家供应商风险。选择独家供应商会对供应链的运作带来极大的风险隐患,可能一个环节出现问题,整个链条就会崩溃。企业常常为了实现降低成本的短期利益而忽视规

---

① 关于香港利丰公司的资料来源:利丰研究中心. 供应链管理:香港利丰集团的实践(第二版)[M]. 北京:中国人民大学出版社,2009。

避风险的长期利益，使供应链上出现独家供应商，在这种经营环境下，一旦该独家供应商出现什么问题，或是发生关系破裂而恶意中断供应，都会给整个供应链带来重大的损失。

(4) 信息技术与信息传递风险。信息技术的缺陷会制约供应链的发挥，比如网络传输的速度、服务器的稳定性等。当供应链规模日益扩大，结构日益复杂时，供应链上发生信息错误的机会也随之增多。比如，管理人员依据市场信号做出预测和调整，相关命令会在供应链中传递，由于每一环节都可能做出同样的预测和调整，不知不觉中夸大了市场的需求；企业由于种种原因不能经常下订单，供应商会因得不到可靠信息而不能合理安排生产，而这种不确定感也会传染给供应链上的所有成员。

为了确保供应链上信息传递的正确和可靠，企业必须采取一定的措施使它的信息系统规避这类风险。国内外供应链管理的实践证明，能否加强对供应链运行中风险的认识和防范，是关系到供应链能否安全、正常运转的大问题。

2. 防范全球性供应链风险的策略

(1) 加强供应链成员激励，建立战略合作伙伴关系。供应链企业要实现预期的战略目标，客观上要求供应链企业进行合作，形成共享利润、共担风险的双赢局面。因此，全球供应链中成员企业之间建立紧密的合作伙伴关系，成为全球供应链成功运作、风险防范的一个非常重要的先决条件。

(2) 采用柔性化防范策略。供应链企业合作过程中，通过共享供给与需求信息和提供柔性化的策略，以消除外界环境不确定性的影响。当今供应链管理强调JIT方法，减少库存以降低成本，这种运作模式，一旦遇到突发事件或需求有较大波动时就会显得缺乏弹性。因此在注重效率的同时仍应保持供应链适度弹性。

(3) 建立风险预警和应急处理机制。在全球供应链管理中，对突发事件的发生要有充分的准备。对于一些偶发但破坏性的大事件，企业可预先制订应变措施，制定应对突发事件的工作流程，建立应变风险的小组。同时，要建立一整套预警评价指标体系，当其中一项以上的指标偏离正常水平并超过某一"临界值"时，发出预警信号。通过应急处理机制，可以化解企业合作中供应链管理的各种意外情况导致的风险，减少由此带来的实际损失，保证企业在全球供应链中的利益。如戴尔在"9·11"事件的应急处理中，通过应急处理小组及全球供应链监督小组及时发挥作用，最终使立足于全球采购的戴尔化险为夷[①]。

(4) 建立灵活的信息共享机制。一般来说，信息手段越健全，信息反馈越充分，信息处理能力越强，全球供应链活动中所面临的风险就越小。一方面要加强供应链各成员间的信息交流与共享，增加供应链透明度来消除信息失真与不对称，优化决策过程。另一方面，由于全球供应链网络结构及成员比较复杂，因此要建立有效的电子信息安全管理系统，降低不确定因素干扰和商业秘密泄露的概率，达到规避风险的目的。

(5) 加强节点企业的风险控制。全球供应链从采购、生产到销售过程是由多个国家的

---

① http://www.chinawuliu.com.cn/xsyj/200407/20/131516.shtml.

节点企业共同参与而形成的串行或并行的混合网络结构。其中某一项工作既可能由一个企业完成，也可能由多个企业共同完成。供应链整体的效率、成本、质量指标取决于节点指标。由于供应链整体风险是由各节点风险传递而成，因此，通过对节点企业风险的识别与判断，进行风险调整和优化，将大大加强整个供应链的风险控制。

第三节 服务供应链

一、服务供应链的背景和概念

在激烈的市场竞争与经济全球化的推动下，20 世纪六七十年代还较为平坦的微笑曲线变得越来越像一个孩童顽皮无忌的大笑，如图 10-2 所示。供应链中游给企业带来的利润越来越微薄，制造环节的利润空间也日益狭小。当有形产品的销售变得越来越微利的时候，越来越多的全球领先的创新企业正逐步把产品的含义从单纯的有形产品扩展到基于产品的各类增值服务。

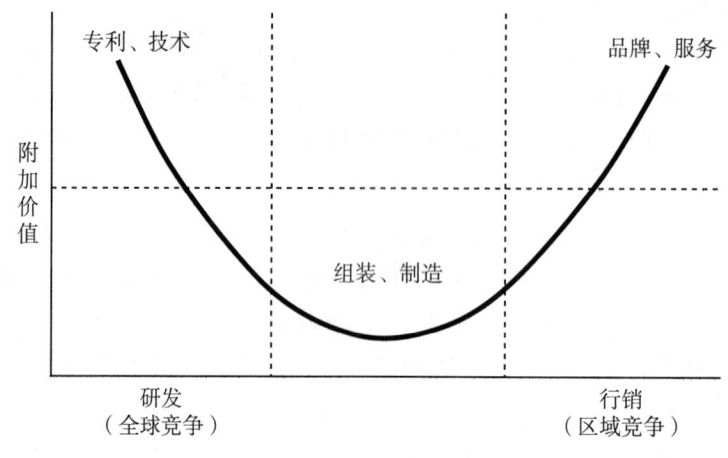

图 10-2 微笑曲线

正如软件行业所提出的"软件即服务"理念，很多制造业的先觉者已经开始实施将制造与服务相融合的战略，从通用电气公司的能源管理服务到壳牌石油公司的化学品管理服务，从施乐公司的文件处理服务到 IBM 公司的信息服务……随着制造业对服务重视程度的增加，服务供应链（service supply chain）也就应运而生。在上海，如汇众、通用等汽车制造企业，各种零配件由物流服务公司按质、按量、按时配送到工位，生产企业因而能够实现"零库存"；在浙江，造船企业则享受着由物流企业和合作伙伴共同提供的物流、资金流、信息流一体化的服务；而在安徽，煤矿业由原来的供应仓库变为了"工业品超市"。

服务供应链不仅体现在制造业中，在提倡"服务经济"的现在，服务供应链实际上也正在悄悄改变着我们的生活。过去出门旅行，需要自己预订车票、饭店，现在 10086 或者携程旅行网和它的呼叫中心会帮客户解决问题。

服务供应链的研究在国外最近几年才开始兴起，其定义仍然处在争论阶段，尚未有一个统一的定义。总结起来，共有 5 种比较常见的定义：

第一种观点是从产品服务化的不断兴起中得到启发并被定义的。这种观点认为，服务供应链是产品服务化过程中发生的一系列服务活动，其本质的思想是基于产品服务化角度来定义服务供应链的。例如，德克和科伦普（Dirk & Kremper，2004）认为，服务供应链是在产品服务化过程中所涉及的服务计划、分配资源、配送和回收、分解、修理恢复等管理活动。

第二种观点认为，服务供应链是指服务行业中的不同服务生产主体之间的连接关系。例如，最早开始研究服务供应链的是爱德华（G. Edward）等人，他们认为服务供应链的行为不同于产品供应链。它没有库存堆积以补充订单，而是间接通过服务能力来解决订单堆积。啤酒游戏是最早的产品供应链中牛鞭效应经典例子，但是它不适用于服务供应链。

第三种观点认为，服务供应链应该从服务产品采购的角度进行理解，其本质的思想就是采购专业服务。例如，2004 年，埃尔拉姆（Ellram）在 *Journal of Supply Chain Management* 发表了"理解和管理服务供应链"一文，他提出服务供应链是指在专业服务中从最早的供应商到最后的客户中发生的信息管理、流程管理、能力管理、服务绩效和资金管理。

第四种观点认为，服务供应链是指服务行业中应用产品供应链的思想来管理与服务有关的实体产品。例如，库克（Jack S. Cook，2001）、梅特尔斯（Richard Metters，2004）等在医院健康护理方面通过采用供应链管理中的药品库存管理和信息集成的思想，提高了服务的综合绩效。

第五种观点认为，服务供应链是接受顾客需求，进行生产转化并再输出到顾客的一种供应链，该定义是从服务企业给客户提供服务的前后运作过程角度来理解的。例如，斯科特（Scott，2000）认为在服务企业中，流程输入的主要供应商是客户自身，他们提供他们的思想、需求和信息等，然后输入服务流程中，称服务中的顾客具有"两元性"，本身是顾客又是供应商。

以上的五种定义中，第一种最接近产品服务化的思想，即基于产品服务化的角度定义供应链。我们这里采用刘伟华和刘希龙（2009）给出的关于服务供应链的定义：服务供应链是指围绕服务核心企业，利用现代信息技术，通过对链上的能力流、信息流、资金流、物流等进行控制来实现用户价值与服务增值的过程。

根据上述定义，可以把服务供应链的结构简单归纳为：功能型服务提供商→服务集成商→客户（制造、零售企业）。在服务供应链中主要有两类企业主体，分别是服务集成商和功能型服务提供商。功能型服务提供商能够提供品种较少但较为标准的专业服务，其业务往往局限于某一地域。服务集成商则是资源整合者，能够将功能型服务提供商的个体能力进行集成，以达到"$1+1>2$"的效果，其覆盖范围甚至能够达到全国甚至全球。

服务供应链与实物供应链有类似的地方，如两者的管理内容都围绕供应、物流、需求等进行展开，其目标都是为了在特定的服务水平下追求系统成本最小化。但是，两者也存在着巨大的差异，这主要来源于服务产品与实物产品的区别。与实物产品相比，服务产品有六大特点，即客户影响、不可分割、不可触摸、易逝性、劳动密集、异质性。这些特点决定了服务供应链在运作模式上更多地采用市场拉动型以缩短反应时间。

二、服务供应链的运作机制

服务供应链的核心在于整合服务资源，就像旅行社，虽然没有火车、飞机等交通工具，也没有宾馆、饭店等设施，更没有旅游景点，却可以通过资源整合把旅行团队安排妥帖。在服务供应链中存在着四类资源，即能力流、信息流、物流、资金流，因此服务供应链的绩效取决于对以上"四流"的整合。

1. 能力流整合

能力流整合指的是服务集成商通过各种手段优化功能型服务提供商的行为，使得各种能力流能够协调运作的过程。由于服务产品更多的是利用能力的储备进行缓冲，因此服务供应链本质上以能力合作为基础，能力流成为服务供应链的"四流"中最关键的一流。例如，在旅游服务供应链中，国内著名的携程旅行网充当的就是服务集成商的角色，它需要与众多的酒店（住宿能力）、车辆（运输能力）和航空公司（运输能力）等机构进行能力合作，利用它们的服务能力为旅客提供一流的服务。没有一流的服务能力流整合能力就不可能提供完美的旅游服务体验。

2. 信息流整合

信息流整合意味着服务供应链的成员之间要进行信息与知识的共享，这包括市场需求、生产日程、能力计划、交货日程、促销计划等。信息技术的发展为服务供应链管理的信息流整合提供了有效的支持，可以增强服务供应链内部的协作，帮助服务供应链的成员建立更完善的用户需求模型，实现供应链的集成化控制。例如，携程旅行网是国内领先的在线旅游服务公司，它将有资质的酒店、机票代理机构、旅行社提供的旅游服务信息汇集于互联网平台供用户查阅，同时帮助用户通过互联网与上述机构联系并预订相关旅游服务项目。

3. 物流整合

在很多服务供应链中物流占有极其重要的地位，如可口可乐公司的配送服务供应链、携程旅行网的旅游供应链等，如果无法适当地协调好车辆、仓储等各种物流资源，势必会造成服务的低效，这就需要服务集成商具有卓越的物流整合能力。

4. 资金流整合

随着供应链金融的发展，服务供应链资金流的整合也变得越来越普遍，淘宝网的支付宝就是一个典型的资金流整合工具。支付宝早已逾越了单纯支付工具的范畴，成为一个整合的支付平台，已经是淘宝网整条电子商务服务供应链中不可或缺的组成部分。支付宝凭借其稳健的作风和先进的技术已经整合了包括中国工商银行、中国农业银行、中国建设银行在内的多家商业银行，并于中国邮政、VISA等建立了深入的合作关系。不仅如此，支付宝甚至与天弘基金合作，开拓了全新的基金与第三方支付平台的整合形式①。

5. "四流"整合

服务供应链的"四流"并非互相独立，相反它们之间有着密切的联系，只有"四流"协同运作才能保证服务供应链的流畅运行。怡亚通公司正是凭借其卓越的"四流"整合能力获得了长足的发展。起步仅10年的供应链系统集成商怡亚通公司凭借其"一站式供应链四包"服务模式，服务领域涉及IT、通信、医疗、快速消费品等行业，主要客户包括思科、IBM、松下、柯达、可口可乐等大批世界500强企业。怡亚通为企业客户提供"一站式供应链管理服务"，即通过整合传统的物流服务商、增值经销商、采购服务商等外部网络，对服务项目进行专业化分工，形成独具特色的服务产品，其服务领域覆盖了传统服务商的业务范围的同时，通过整个供应链的一体化整合，在提供物流配送服务的同时还提供采购、收款及相关结算等"嵌入式"服务②。

第四节　供应链金融

一、供应链金融产生的背景

传统的供应链管理要求企业将顾客所需产品在合理的时间，按照正确的数量、质量和状态送达正确的地点，以此来最小化成本。随着经济全球化与网络化的发展，不同地区、国家或者公司、产业之间的距离越来越小，企业之间的联系和沟通加快。大企业和经济强国在供应链中占据优势，而中小企业和落后地区则处于劣势，这无疑制约了全球供应链的发展。为了减少供应链的整体成本，企业开始重点提升资金流效率，供应链金融由此应运而生。

1. 微观角度

供应链是一个复杂的经营与管理活动，涉及多个企业之间的协调与交互，处于供应链中的企业上下游之间的协作活动状况直接影响到供应链的成效。随着赊销成为贸易主要方式，资金缺口逐渐成为各个企业发展的阻碍。例如，上游的大型企业在下达订单与收货之间存在资金缺口；中游的存货和产品销售之间也存在资金压力，因为产生了大量的库存持有成本；下游客户支付与产品销售之间也存在资金缺口，形成应收账款；在整个供应链上，支付现金和实际接受现金一直存在着时间差，这就产生了现金转换周期，对企业产生资金上的压力。而对企业来说如果不能及时获得资金，就可能对企业的现金流产生不良的影响，甚至出现生产经营活动困难。为了应对资金缺口，企业往往会采用以下策略：

---

① http：//m.thfund.com.cn/m/index.html；https：//cshall.alipay.com/lab/cateQuestion.htm?cateId=237763&pcateId=.

② http：//www.eascs.com/index.php?m=page&a=index&id=7.

（1）单方面延长支付。这种状况往往发生在比较强势的下游客户对比较弱势的供应商的交易中。有的客户要求延长支付周期至 30 天或 60 天。这种做法虽然有利于下游客户，但对上游供应商的资金流带来了重大影响。这就使得供应商面临着融资压力，融资成本的增加无疑会影响供应商在产品质量上的专注度。

（2）早期支付折扣计划。通常情况下为了鼓励支付，下游客户如果可以提前支付货款，他们可以获得较好的交易价格或是折扣。虽然这样能够解决上游企业的资金问题，但上游企业很有可能会将折扣算入下游客户的供货价格中；此外，由于在国际贸易中报关的价格要与实际交易价格相吻合，所以会涉及非常复杂的手续。

（3）供应商管理库存系统。通过实施供应商管理库存系统，当下游企业的产品被使用时，供应商管理下游企业的库存才进行产品所有权的转移。这样做不仅可以减少下游企业的资金占压，保障供货及时，对供应商而言也有利于掌握客户信息，合理安排生产工作。然而，供应商虽然能够从该系统的实施中获得益处，但也存在一些现实困难。因为对于供应商来说，库存不仅占压资金，而且凭借库存融资艰难，因为商业银行觉得库存难以监控，无法对其进行贷款融资。

以上三种解决方案都有各自的缺陷，这使得资金链、信息流、商流以及物流较难融合，导致供应链系统效率低下，因此在供应链运作过程中，产生了一系列的问题。为此，市场需要供应链金融这样一个产融结合的供应链生态系统。

2. 宏观基础

产业发展方面的宏观因素同样推动了供应链金融，供应链金融是国际贸易大环境下的产物。

（1）供应链全球化与金融全球化的发展。经济全球化具体表现为生产、贸易与金融的全球化。在此背景之下，生产出现了国际分工，并且走向细化与纵向深化。随着分工细化与纵向深化的发展，跨国企业不断发展壮大，全球经济表现出"生产—研发—销售一体化"的特征。

贸易全球化必然带动资金流动的全球化，使得金融全球化的进程加快。金融全球化不仅使资金在全球范围内进行高效的流动，而且也使资金在全球范围内寻找收益更高的国家或地区的行业及项目。在国际贸易全球化的趋势下，金融市场必然要以供应链为中心提供更加灵活、高效、风险可控的金融产品与融资模式，供应链金融便在这一背景下产生了。

（2）中小企业面临信贷摩擦。由于全球产业分工链不断深化，中小企业逐渐参与到全球分工中，这些企业的采购、贸易和融资需求不断增加。但是，由于中小企业位于产品价值链末端，自身没有定价权，因此要想走向价值链上层，就不得不发展壮大自身的规模与实力，也就必须进行贸易融资。然而，由于中小企业的融资渠道非常单一，几乎只能依靠银行信贷进行融资，再加上中小企业的资信状况较差，无法抵抗风险，商业银行为了减少呆账与坏账，往往不愿意融资给他们，因此中小企业融资难度大，成本高。所以，要突破这种困境，中小企业必须寻求新的融资模式。

（3）传统金融机构需要新的利润增长点。在我国商业银行体系中，商业银行的利润来源主要是存贷利差,这主要得益于存贷利率管制形成的高利差环境。尽管商业银行可以"躺着赚钱",但随着利率市场化进程加速,商业银行一直以来依赖的高利差环境正在慢慢消失,银行之间的竞争变得越来越市场化。

与此同时,随着投融资体制改革,融资市场不断完善,一些具有雄厚实力的大企业能够自行发行股票或者债券来进行融资,这导致银行融资越来越少,银行在融资市场的份额不断下降。鉴于残酷的市场竞争带来的创新压力,再加上新形势下企业需求的变化,商业银行逐渐开始尝试对供应链展开金融服务。

正是由于上述微观与宏观层面的共同作用,供应链金融逐渐得到推广,成为新经济环境下的一种重要金融模式。

二、供应链金融的概念与特点

供应链金融是一种新型的融资模式,主要是为了解决中小企业的融资难问题。它将资金流纳入供应链管理中,不仅为供应链上的各企业提供贸易资金服务,还为中小企业提供新型贷款融资服务。在这之前,资金流动只是辅助流程,而在供应链金融的情况下,资金流动已经成为制约整个供应链发展的关键,得到越来越多的关注。供应链中的商流、物流、信息流和资金流已经相互作用和相互影响,早已不是单个概念,尤其是信息流和资金流,供应链中的所有行为都有它们的身影。

1. 国内外对供应链金融的理解

国际上,首次提出供应链金融概念的是蒂默(Tirnme)等学者,他们认为供应链上的参与方与为其提供金融支持的处于供应链外部的金融服务提供者可以建立协作,而这种协作关系旨在实现供应链的目标,同时考虑到物流、信息流和资金流及进程,以及全部资产和供应链上的参与主体的经营,这一过程就称为供应链金融。

除了上述观点,国外还有以下两种定义。一是强调供应链金融是通过供应链企业与金融服务提供者之间的合作,优化供应链资金流,进而降低财务成本。例如,普法夫等(Pfaff et al., 2004)认为,订单周期管理包括涉及的订单、记账、支付过程和 IT 系统等活动,是供应链金融的重要方面;威廉·阿特金森(William Atkinson, 2008)认为,供应链金融可以定义为一个服务与技术方案的结合体,这种结合体将需求方、供应方和金融服务提供者联系在一起,当供应链建立后,能够优化金融成本,实现现金交付。二是强调生态圈建立对财务和资金的优化。迈克尔·拉莫洛克斯(Michael Lamoureux, 2007)认为,供应链金融是一种在核心企业主导的企业生态圈中,对资金的可得性和成本进行系统优化的过程。

国内对供应链金融的定义普遍认为:供应链金融是指以核心客户为依托,在真实贸易的背景下,运用自偿性贸易融资方式,通过应收账款质押登记、第三方等手段封闭资金流或者控制物权,以此来为供应链上下游企业提供综合性金融产品与服务。换句话说,供应链金融通常为"M+1+N"模式,其中核心企业为"1",供应商为"M",分销商为"N",

核心企业为供应商和分销商或客户提供综合金融服务。

从以上概念来看，国内外供应链金融理解存在异同，在内涵和外延上有一定区别，概括如表10-1所示。

表10-1　　　　　　　　国内外对供应链金融理解的异同

地域	不同点	共同点
国内	（1）领域较窄：把供应链融资看作是供应链金融的全部 （2）对供应链金融的探索局限于金融机构	（1）供应链与金融的融合方式 （2）供应链融资产品的运行模式与逻辑基本一致
国外	（1）领域较宽：资本结构、成本结构和资金流动都属于供应链金融的范畴 （2）除商业银行等金融机构外，把供应链企业的金融行为也纳入供应链金融研究领域	

基于上述理解，我们可以总结出这样的观点：供应链金融是一种集物流、商流和资金流及信息流为一体的管理行为，在这一过程中，贸易的买方、卖方和第三方物流企业及金融机构紧密联系，用物流盘活资金，用资金拉动物流，而金融机构参与供应链网络中与企业开展合作，在控制风险的基础上保证供应链有效运行。

2. 供应链金融的特点

（1）参与主体多元化。供应链金融的参与主体不仅包括传统的信贷模式中的金融机构与融资企业，还增加了核心企业和物流企业。作为新增的主体，核心企业和物流企业在供应链金融中发挥着重要作用。

核心企业为供应链金融提供金融支持，它的运营状况对供应链的运行情况有着至关重要的影响；物流企业则扮演"中介者""信息中心"的角色，不仅为中小企业提供专业与定制化的物流服务，还利用质押物为中小企业作担保，还为银行提供仓储监管、质押价格评估和拍卖等中间服务，弥补银行在质押物监管等方面的缺失。

（2）具有自偿性、封闭性和连续性的特点。所谓自偿性，指的是企业还款的来源主要是贸易所得的货款，通过操作模式的设计，还款企业的销售收入会自动导入银行的特定账户；封闭性指的是银行等金融机构通过设置封闭性贷款操作流程来保证款项专用，借款人不能用于其他用途；连续性指的是同类贸易行为在上下游之间会持续发生，在此基础上的授信行为可以反复进行。

（3）突破了传统的授信视角。供应链金融的授信针对的是整个供应链，授信方式为"N+1"模式，即围绕核心企业寻找供应链中客户的资金需求，这可以大大降低客户的开发成本，也可以增加企业对银行的依存程度。

不仅如此，供应链金融还改变了银行对中小企业的授信方式，中小企业融资的门槛变低。银行等金融机构不再考察中小企业的静态财务报表，而考察其在供应链金融中的交易背景。

(4) 风险相对可控。供应链金融服务要求资金进行闭合式运作。供应链金融要对资金流、贸易流和物流进行有效控制，使融资运用合理并限制在可控范围之内，在操作过程中，需要按照具体业务逐笔审核发放，达到风险控制的目的。也就是说，在供应链金融服务过程中，资金流、物流都应该按照合同规定的模式来流动，这无疑减少了风险。

三、供应链金融的功能

供应链的金融功能是指供应链协调供应链成员的职能，而不仅是单个组织的职能。以前，我们会认为从组织之外获取的资源是外部资源，但在供应链金融环境下，公司内外部发生转变，合作各方成为一个协作整体，内部融资的选择性变得更多。

1. 追踪供应链资金流

以前，企业之间更多是竞争关系，在供应链金融环境下，它们开始展开合作，建立协作型战略关系。因此，我们需要重新审视企业的会计制度体系。

在供应链金融环境下，会计处理所有相关流程的识别、测量与交流，还要向协作方说明流程的运作情况。在协作战略背景下，交付时间、缺货比率和交付柔性都有了一定的重要性。因此除了测量绩效指标，收益率和流动性等财务指标也应该加以考虑。

在供应链金融环境下，不同供应链成员之间的金融资源流动是供应链金融的核心，为了能够追踪资金流动的情况，需要有效记录并识别这些信息。如果要识别、测量和交流真实的现金流数字，就必须追溯到支付的源头。这对于静态的资产负债表和收入表来说，是无法综合反映某一段时间内的现金流情况的，因为这种方法并不能反映资金来源、使用和发生的时间，也不能揭示交易的原因。此外，传统的静态会计核算总是以一季度、半年或者一年等周期为单位，难以跟踪持续的现金流。对于供应链金融来说，信息随时可得是至关重要的，而要想使供应链金融成功实施，一个最基本的驱动因素便是建立正确的会计核算体系，也就是权责发生制与收付实现制的混合。

因此，为了能够使供应链各成员追踪到价值创造过程中的支付交易，成员应该共同建立一个会计核算中心，以便获得相应的财务信息，避免信息偏误带来的分歧和风险。

2. 灵活有效运用金融资金

在供应链金融体系下，所有的物流职能都有可能产生协作投资，比如订单处理、库存、包装和运输等。当进行投资决策时，供应链各成员需要同时考虑费用和投资收益。但协作投资就意味着各成员共同投资于某一对象，由于这件事情不能由一家企业做决定，那么，投资备选方案的数量也就增加了。例如，一家生产型企业想要加强采购流程，从企业自身来说，它可以投资建仓库，或者引入先进的货物处理流程，但供应链其他成员，尤其是与这家企业有着金融协作的重要供应商则可能提出了一个新的选择——对供应商分销仓库进行联合投资，对于加强企业的采购流程会更有利。

因此，供应链金融环境下，最好的投资选择是能向所有的协作伙伴提供最高价值的那个方案。这就需要在权衡不同的方案时考虑不同成员的现金流情况。因此，基于协作投资活动机会的识别、协作负责管理、协作影响资本成本的方式等问题，都是供应链金融进一步需要改进发展的空间。

3. 扩大金融资源的源泉

供应链成员和服务提供商之间所提供的商品和服务需要进行支付，因此产生了融资需求，最常见的两种方式为内部融资与债券融资。传统企业内部融资的分类是静态的，主要来源于资产负债表，内部融资的来源主要是企业的自由资金、未分配利润、折旧和资产置换。但在供应链金融环境下，从资金流动的角度来看待内部融资时，这种分类便不复存在，因为它没有发生资金的支付和流动。而债券融资主要受公司应用等级、证券价格与债权人意愿等原因的影响。由于知识与资本的集中，供应链金融使各成员获得资本与融资成功的可能性得到了大幅度的提高，债权融资的选择范围得到了扩大，链上企业融资的情况得到改善。

总之，供应链金融理论首先是在西方一些发达国家形成的。1990年以来，供应链理论不断完善和流行，国际上开始兴起横向一体化的思想，利用企业的外部资源来满足市场需求，企业自身只关心核心产品和市场即可。这种经济全球化以及跨国公司的趋势促使国际产业链形成，供应商、制造商、分销商和产品设计、生产、销售和后附服务联结在一起，成为供应链金融产生的基础。

本章小结

本章介绍了未来供应链发展的趋势。

绿色供应链管理与传统供应链类似，通过节点企业的分工与合作实现整个供应链的增值。但是绿色供应链的管理过程与追求目标与传统供应链有较大差异。绿色供应链的管理内容主要包括：绿色战略、绿色设计、绿色材料选择、绿色制造、绿色分销和绿色回收。

全球供应链管理是应用供应链管理的基本理念、模式、工具和手段等对全球网络供应链的经营运作进行控制和管理。构建全球化供应链，主要从管理的主要职能角度，从需求和供给管理、新产品研发、采购、生产、订单履行等方面入手。供应链风险的种类有自然风险，政治、经济、社会风险，独家供应商风险以及信息技术与传递风险等。

服务供应链是指围绕服务核心企业，利用现代信息技术，通过对链上的能力流、信息流、资金流、物流等进行控制来实现用户价值与服务增值的过程。在服务供应链中存在着四类资源，即能力流、信息流、物流、资金流，因此服务供应链的绩效取决于对以上"四流"的整合。

供应链金融是指从整个供应链的环节出发，运用金融工具，将物流、商流、资金流和信息流进行有效的整合，将运营过程中资金流与商流趋于一致，从而提高资金运行效率开展的一系列活动。供应链金融已经成为产业发展最密切的金融形态之一。

自我测试

一、简答题

1. 绿色供应链管理的主要内容有哪些?
2. 如何理解绿色供应链?请联系实际说明。
3. 分析绿色供应链和绿色渠道的区别。
4. 全球化供应链的类型有哪些?
5. 全球化供应链可能会出现哪些风险?
6. 服务供应链的概念是什么?
7. 供应链金融的概念及特点是什么?
8. 供应链金融有哪些功能?

二、案例分析

LX(北京)有限公司绿色供应链管理

一、绿色供应链管理顶层设计

(一)绿色供应链管理发展规划

LX持续保持行业领先,积极探索绿色供应链的建设与实施,在可持续方面的主要承诺为:确保环保合规、防止污染及降低对环境的影响、努力开发领先的环保产品,以及持续改善全球环境表现。LX特别关注供应链的可持续发展,以合规为基础、生态设计为支点、全生命周期管理为方法论,探索并试行"摇篮到摇篮"的实践,实现资源的可持续利用。

(二)绿色供应链管理思路与方法

LX通过"绿色生产+供应商管理+绿色物流+绿色回收+绿色包装"五个维度和一个"绿色信息披露(展示)平台"来打造公司绿色供应链体系(见图1)。

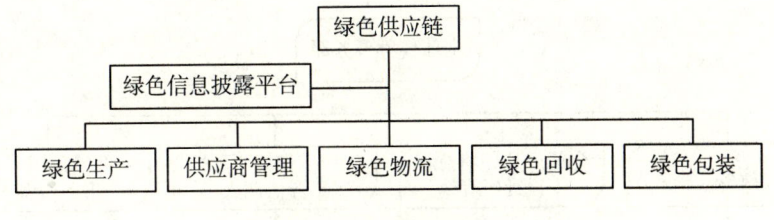

图1 绿色供应链体系

1. 绿色生产

除遵守《电子行业公民联盟(EICC)行为准则》及所有适用规则外,LX也关注生产过程中的能源消耗问题,通过降低经营活动中的碳排放、提升再生能源使用量、加强绿色工艺的开发与推广使用等方法降低碳排放。

2. 供应商管理

LX 采购部门拥有覆盖多个领域的标准化程序，制定了全面的供应商操守准则。LX 关注供应商的环境表现，如有害物质的合规与减排、消费后再生材料环保使用、温室气体排放透明度及减排、避免使用冲突矿产等。

3. 绿色物流

LX 物流部门致力使用更环保的运输方式，减少运输设备的温室气体排放，并聘请外部监管机构落实改善措施。

4. 绿色回收

LX 期望最大限度地控制产品生命周期的环境影响，加大可再利用产品、配件的回收，尽可能延长产品的使用寿命，同时对生命周期即将结束的产品提供完善周到的回收服务。

5. 绿色包装

LX 致力于通过增加包装中回收材料种类、减少包装尺寸和可重复使用包装等多种举措来打造绿色包装。

6. 绿色信息披露平台

LX 的环保方针、政策、措施和成果，如产品的环保特性、对供应商的环保要求、体系维护情况等信息均在该绿色平台上进行展示和发布。

LX 按照企业的发展、行业特点和产品导向，将绿色供应链管理体系融入公司环境管理体系中，制定目标并按年度进行调整，用定性和定量两类指标体系规划企业内部各项环境工作的具体内容，并将绿色供应链的各个要求渗入体系的各个环节。

（三）绿色供应链管理机构及职责

LX 全球环境事务部（GEA）作为公司级的管理和执行机构，公司各事业部及全球职能部门（如供应链）均需向该机构报告相关计划（见图2）。GEA 的成员主要来自标准与法规、研发、制造、采购等部门，负责战略与目标的制定、实施与推动落地，并解决实施过程中出现的问题，引导公司向可持续方向转型。

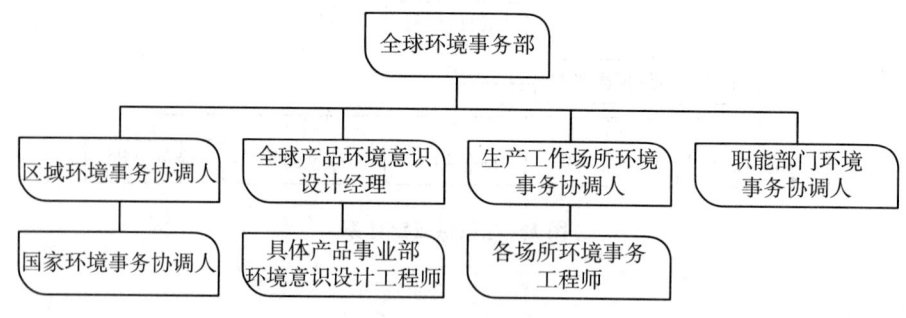

图2 LX 全球环境事务组织管理架构

二、绿色供应商管理

（一）全面评估供应商环境表现

LX持续关注供应商的环境表现，监控和推动环境管理和实践，在自身取得绿色发展的同时，积极打造绿色供应链，从行业高度全面推进绿色设计和绿色制造。

LX制定实施了《供应商行为操守准则》，覆盖了可持续发展的各个方面，详细记载对供应商的环境表现期望，并导入公司级采购流程，进行供应商绿色管理、评估和监督。LX也制定了与EICC在劳工、环保、健康安全、道德和管理方面要求一致的采购政策和流程，要求供应商建立EICC标准操作规范，协助供应商制定运作模式，定期总结、分享和推广经验和成果。

此外，LX积极避免使用来自其供应链的冲突矿产，并全力支持EICC、无冲突措施（CFSI）、非政府组织及政府机构为解决这一复杂问题所开展的活动。LX还是行业中少数几家要求供应商制定碳减排目标的厂商之一。LX建立了碳报告体系，用于收集和分析全球供应链部门和环境事务部门确定的供应商碳足迹，并将供应商应对气候变化的表现和策略的评估将作为LX选择供应商的重要标准。

（二）供应商有害物质管控

LX推动供应商导入"全物质声明"措施来管控有害物质使用，助推了整个产业链有害物质的替代与减排。自2014年以来，通过引进并优化业内领先的材料全物质声明解决方案FMD（Full Material Declaration）和GDX/WPA系统平台，LX大力推动供应链开展全物质信息披露，变革产品有害物质合规模式，提高环境合规验证效率，为产品废弃拆解、逆向供应链、材料再利用等提供依据，实现了有害物质的合规管理。

（三）环保消费类再生材料

通过对供应链的高效管控和持续推进绿色技术，LX逐步引入环保消费类再生塑胶，不但有助于材料的再利用、减少电子废弃物污染、降低二氧化碳排放，还避免了焚烧、填埋等处理方式带来的环境危害。

（四）对供应商进行培训

LX定期举办全球供应商环境标准与法规大会，通过宣贯LX全球环境政策、方针、目标与指标，推动供应商全面合规、携手供应商提升自身环境表现。

三、绿色生产

为减少生产过程二氧化碳的排放，LX加强科研攻关，最终攻克生产难题，提出先进的绿色生产工艺，并免费向全行业进行推广，引发整个PC制造供应链的大变革，推动全产业链的绿色升级改造，为电子行业的绿色制造转型助一臂之力。

LX通过私有云解决方案，保证了现有硬件资源下关键业务的连续可用性，解决了系统信息孤岛、重要数据无法共享的难题，大幅提升效率。此外，LX致力于在可行的情况下安装本地可再生能源发电装置。

四、绿色物流

通过与DHL紧密合作，LX持续优化物流方案，以最环保的方式运输产品。LX持续收集并计算产品运输排放量数据，其工作和计划包括：扩大排放数据收集范围到新增主要供货商，评估成本和排放量的关系，并仔细检查上游运输及配送的排放量。

LX全球运输团队与研发团队携手，针对空运开发出全新轻型托盘。LX全球运输团队还积极推广在中国到欧洲的货运采用铁路运输，已有600个以上的集装箱经由铁路运抵欧洲。全球运输团队也大力推动海洋运输业整合，借此减少中国制造厂的集装箱运输量，从而实现二氧化碳减排目标。在亚太区，LX是亚洲绿色航运网络（GFA）的创会成员，目标是促进及提高亚洲货运燃油效率，减少空气污染。在北美，LX是获得美国环保署SmartWay认证的伙伴。

五、绿色回收

LX致力于最大限度地控制产品生命周期的环境影响，加大对可再利用产品和配件的回收。同时，在全球范围内为消费者和客户提供包括资产回收服务（ARS）在内的多种回收渠道，并进一步地进行无害化处理，以满足特定消费者或地域需求。

六、绿色包装

LX一直致力于为产品提供绿色包装，非常重视增加包装中回收材料种类、可回收材料的比例、减少包装尺寸、推广工业（多合一）包装和可重复使用包装。自2008年以来，LX已减少2000吨以上的包装耗材，并取消纸版用户手册。

七、绿色信息披露平台

LX的环保方针、政策、措施和成果，如产品的环保特性、对供应商的环保要求、体系维护情况等信息均在其绿色平台上进行展示和发布。

（资料来源：http://www.miit.gov.cn/newweb/n1146285/n1146352/n3054355/n3057542/n5920352/c6472072/content.html）

思考：

1. LX的绿色供应链管理的内容是什么？
2. 绿色供应链管理为LX带来了怎样的效益提升？

参考文献

[1] 保罗·迈尔森. 精益供应链与物流管理 [M]. 梁峥等译. 北京：人民邮电出版社，2014.

[2] 鲍尔·索克斯. 供应链管理 [M]. 马士华等译. 北京：机械工业出版社，2014.

[3] 达庆利，张钦，沈厚才. 供应链中牛鞭效应问题研究 [J]. 管理科学学报，2003 (3).

[4] 但斌，刘飞. 绿色供应链及其体系结构研究 [J]. 中国机械工程，2000 (11)：1232-1234.

[5] 但斌，张旭梅. 基于CPFR的供应链合作关系 [J]. 工业工程与管理，2000 (5).

[6] 苟辰楠，丁程. 我国供应链管理学科研究热点分析 [J]. 技术经济与管理研究，2015 (6).

[7] 汉德菲尔. 采购与供应链管理. 8版 [M]. 北京：清华大学出版社，2010.

[8] 何红渠，谭丽. 供应链管理中的"牛鞭效应"及最优委托权安排 [J]. 中南大学学报（社会科学版），2005 (5).

[9] 兰伯特. 供应链管理：流程、伙伴和业绩（第3版）[M]. 王平译. 北京：电子工业出版社，2012.

[10] 利丰研究中心. 供应链管理：香港利丰集团的实践（第二版）[M]. 北京：中国人民大学出版社，2009.

[11] 刘伟华，刘希龙，贺登才. 我国制造企业物流外包模式及其发展路径 [J]. 工业工程，2009 (4)：1-5.

[12] 马士华，林勇. 供应链管理 [M]. 北京：机械工业出版社，2005.

[13] 宋华. 服务供应链 [M]. 北京：中国人民大学出版社，2012.

[14] 苏尼尔·乔普拉. 供应链管理：战略、计划和运作 [M]. 吴秀云等译. 北京：清华大学出版社，2014.

[15] 苏尼拉·乔普拉，彼得·迈因德尔. 供应链管理（第五版）[M]. 北京：中国人民大学出版社，2013.

[16] 维尔. 采购与供应链管理——分析、战略、计划和执行（第5版）[M]. 北京：清华大学出版社，2010.

[17] 肖莉媛，池洁. 基于VMI的汽车零配件库存管理优化 [J]. 物流技术，2013 (1).

[18] 辛奇·利维. 供应链设计与管理——概念、战略与案例研究（第3版）[M]. 季建华等译. 北京：中国人民大学出版社，2010.

[19] 徐二明. 企业战略管理 [M]. 北京：中国人民大学出版社，2002.

[20] 徐琪. 供应链管理：理论与实践 [M]. 上海：上海人民出版社，2008.

[21] 雅各布斯，蔡斯. 运营与供应链管理：精要版 [M]. 大连：东北财经大学出版社，2009.

[22] 于建红，马士华，周奇超. 供需不确定下基于MOI和VMI模式的供应链协同比较研究 [J]. 中国管理科学，2012 (5).

[23] 张成堂，曹宗宏. 供应商管理库存及其协调研究综述 [J]. 长江大学学报（自然科学版），

2011 (8).

[24] 朱庆华. 绿色供应链管理及其绩效评价研究述评 [J]. 科研管理,2005: 93 - 98.

[25] 朱庆华. 绿色供应链管理: 理论与实践 [M]. 北京: 科学出版社, 2013.

[26] Carolyn Farr Sly, Mary Ann Mauldwin. Maximizing the Use of Vendor Managed Inventory while Minimizing Inernal Headaches [C]. Dyanmic Apices Resource Education. 2000 (6): 444 - 449.

[27] Dirk D W, Kremper S. 5 Steps to Service Supply Chain Excellence [J]. Supply Chain Management Review, 2004 (1): 28 - 36.

[28] Dmitry Ivanov, Boris Sokolov. Adaptive Supply Chain Management [M]. Springer London Dordrecht Heidelberg New York, 2010.

[29] Hartmut Stadtler, Christoph Kilger. Supply Chain Management and Advanced Planning (Third Edition) [M]. Springer Berlin Heidelberg New York, 2005.

[30] Lambert D M, Pohlen T L. Supply Chain Metrics [J]. International Journal of Logistics Management, 2001, 12 (1).

[31] Nanda Kumar, Ranran Ruan. On manufacturers complementing the traditional retail channel with a direct online channel [J]. Quantitative Marketing and Economics, 2006 (3).

[32] Srivastava S K. Green Supply - chain Management: A State - of - the - art Literature Review [J]. International Journal of Management Reviews, 2007 (9): 53 - 80.

[33] Zsidisin G A, Siferd S P. Environmental Purchasing: a framework for theory development [J]. European Journal of Purchasing and Supply Mangement, 2001 (7).